1위
가장 많은 수험생들이
선택하는 공무원 국어
공단기 국어 과목 패스 수강생 기준

선재국어가 제시하는 매일 학습 전략

| 전 범위 하프 모의고사 | 문제 풀이 속도를 높여 | 변화된 출제 기조에 맞춰 |
| 매일매일 꾸준한 문제 풀이 | 시간을 단축하게 하는 최고의 훈련 | 신유형, 추론형 독해 강화 |

2026 선재국어

신유형
매일 국어

이선재·선재국어연구소 편저

수비니겨

✦✦✦ 필자의 말

시간을 단축하기 위해서는 일상적인 훈련이 필요하다
가장 좋은 문제로 꾸준하게 훈련하라

인사 혁신처는 2025년도부터 공무원 9급 국어 시험의 출제 기조를 전환하면서, 지엽적인 지식형 문제의 출제를 지양하고 독해와 논리 등의 추론형 문제를 강화하고 있습니다. 이에 따라 앞으로의 공무원 국어 시험은 논리 영역을 새로이 공부해야 할뿐만이 아니라, 짧은 시간 안에 많은 지문을 정확하게 읽는 것이 무엇보다 중요하게 되었습니다.

2025년 국가직과 지방직 시험이 우리에게 던진 화두는 바로 '시간 단축'입니다. 풀이 시간을 단축하기 위해서는 강의만 많이 들어서도, 시험 직전에 몰아치기 식으로 학습만 해서도 안 됩니다. 가장 중요한 것은 **개념을 학습한 뒤에 양질의 문제로 꾸준히 훈련하는 것, 이것만이 정확도를 높이고 풀이 시간을 단축할 수 있는 유일한 방법이라는 것**을 잊으면 안 됩니다.

그러므로 지금 수험생들에게 필요한 것은 바로 **국어 학습에 대한 부담을 줄이면서도 실전 감각을 더욱 예리하게 만드는, 효율적인 국어 학습 전략**일 것입니다. 《2026 신유형 매일 국어》는 일상적인 문제 풀이를 통해, **부담 없는 분량으로도 최대의 효과를 낼 수 있는 최고의 전략**이 되리라 확신합니다.

> ≫ **언제라도 가능하다**: 개념 학습이 끝난 뒤 언제라도 시작할 수 있는
> ≫ **학습 부담이 줄어든다**: 평상시에 국어의 감을 유지하며 실전 감각도 키울 수 있는
> ≫ **신유형에 강하다**: 강화된 추론형 독해와 신영역 논리 문제를 다양하게 훈련할 수 있는

《2026 신유형 매일 국어》는 빠르게 이론을 정리한 뒤, 일정한 양의 문제를 체계적으로 풀 수 있도록 만들었습니다. 즉 **적절한 분량을 부담 없이 공부하면서 자신의 약점을 보강하여 변화하는 시험에 완벽하게 대비할 수 있도록** 구성한 것입니다. 하루에 **각각의 주제별로 신영역 논리, 추론형 독해, 문학 제재 지문, 실용 문법, 어휘 등의 문제를 모두 풀어 볼 수 있으며, 한 시즌의 문제 풀이 안에 전 영역의 유형을 정리하고 이를 복습하도록 구성하였습니다.**

《2026 신유형 매일 국어 1》은 기본 유형 편으로, 필수 개념과 유형을 확실하게 익히기 위한 문제들로 구성되어 있습니다. 수험생들이 낯설어 하는 논리 영역을 앞부분에 배치하고, 동일한 독해 유형을 집중적으로 풀어 보게 함으로써 하나의 유형을 확실하게 익힐 수 있도록 하였습니다. 또한 문제 순서를 기본서의 흐름과 동일하게 배치하여, 문제를 풀면서 자연스럽게 핵심 이론을 다시 복습할 수 있도록 하였습니다.

이어지는 《2026 신유형 매일 국어 2》는 독해가 취약한 수험생들이 생소한 제재에 익숙해질 수 있도록 제재별 지문 독해를 중심으로 구성하였습니다.

《2026 신유형 매일 국어 3》은 시즌 1과 2에서 익힌 기본 유형을 바탕으로 보다 다양한 유형과 실력형 문제를 풀며 자신의 약점을 보완할 수 있도록 구성하였습니다.

그리고 《2026 신유형 매일 국어 4》는 실전형 모의고사로 구성하여, 시험 직전 실전 감각을 최대한 갈고 닦을 수 있도록 하였습니다.

이렇듯 기본 개념에 대한 학습과 영역별 강화 학습, 그리고 신유형 및 추론형 강화 학습까지, 《2026 신유형 매일 국어》는 어떠한 문제가 나와도 흔들리지 않는 실력을 갖출 수 있도록 도와줄 것입니다.

가장 좋은 문제로, 가장 효율적인 방법으로 대비하라

더 이상 출제 기조에 맞는 좋은 문제를 찾기 위해 헤매지 마십시오. 더 이상 풀이 시간이 모자라는 것에 대해 두려워하지 마십시오. 우리의 꾸준한 훈련이 반드시 풀이 시간은 줄이고 정확도는 높일 것입니다.

우직하고 끈기 있게 목표를 향해 나아가는 수험생 여러분들을 위해, 저는 더욱더 좋은 문제와 자료로 합격을 앞당기기 위해 노력하겠습니다. 여러분의 땀과 노력이 합격이라는 소중한 열매로 맺어지기를, 진심으로 소망합니다.

2025. 7. 노량진 연구실에서
이선재

✦✦✦ 2026 《매일 국어》는 이렇게 나와요!

매일 국어 1

특징 | 국가직 / 지방직 시험과 난도 및 유형 동일

- 전 범위 유형 학습
- 동일한 문제 유형을 반복 훈련 ➡ 문풀 스킬 익히기
- 교재 순서에 따라 문제를 구성
  ➡ 개념 복습 효과 극대화

회차당 문제 구성은 이렇게!

- 01 공문서 ┈➡ 공무원 시험 1번은 너! 너부터 잡자
- 02 논리 ┐
- 03 논리 ┘ ➡ 동일 유형 반복 풀기 예 생략된 전제만 반복
- 04 유형 독해 ┐
- 05 유형 독해 │
- 06 유형 독해 ├┈➡ • 어휘 + 복합 지문 포함
- 07 유형 독해 │   • 다양한 지문으로, 동일 유형 반복 훈련
- 08 유형 독해 │   예 내용 추론만 반복
- 09 유형 독해 ┘
- 10 문법 지문 ┈➡ 빼먹지 말자, 문법 독해

매일 국어 2

특징 | 국가직 / 지방직 시험과 난도 및 유형 동일

- 제재별 독해 강화
  (인문, 철학, 시사, 경제, 과학, 문학 평론 등)
- 다양한 유형의 문제 + 제재별 지문 훈련
  ➡ 지문 적응력 상승

회차당 문제 구성은 이렇게!

- 01 공문서(홀수 회차) + 문법 독해(짝수 회차)
- 02 논리 ┐
- 03 논리 ┘ ➡ 다른 유형 섞어 풀기
- 04 제재 독해 ┐
- 05 제재 독해 │
- 06 제재 독해 ├┈➡ • 어휘 + 복합 지문 포함
- 07 제재 독해 │   • 지문 제재는 동일하게, 유형은 다양하게
- 08 제재 독해 │   예 과학 지문 - 순서 배열
- 09 제재 독해 ┘   과학 지문 - 강화·약화
                          과학 지문 - 내용 일치
- 10 문학 평론 지문 ┈➡ 모든 시험에서 2지문 이상 출제됨.
                       은근히 많이 나오고 은근히 정답률 낮음.

매일 국어 3

특징 | 다변화될 유형에 대비하기 위한 실력 확장용

- 기본형 문제 70% + 실력형 문제 30%
  ➡ 한 단계 실력 UP
- 다변화된 신유형 문제 + 난도 있는 문제까지 대비
  ➡ 어떠한 유형과 난도에도 흔들리지 않는 고득점!

회차당 문제 구성은 이렇게!

- 01 공문서(홀수 회차) + 문법 독해(짝수 회차)
- 02 논리 ┐
- 03 독해 │
- 04 독해 ├┈➡ • 다양한 유형의 기본형 문제
- 05 독해 │   • 기본 독해, 추론형 독해, 어휘, 복합 지문 등
- 06 독해 │   전 유형 포함
- 07 독해 ┘
- 08 실력 추론형 독해 ┐
- 09 실력 추론형 독해 ├➡ 난도 향상을 대비하는 실력형 문제
- 10 실력 논리

매일 국어 4

특징 | 실전 감각 최대치로 UP

- 실전형 하프 모의고사

회차당 문제 구성은 이렇게!

실전 감각과 풀이 속도를 높이는 하프 모의고사
┈➡ 2025 국가직 & 지방직 시험과
    똑같은 방식의 문제 배열로 실전 감각 높이기

✦✦✦ 차례

WEEK 1

- 매일 국어 **01**회 … 8
- 매일 국어 **02**회 … 17
- 매일 국어 **03**회 … 24
- 매일 국어 **04**회 … 33
- 매일 국어 **05**회 … 42

WEEK 2

- 매일 국어 **06**회 … 52
- 매일 국어 **07**회 … 61
- 매일 국어 **08**회 … 70
- 매일 국어 **09**회 … 79
- 매일 국어 **10**회 … 89

WEEK 3

- 매일 국어 **11**회 … 100
- 매일 국어 **12**회 … 108
- 매일 국어 **13**회 … 116
- 매일 국어 **14**회 … 123
- 매일 국어 **15**회 … 131

WEEK 4

- 매일 국어 **16**회 … 142
- 매일 국어 **17**회 … 150
- 매일 국어 **18**회 … 157
- 실력 확인 모의고사 **19~20**회 … 164

공무원 국어의 독보적 기준 선재국어가 제시하는 매일 학습 전략!

WEEK 1

매일 국어 01회

01 〈보기〉를 참고하여 〈보도 자료〉의 ㉠~㉣을 수정한 것으로 적절하지 않은 것은?

/ 보기 /

- 능동과 피동의 관계를 명확히 할 것
- 문맥에 맞는 적절한 조사를 사용할 것
- 필요한 문장 성분이 생략되지 않도록 할 것
- 대등한 것끼리 접속할 때에는 구조가 같은 표현을 사용할 것

/ 보도 자료 /

'점사랑'으로 대용량 문서 점역도 빠르게

국립국어원은 ㉠ 점자 문서 제작에 편의성을 높이기 위해 점역 소프트웨어 '점사랑 6.0'을 개발하였다. '점사랑 6.0'은 묵자 문서를 점자로 변환하는 점역 프로그램으로, 파일 관리·문서 편집 등의 기능을 제공하여 사용자가 점자 문서를 편리하게 만들 수 있다.

'점사랑 6.0'은 기존 프로그램에 비해 ㉡ 점역 처리 속도의 향상 및 점역 정확도를 높였다. 또한 문서 내에 점자 그림을 삽입하고 편집하는 기능을 제공하는 등 편의성을 ㉢ 개선한 점도 주목된다.

'점사랑 6.0'은 국립국어원 누리집에서 누구나 내려받아 사용할 수 있다. 특히, 〈점자법〉에 따라 ㉣ 신청인에게 제공해야 하는 공공 기관 등에서 유용하게 활용될 수 있다.

국립국어원 관계자는 "시각 장애인이 자유롭고 편리하게 점자를 사용할 수 있도록 점역 소프트웨어 '점사랑'을 고도화하는 등 점자 정보화 기반 마련에 앞으로도 최선을 다하겠다."라고 밝혔다.

① ㉠: 점자 문서 제작의 편의성을 높이기 위해
② ㉡: 점역 처리 속도를 향상하고 점역 정확도를 높였다
③ ㉢: 개선한 점도 주목한다
④ ㉣: 신청인에게 점자 문서를 제공해야 하는

02 다음 중 전제의 참이 결론의 참을 반드시 보장하는 논증을 고르면?

① 지금까지 출근길에 탄 모든 지하철은 5분 안에 도착했다. 그러므로 오늘도 출근길 지하철은 5분 안에 도착할 것이다.
② 똑똑한 사람들 가운데 수학적 능력이 뛰어난 사람들이 많다. 갑돌이는 똑똑하다. 따라서 갑돌이는 수학적 능력이 뛰어나다.
③ 일란성 쌍둥이는 동일한 유전자를 가지지만 성격이 똑같지는 않다. 복제 인간들은 동일한 유전자를 가진다. 따라서 복제 인간들은 성격이 똑같지 않을 것이다.
④ 만일 A 학생이 장학금을 못 받았다면, 아르바이트를 시작했을 것이다. 그런데 A 학생이 아직 아무 일도 하고 있지 않는 것을 보니, 그는 장학금을 받았을 것이다.

보충 자료 1 ♦ 연역과 귀납

1. 연역의 개념

연역 논증[deductive argument]이란 **전제가 참일 때 결론이 필연적으로 참이 도출되는 논증**을 말한다. 결론의 내용은 전제의 내용 속에 이미 함축되어 있으므로, 연역 논증에서는 전제가 참이라면 결론도 필연적으로 참이다.

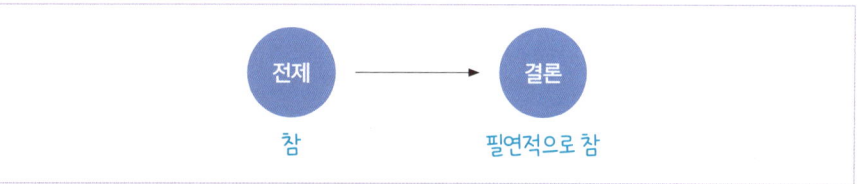

2. 귀납의 개념

귀납 논증[inductive argument]이란 전제가 참이라고 해도 결론이 필연적으로 참으로 도출되지 못하는 **논증, 즉 개연적 가능성이 있는 논증**을 말한다. 전제들이 모두 참이라고 하더라도 결론은 참이 도출될 개연성이 높은 것이지, 필연적으로 참이 도출되지는 않는다.

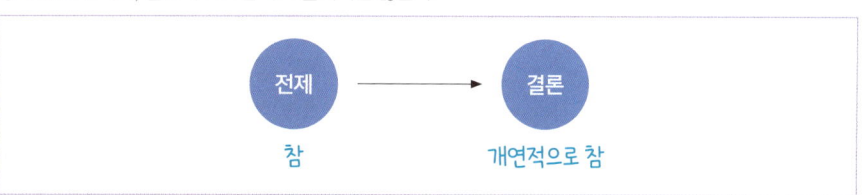

03 전제가 참일 경우, 결론을 지지하는 추론의 강도가 아래의 논증과 같은 것은?

> 우리 독서 모임 회원은 모두 13명이다. 따라서 우리 독서 모임 회원 중 같은 달에 태어난 사람이 적어도 두 명은 된다.

① 지금까지 겨울에 벚꽃이 핀 적은 없었다. 따라서 올해 겨울에도 벚꽃은 피지 않을 것이다.

② 민정은 엄마와 닮았고, 엄마는 외할머니와 닮았다. 그러므로 민정과 외할머니는 닮았을 것이다.

③ A 도서관에는 과학책 코너가 있다. B 도서관도 A 도서관처럼 매우 우수한 도서관이다. 따라서 B 도서관에도 과학책 코너가 있을 것이다.

④ 수학 분야 최고 실력자는 지역 대회에서 입상한 사람이다. 그런데 민수는 지역 대회에 출전한 적이 없다. 따라서 민수는 수학 분야에서 최고 실력자가 아니다.

04 다음 글의 중심 내용으로 가장 적절한 것은?

> 인간의 뇌는 약 1,000억 개의 뇌세포로 구성되는데, 각각의 뇌세포는 수상 돌기와 축색 돌기들이 밖으로 뻗어 나와 있고, 이들에 의해 수많은 뇌세포가 복잡하게 연결되어 있다. 이런 뇌세포 간의 연결을 시냅스라고 하는데, 우리 뇌에는 100조 개의 시냅스 연결이 있다. 수면은 이 시냅스의 항상성을 유지하려는 장치라고 할 수 있다. 주변 환경에 의해 깨진 평형 상태를 원래대로 복구하여 최적화된 상태로 만들려는 것을 항상성 유지라고 한다. 우리 몸은 잠을 통해 시냅스의 항상성을 유지하고 다음 날 기억을 받아들일 준비를 한다.
>
> 또한 수면은 뇌의 노폐물과 독소 배출과 관련이 있다. 과학자들은 쥐들의 뇌 속에 알츠하이머를 일으키는 베타 아밀로이드 단백질을 각각 똑같은 양으로 주입한 후 실험을 하였다. 실험용 쥐들을 두 그룹으로 나누어 한쪽 그룹은 잠을 자게 하였고, 다른 쪽 그룹은 잠을 못 자게 하였다. 그 결과, 잠을 잔 쥐들의 뇌 속 베타 아밀로이드 단백질이 더 빨리 제거되었다고 한다.

① 인간 뇌의 구조와 기능
② 수면이 인간의 뇌에 미치는 중요성
③ 인체가 항상성을 유지하는 비법
④ 인간의 뇌에 쌓이는 노폐물의 위험성

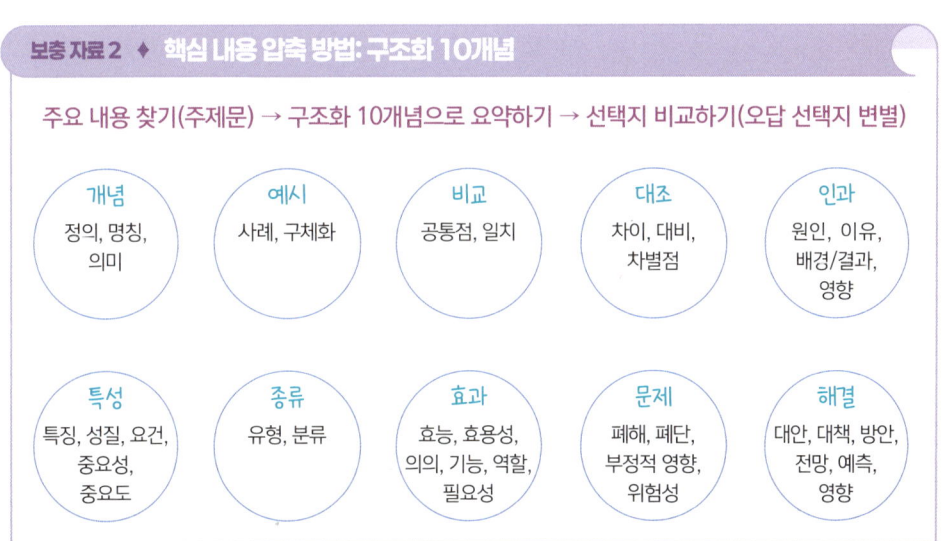

05~06 다음 글을 읽고 물음에 답하시오.

각 지역의 방언에는 표준말에서는 찾아볼 수 없는 우리 옛말의 자취가 남아 있어서 국어의 역사를 연구하는 데에 큰 도움이 된다. '의붓어미, 계모'를 가리키는 말이 중세 국어에서는 '다슴어미, 다솜어미'로 나타났는데, 이 말이 경상도 방언에서 '다삼어미'라는 형태로 지금도 남아 있다. 이처럼 방언이 갖는 보수성은 역으로 옛 시대의 언어를 찾아내고 재구하는 데 큰 역할을 한다는 점에서 귀중한 자료가 아닐 수 없다.

방언은 문학적인 측면에서도 중요하다. 김유정의 소설 〈동백꽃〉은 표준어로서의 '붉은색 동백꽃'이 아니라 '산 중턱에 한창 피어 흐드러진 노란 동백꽃(생강나무꽃)'이라 한다. 정지용의 시 〈향수〉에 등장하는 '얼룩백이 황소'는 젖소가 아니라 흰 점이 박힌 모습을 하고 있는 토종 한우라고 한다. 그러한 지역어의 의미를 이해하지 못하면 문학 작품의 정서를 제대로 이해하기 어렵다. '봄내음 물씬 풍기는 이 꽃다운 계절'의 '내음'이나 '상상의 나래'의 '나래'는 '냄새'나 '날개'에 대한 비표준어였는데 그것을 사용하는 데에는 문학적 이유도 있을 수 있다. 이러한 어휘를 문학 작품에서 잘 살려 쓰면 문학적 가치를 높일 수 있음은 물론이다. 이처럼 아름다운 방언을 표준어로 채택한다면 우리말의 어휘가 더욱 풍부해지는 효과를 ㉠거둘 수 있을 것이다. 다행히 지금은 '내음'과 '나래'가 표준어로 사전에 등재되어 있다.

05 이 글에서 결론적으로 주장하는 바로 가장 적절한 것은?

① 방언은 옛말이고 지역어이므로 일상생활에서는 가급적 표준어를 구사해야 한다.
② 방언은 국어의 역사나 문학 작품을 이해하는 중요한 자산이므로 아끼고 잘 연구해야 한다.
③ 방언은 옛말이나 지역어를 이해하는 데 도움을 주므로 모두 표준어로 채택되어야 한다.
④ 방언을 문학 작품에서 다양하게 써서 작품의 문학적 가치를 높여야 한다.

06 문맥상 ㉠의 의미와 가장 가까운 것은?

① 우리나라는 올림픽에서 뛰어난 성적을 거두었다.
② 그는 갑자기 웃음을 거두고 정색을 하였다.
③ 총무는 신입 회원으로부터 회비를 거두었다.
④ 그만 저에 대한 노여움을 거두어 주십시오.

07 다음 글에서 글쓴이가 궁극적으로 말하고자 하는 바로 가장 적절한 것은?

> 공감 능력은 스포트라이트를 비추는 능력과 같다. 비추는 대상은 주목받지만 그렇지 못한 대상은 부당하게 무시될 수 있다. 우리는 허리케인처럼 드물게 발생하는 끔찍한 사건의 희생자에게 공감하기는 쉬워도, 통계적으로 훨씬 더 많은 '평범한' 전염병 희생자의 아픔에 공감하기는 어렵다. 재해로 집을 잃은 어린아이의 생생한 이미지에 공감하기는 쉬워도, '차가운' 추상적 통계 숫자로 제시되는 대중에게 공감하기는 어렵기 때문이다. 우리는 대중 매체에서 실시간으로 보도하는 지금 현재 벌어지는 비참한 상황에 공감하기는 쉬워도, 미래에 발생할 개연성이 높은 더 심각한 상황에 공감하기는 어렵다. 장기적 영향을 끼치는 정책적 결정을 내릴 때 공감 능력에 의존하는 것이 위험할 수 있는 이유가 여기에 있다.
>
> 중요한 점은 우리가 특정 윤리적, 사회적 사안에 대해 공감할 수 있는지와 무관하게, 우리는 무엇이 도덕적으로 비난받거나 칭찬받을 만한 행동인지 이성적으로 판단할 수 있다는 사실이다. 맹자가 강조한 측은지심을 진정으로 느낄 수 있는지 여부와 무관하게, 우리는 우물에 빠진 아이를 구해야 한다는 것을 합리적으로 납득할 수 있다. 그에 비해 공감 능력은 사안의 특정 측면에만 집중하게 함으로써 도리어 우리의 도덕적 판단을 흐리게 할 수 있다. 다른 사람의 처지에 감정적으로 공감하는 능력은 우리의 올바른 도덕적 판단을 방해하는 편견으로 작용할 가능성이 높기 때문이다.

① 공감 능력은 특정 대상에 대한 편견으로 이어질 가능성이 있다.
② 올바른 도덕적 판단을 위해 공감 능력을 적절히 활용해야 한다.
③ 공감이 아닌 합리적 이성에 의거할 때 윤리적 판단을 바르게 내릴 수 있다.
④ 편견을 버리고 객관적 시선을 유지해야 다른 사람의 처지에 공감할 수 있다.

08~09 다음 글을 읽고 물음에 답하시오.

반어법이란 흔히 어떤 말을 그 말의 액면대로의 의미와 반대되는 뜻으로 쓰는 방법을 말한다. 가령 잘나지 않은 사람을 보고 "잘났다."라고 말할 경우, '잘났다'라는 표면상의 의미와 다르게 '잘나지 않았다'라는 의미를 지닌 말, 즉 반어법이 사용된 것이다.

그런데 1인칭 소설은 3인칭 소설과 달리 반어법에 대한 의존성이 특히 높다. 1인칭 소설의 지문에서 ㉠'나'로 나오는 인물은 그 소설의 저자와는 다른 허구의 인물이다. 저자가 허구의 인물인 ㉡'나'를 내세워 이야기를 전개하는 1인칭 소설에서, 이 '나'가 글을 쓰는 진짜 ㉢'나'가 아니라 허구의 '나', 때로는 작가 자신과는 전혀 거리가 먼 '나'임을 보여 주는 일은, 작품 속의 ㉣'나'가 하는 말 자체를 통해 수행되는 수밖에 없다. 여기서 반어법이라는 방식이 유용하게 쓰임은 물론이다.

채만식의 소설 〈치숙〉은 이러한 1인칭 소설의 특징을 잘 보여 준다. 작가는 조카를 1인칭 관찰자로 설정하여 아저씨를 어리석다고 비판하고 있다. 그런데 소설을 읽으면 읽을수록, 독자는 조카인 '나'가 식민지 현실에 순응하며 자신의 안위만 추구하는 이기적인 인물이라는 것, 즉 부정적 인물이라는 것을 깨닫게 된다. 이때 작가가 1인칭 화자인 '나'로 하여금 "나는 잘났소." 하고 말하도록 해 놓고, 그의 말투나 그가 말하는 내용을 통해 사실이 그렇지 않음을 보여 준다면, 이 작품에서 "나는 잘났소."라는 말은, 곧 그 인물이 "나는 못났소." 하는 고백과 다름없는 의의를 지니게 된다. 즉 이 소설에서 '나'가 스스로를 긍정적으로 평가하면 평가할수록, 독자는 '나'를 부정적으로 판단하는 것이다. 작가는 이런 반어법을 통해 독자로 하여금 '나'의 말을 있는 그대로 받아들이지 않고 스스로 판단하게 한다. 〈치숙〉은 1인칭 소설에서 쓰이는 반어법의 효과를 잘 보여 주고 있는 작품이다.

08 이 글의 중심 내용으로 가장 적절한 것은?

① 작가는 소설에서 반어법을 사용하여 등장인물을 비판적으로 평가할 수 있다.
② 작가는 1인칭 소설에 등장하는 '나'의 말을 통해 자신의 경험과 생각을 드러낸다.
③ 1인칭 소설에서는 화자의 말투나 경험을 반어적으로 서술함으로써 독자가 그 말의 의미를 스스로 판단하게 한다.
④ 소설 속 등장인물의 말은 액면대로의 의미와 반대되는 뜻으로 사용될 수 있으므로 있는 그대로 받아들여서는 안 된다.

09 문맥상 ㉠~㉣ 중 의미가 다른 하나는?

① ㉠
② ㉡
③ ㉢
④ ㉣

10 다음 글에 대한 이해로 가장 적절하지 않은 것은?

> 기호로서 언어가 갖는 특성에는 자의성, 사회성, 역사성, 분절성, 그리고 추상성 등이 있다. 자의성이란 기호의 형식과 내용 간에 필연성을 찾을 수 없다는 것을 말한다. 예를 들어, '차다'는 '(공을) 차다[蹴], (날씨가) 차다[寒], (노리개를) 차다[佩]' 등과 같이 그 형태와 의미의 관계가 필연적이지 않다. 그러나 이와 같이 언어 기호의 내용과 형식이 자의적으로 결합되었다고 해서, 누구나 그 관계를 마음대로 고치거나 새로 만들 수 있는 것은 아니다. 어떠한 말소리에 어떠한 의미가 맞붙어서 그것이 그 언어 사회 구성원들에게 인정을 받고 통용되면 그 사회의 모든 사람은 이에 따르지 않을 수 없는데, 이것을 사회성이라 한다. 따라서 언어 기호는 자의성을 가지는 동시에 사회성을 함께 가지고 있다. 또한, '어리다'가 '어리석다[愚]'에서 '나이가 적다[幼]'로 의미가 바뀐 것처럼 언어 기호는 시간이 흐름에 따라 변화하기도 하는데, 이를 역사성이라 한다. 한편 자연 현상은 특별한 경계선이 없이 연속적으로 존재하지만 언어는 이를 구분하여 표현하는데, 이를 분절성이라고 한다. 예를 들어, '무지개'는 명확한 경계선을 가지고 있는 것이 아니라 연속된 스펙트럼으로 존재하지만 우리는 무지개를 일곱 가지 색깔로 분절하여 파악한다. 마지막으로, '나무'라는 단어는 '소나무, 밤나무, 벚나무…' 등 수많은 나무의 공통 속성을 뽑아내는 추상화 과정을 통해 형성된 것이다. 이처럼 언어 기호는 개념과 관련하여 그 자체로 추상성의 속성을 지니고 있다.

① '메아리'와 '산울림'이란 유의어가 공존한다는 것은 그 형태와 의미의 관계가 필연적이지 않다는 것이므로 언어의 자의성을 보여 주는 사례이다.

② '책상'을 사회 구성원들이 마음대로 '의자'로 바꾸어 부를 수 없다는 것은 언어의 사회성을 보여 주는 사례이다.

③ '세수(洗手)하다'가 예전에는 '손을 씻다.'의 뜻으로만 쓰이다가 현재는 '손이나 얼굴을 씻다.'의 뜻으로 쓰이는 것은 언어의 역사성을 보여 주는 사례이다.

④ 연속적으로 이어져 있는 바다를 '동해, 남해, 서해'로 구분하는 것은 공통 속성을 뽑아내는 추상화 과정을 통해 형성된 것이므로 언어의 추상성을 보여 주는 사례이다.

보충 자료 3 ♦ 언어의 기호적 특성

자의성	언어의 형식인 음성과 내용인 의미 사이에는 필연적 관계가 아닌 사의적, 임의적 관계만 존재한다는 특성
사회성	언어의 음성과 의미가 일단 사회적 약속으로 수용되면 이를 개인이 마음대로 바꿀 수 없는 특성
역사성	언어는 하나의 사회적 약속이지만, 시간의 흐름에 따라 신생·성장·사멸하는 변화를 겪을 수 있는 특성
분절성	언어가 외부 세계를 있는 그대로 반영하는 것이 아니라, 연속적으로 이루어져 있는 현실 세계를 불연속적인 것으로 분절하여 표현하는 특성
추상성	언어가 갖는 개념(槪念) 형성의 특성, 즉 같은 부류의 사물들에서 공통적인 속성을 뽑아내는 특성

1. 음성과 의미 중 하나가 변하면 → 　　　　

2. 사회적 약속으로 고정되면 → 　　　　

3. 시간이 흘러 변하면 → 　　　　

4. 연속된 것을 끊어서 표현하면 → 　　　　

5. 공통점을 찾아 하나의 개념으로 묶어 주면 →

매일 국어 02회

01 다음 보도 자료의 ㉠~㉣을 수정한 것으로 적절하지 않은 것은?

> 미래 국토 전략 논의…국토·교통·환경 전문가 한자리에
>
> 국토 교통부는 ㉠ 국토의 지속 가능한 발전을 위한 발전 전략을 모색하기 위한 공동 세미나를 개최한다.
>
> 이번 세미나는 급변하고 있는 국토 여건 속에서 국토, 교통, 환경 분야의 ㉡ 주요 이슈의 논의와 각 분야 계획 간의 연계성을 높이기 위해 마련되었다.
>
> 국토 도시 실장은 올해는 제5차 국토 종합 계획의 수정과 함께 주요 교통망 계획 등 국토 공간과 관련된 다양한 중장기 계획이 새롭게 ㉢ 마련되어지는 중요한 시기라고 강조하며, "앞으로도 도시, 교통, 산업, 환경, 과학 기술 등 다양한 분야의 전문가들의 의견을 많이 듣고 긴밀한 소통을 통해 환경 문제에 유연하게 대응하도록 ㉣ 노력하겠다."라고 말하였다.

① ㉠: 불필요한 내용이 중복되지 않도록 '국토의 지속 가능한 발전 전략을 모색하기 위한'으로 수정한다.
② ㉡: 병렬 관계를 고려하여 '주요 이슈를 논의하고 각 분야 계획 간의 연계성을 높이기'로 수정한다.
③ ㉢: 과도한 피동 표현을 사용하지 않도록 '마련되는'으로 수정한다.
④ ㉣: 적절한 조사를 사용하여 '노력하겠다."고'로 수정한다.

02 다음 중 잘못된 판단을 내린 사람은 누구인가?

> 갑: '비가 온다.'가 거짓이고 '카페가 문을 연다.'가 참이면, '비가 오거나 카페가 문을 연다.'는 참이다.
>
> 을: '비가 온다.'가 거짓이고 '카페가 문을 연다.'가 참이면, '비가 오면 카페가 문을 연다.'는 거짓이다.
>
> 병: '비가 온다.'가 참이고 '카페가 문을 연다.'가 거짓이면, '비가 오고 카페는 문을 연다.'는 거짓이다.
>
> 정: '비가 온다.'가 참이고 '카페가 문을 연다.'가 거짓이면, '비가 오면 카페가 문을 연다.'는 거짓이다.

① 갑   ② 을
③ 병   ④ 정

03 ㉠~㉢에 들어갈 말을 적절하게 나열한 것은?

- '정부가 세금을 인상한다.'가 참이고 '정부가 복지 예산을 인상한다.'도 참일 때, '정부가 세금을 인상하지 않으면 복지 예산을 인상한다.'는 ㉠ 이다.
- '노동조합이 파업을 한다.'가 참이고 '노사가 합의를 본다.'는 거짓일 때, '노동조합이 파업을 하거나 노사가 합의를 본다.'는 ㉡ 이다.
- '환경 오염이 심해진다.'가 거짓이고 '정부의 환경 정책이 강화된다.'도 거짓일 때, '환경 오염이 심해지지 않으면 정부의 환경 정책도 강화되지 않는다.'는 ㉢ 이다.

	㉠	㉡	㉢		㉠	㉡	㉢
①	참	참	참	②	참	참	거짓
③	거짓	참	거짓	④	거짓	거짓	거짓

보충 자료 1 ♦ 복합 명제의 진리표

단순 명제		복합 명제				
P	Q	P ∧ Q	P ∨ Q	P → Q	P ≡ Q	~P
T	T		T	T	T	F
T	F	F	T		F	F
F	T	F	T	T	F	T
F	F	F		T	T	T

1. A가 참이고 B의 진릿값을 알지 못할 때, 'A ∧ B'는 _____이다.
2. A의 진릿값을 알지 못하고 B가 참일 때, 'A ∨ B'는 _____이다.
3. A가 참이고 B가 거짓일 때, 'A → B'는 _____이다.

04 다음 글의 내용과 일치하지 않는 것은?

쇼트 폼은 10분 이내의 짧은 영상을 의미하지만 대다수 콘텐츠의 길이는 15~60초에 불과하다. 시청이 끝나면 자동으로 다음 영상이 연결되는데, 알고리즘이 관심 주제를 알아서 찾아 주니 선택을 고민할 필요도 없다. 젊은 세대의 반응은 폭발적이다. 휙휙 넘기는 손가락질로 무한 재생되는 쇼트 폼은 '디지털 마약' 같은 중독성을 발휘한다.

해외 연구자들 사이에서는 '쇼트 폼이 어린이 발달에 미치는 영향' 같은 유해성 관련 연구가 본격화되고 있다. 기억력과 집중력, 독서력 저하는 물론 강렬한 영상에 반복 노출된 이후 느끼는 일상의 지루함과 삶의 질 하락 같은 문제들에 대한 위기의식이 커진 결과다. '팝콘 브레인' 증상을 우려하는 목소리도 나온다. 두뇌가 즉각적인 자극에 반복 노출될 경우 팝콘이 터지듯 더 큰 자극만 계속 추구하게 된다는 것이다. 글로벌 쇼트 폼 플랫폼인 '틱톡'은 18세 미만 청소년의 사용 시간을 1시간으로 제한하는 시스템을 도입하겠다고 1일 발표했다. 틱톡의 원조 국가인 중국은 '어린이들의 짧은 동영상 중독' 방지를 위한 관리 강화 방침을 밝혔다. 서울 아산 병원 정희원 교수 같은 국내 전문가들은 "합성 마약이나 다름없는 쇼트 폼의 시청 시간을 줄이기는 어려울 테니 아예 끊어라."라는 단호한 조언도 서슴지 않는다.

① 쇼트 폼은 짧은 영상으로, 하나의 영상을 시청하면 자동으로 다음 영상으로 연결된다.
② 쇼트 폼의 시청자는 자극에 반복해서 노출됨으로써 '팝콘 브레인' 증상을 일으킬 수 있다.
③ 쇼트 폼은 중독성이 있지만 1시간 이하로 사용 시간을 줄이면 중독성에서 벗어날 수 있다.
④ 쇼트 폼을 계속해서 보면 기억력이나 집중력이 떨어지고 일상을 지루하게 느낄 수 있다.

05 다음 글에 대한 이해로 적절한 것은?

> 1526년 포르투갈의 한 해양 탐험가가 뉴기니를 '발견'했고 1828년 네덜란드가 서쪽 절반을 차지했으며 1884년 영국과 독일이 동쪽 절반을 나누어 가졌다. 최초의 유럽인들이 해안 지방에 정착해 내륙에 침투하기까지는 오랜 시간이 걸렸지만, 1960년에는 이미 대부분의 뉴기니인들이 유럽 정부의 정치적 통제를 받고 있었다. 이처럼 유럽인들이 뉴기니를 식민지화할 수 있었지만 뉴기니에 유럽인 정착민들의 수는 언제나 매우 적었고 오늘날에도 뉴기니 인구의 대다수는 뉴기니 원주민들이다.
> 질병, 험준한 지형, 식생활 따위의 모든 문제점 때문에 결국 유럽인들은 뉴기니 동반부(현재 독립국인 파푸아 뉴기니)를 포기할 수밖에 없었고 그 지역은 뉴기니인들이 차지하고 다스리게 되었다. 그러나 이들은 영어를 공용어로 사용하고 영국의 제도를 모방한 민주주의적 정치 체제 속에서 살고 해외에서 제조한 총을 사용한다. 하지만 뉴기니 서반부는 또 달랐다. 이 지역은 1963년 인도네시아가 네덜란드로부터 넘겨받아 이리안자야주로 개칭했으며, 오늘날 인도네시아인들이 인도네시아인 위주로 다스리고 있는 땅이다.
> 인도네시아인들은 뉴기니인들과 마찬가지로 오래전부터 말라리아를 비롯한 열대성 질병을 경험했으므로, 뉴기니에 정착하려고 했던 유럽인들처럼 심각한 어려움을 겪지는 않았다. 그리고 식생활 면에서도 유럽인들에 비하면 잘 적응할 수 있었다. 인도네시아의 농업에는 이미 바나나와 고구마를 비롯하여 뉴기니 농업의 몇 가지 주요 작물도 포함되어 있었기 때문이다.

① 파푸아 뉴기니는 유럽 국가들로부터 독립 후 전통에 기반한 독자적인 정치 제도를 만들었다.
② 오늘날 뉴기니섬 동반부는 인도네시아의 이리안자야주이고 서반부는 파푸아 뉴기니이다.
③ 뉴기니와 인도네시아의 지형적 특성이 유사해 인도네시아인들이 이리안자야주에 잘 정착할 수 있었다.
④ 뉴기니에 유럽인들이 정착하는 데 어려움을 겪은 이유 중 하나로 열대성 질병을 들 수 있다.

06~07 다음 글을 읽고 물음에 답하시오.

일차적 관계 속에서 발견되는 두터운 신뢰는 직접적인 정치 참여를 포함하는 단순한 형태의 일차적 민주주의의 근간이 될 수 있다. 현대 사회에서 이런 형태의 민주주의적 참여는 소수의 예외적인 경우를 제외하고는 거의 찾아볼 수 없다. 일차적 민주주의는 현대 국가의 전국적 정치 차원에서는 작동될 수 없다.

현대 사회는 '얇은 신뢰'에 ㉠기반하고 있다. 얇은 신뢰는 정해진 형태를 갖지 않고 느슨한 이차적 관계로 ㉡형성된 이익 사회 또는 유기적 연대와 짝 지어질 수 있다. 특히 중요한 것은 서로 ㉢중첩되어 맞물려 있는 자발적 결사의 연결망이다. 얇은 신뢰는 약한 연대의 산물로서 현대의 대규모 사회가 통합을 이룰 수 있게 하는 강력하고도 지속적인 토대를 제공한다. 토크빌에 따르면, 자발적인 공식 조직 내에서의 상호 작용은 시민들 속에서 민주적 규범을 발생시키는 데 필수적이다. 그 조직을 통해 시민들은 호혜성과 같은 시민적 덕목을 교육받으며, 민주적 토론과 조직 운영의 기술을 훈련받는다.

또한 얇은 신뢰의 이론적 확장인 추상적 신뢰는 구체적 대상이 아니라 시스템 전체에 대한 신뢰를 의미하는 것으로, 현대 사회에서 교육과 대중 매체라는 제도를 통해 만들어질 수 있다. 교육은 시간, 장소, 명칭, 사건, 개념, 준거 등과 같은 일련의 공통된 지식을 제공해 줌으로써 서로 떨어져 있는 개인들 사이의 사회적 상호 작용을 도와준다. 논란의 여지가 있지만 대중 매체 역시 추상적 신뢰의 형성에 중요한 역할을 할 수 있다. 대중 매체는 정치적 지식, 능력, 관심, 소양, 행동의 수준을 향상시켜 사람들을 동질화하는 데 ㉣기여할 수 있다.

06 이 글의 내용과 일치하지 않는 것은?

① 두터운 신뢰는 일차적 관계 속에서, 얇은 신뢰는 이차적 관계 속에서 형성된다.
② 현대 국가에서는 두터운 신뢰에 기반한 정치 형태를 거의 찾아볼 수 없다.
③ 현대인들은 이해관계에 의해 자발적으로 결사된 조직 내 활동을 통해 민주적 규범을 터득할 수 있다.
④ 현대 사회에서는 대중 매체와 달리 교육을 통해서 추상적 신뢰가 형성될 수 있다.

07 문맥상 ㉠~㉣과 바꾸어 쓸 수 있는 표현으로 적절하지 않은 것은?

① ㉠: 바탕을 두고
② ㉡: 이루어진
③ ㉢: 엇갈리어
④ ㉣: 이바지할

08~09 다음 글을 읽고 물음에 답하시오.

　기업은 소비자가 무엇을 원하는지 알아내려고 많은 노력을 해 왔다. 소비자가 원하는 제품을 내놓으면 돈을 벌기 때문이다. 그러나 ㉠그의 욕망을 알아내기란 쉽지 않았다. 소비자의 욕망이 무의식 속에 가려져 있기 때문이다. 잘트먼(Zaltman) 하버드대 교수는 구매 욕구의 95% 이상이 무의식 영역에 있다고 말한다. 과거에는 ㉡여기에 존재하는 욕망을 측정하기 어려웠지만 IT 발달로 사람들의 무의식에 내재된 욕망을 측정하는 것이 가능해졌다.
　미국의 보험 회사인 '프로그레시브 인슈어런스(Progressive Insurance)'는 고객의 차에 마이 레이트(MyRate)라고 하는 차량 운행 기록 장치를 장착해 소비자의 욕망을 측정했다. 이를 통해 A 고객은 주말에만 차를 운전하는 반면, B는 매일 유흥가를 다니면서 난폭 운전을 한다는 사실을 알 수 있게 되었고, 보험사는 A에게는 보험료를 더 할인해 준 반면 B에게는 ㉢그것을 올렸다. A는 낮은 가격에 기뻐하며 재계약을 했지만 B는 오른 가격에 화를 내며 다른 보험사로 옮겼다. 이 방법을 통해 프로그레시브 보험사는 사고 보상금을 크게 줄일 수 있었고, 수익률이 개선되었다. 그 결과 순식간에 미국의 600개 보험사 중에서 수익률 2위, 3번째 규모의 자동차 보험사가 되었다. 프로그레시브 보험사는 위치 정보가 욕망 정보임을 알았던 것이다. 예컨대 주말마다 산에 주차한다면 이 사람은 99%의 확률로 등산에 욕망이 있다는 사실을 알 수 있을 것이고, 주말마다 낚시터에 주차한다면 낚시에 욕망이 있다는 사실을 알 수 있다. 이처럼 욕망을 측정하는 데 IT가 도입되어 ㉣이것에 응용되기 시작했는데, 이를 뉴로마케팅이라고 말한다.

08 이 글의 내용에 부합하지 않는 것은?

① 인간의 내적 욕망을 그의 이동 경로를 통해서 확인할 수도 있다.
② 프로그레시브 보험사는 고객의 무의식을 직접 통제하여 수익을 올렸다.
③ 뉴로마케팅에서는 소비자의 욕망을 파악하기 위해 IT 기술을 활용한다.
④ 소비자는 자신의 구매 욕구의 상당 부분을 정확히 인지하지 못하고 있다.

09 ㉠~㉣이 의미하는 바가 잘못된 것은?

① ㉠: 소비자
② ㉡: 무의식 영역
③ ㉢: 보험료
④ ㉣: 위치

10 다음 글을 읽고 이해한 것으로 적절하지 않은 것은?

> 폐에서 나오는 공기가 입 밖으로 나가는 동안에 입안에서 그 흐름이 방해를 받지 않고 나는 소리가 모음이다. 모음은 발음할 때 입의 모양이 바뀌지 않는 단모음, 그리고 발음할 때 입술이나 혀가 움직여 입의 모양이 바뀌는 이중 모음으로 나뉜다.
>
> 이 중 단모음은 입술 모양, 혀의 앞뒤 위치, 혀의 높이에 따라 다양하게 분류된다. 먼저 소리를 낼 때 입술을 둥글게 했느냐 그렇게 하지 않았느냐에 따라 원순 모음과 평순 모음으로 나뉜다. 이에 따라 'ㅟ, ㅚ, ㅜ, ㅗ'는 원순 모음, 'ㅣ, ㅔ, ㅐ, ㅡ, ㅓ, ㅏ'는 평순 모음이 된다.
>
> 또 혀의 최고점을 입천장 앞쪽에 두고 내는 모음을 '전설 모음', 뒤쪽에 두고 내는 모음을 '후설 모음'이라 한다. 따라서 'ㅣ, ㅔ, ㅐ, ㅟ, ㅚ'는 전설 모음이고 'ㅡ, ㅓ, ㅏ, ㅜ, ㅗ'는 후설 모음이다.
>
> 아울러 혀의 높이에 따라서도 모음이 세 부류로 구분된다. 입을 조금만 벌리고 소리를 내어 혀의 위치가 높은 것을 '고모음', 그보다는 입을 더 벌려서 혀의 위치가 중간쯤 되는 것을 '중모음', 입을 크게 벌려 혀의 위치가 낮은 것을 '저모음'이라고 한다. 이에 따라 'ㅣ, ㅟ, ㅡ, ㅜ'는 고모음, 'ㅔ, ㅚ, ㅓ, ㅗ'는 중모음, 'ㅐ, ㅏ'는 저모음이 된다.

① 단모음을 발음할 때에는 입의 모양이나 혀의 위치가 고정된다.
② 단모음을 발음할 때 혀의 높이가 높을수록 입을 더 크게 벌리게 된다.
③ '생선'에는 입술의 모양을 둥글게 하지 않고 발음하는 모음이 들어 있다.
④ 'ㅟ, ㅚ'와 'ㅜ, ㅗ'는 입술의 모양에 따라 분류할 때는 같은 모음이지만, 혀의 최고점에 따라 분류할 때는 다른 모음이다.

보충 자료2 ♦ 단모음: 혀의 높이, 혀의 위치, 입술의 모양에 따라 나뉨.

혀의 위치 입술의 모양 혀의 높이	전설① 모음		후설② 모음	
	평순③ 모음	원순④ 모음	평순 모음	원순 모음
고모음	ㅣ	ㅟ	ㅡ	ㅜ
중모음	ㅔ	ㅚ	ㅓ	ㅗ
저모음	ㅐ		ㅏ	

① 전설: 발음할 때 혀의 정점이 앞에 있음.
② 후설: 발음할 때 혀의 정점이 뒤에 있음.
③ 평순: 발음할 때 입술의 모양이 둥글지 않음.
④ 원순: 발음할 때 입술의 모양이 둥긂.

매일 국어 03회

01 다음 보도 자료의 ㉠~㉣을 수정한 것으로 적절하지 않은 것은?

악성 민원 대응 공무원 보호를 위한 현장 조치, 차질 없이 안착

행정 안전부는 〈민원 처리법 시행령〉 개정 이후의 각 조치에 대한 ㉠<u>이행 실태 조사 결과가 공개되었다</u>. 조사 결과, 3개월이라는 비교적 짧은 시행 기간에도 불구하고 각종 보호 조치가 차질 없이 적용되는 것으로 나타났다.

㉡<u>신속한 행정 서비스의 제공과 장시간 민원으로 인한 업무의 과부하를 줄이기</u> 위한 '민원 권장 시간 설정'도 순차적으로 현장에 도입되고 있다. 한편, 행정 안전부는 실태 조사 결과를 반영한 '민원 서비스 종합 평가 계획'을 내달 중 확정하고, 악성 민원 예방 및 대응 근거 등이 담긴 ㉢<u>〈민원 처리법〉 개정안이 통과될 수 있도록</u> 최선을 다할 계획이다.

○○○ 국장은 악성 민원 예방과 감소, 올바른 민원 문화 정착을 위한 현장의 변화가 본격적으로 시작되었다며, "앞으로도 폭언, 폭행, 업무 방해 등 위법적인 행태가 사라지는 민원 현장이 되도록 ㉣<u>제도 개선을 지속 추진하겠다</u>."라고 밝혔다.

① ㉠은 주어와 서술어의 호응을 고려하여 '이행 실태 조사 결과를 공개하였다'로 수정한다.
② ㉡은 병렬 관계를 고려하여 '신속한 행정 서비스를 제공하고 장시간 민원으로 인한 업무의 과부하를 줄이기'로 수정한다.
③ ㉢은 생략된 문장 성분이 없도록 '〈민원 처리법〉 개정안이 빠르게 통과될 수 있도록'으로 수정한다.
④ ㉣은 자연스러운 표현이 되도록 '제도 개선을 지속적으로 추진하겠다'로 수정한다.

02 전제가 참일 때, 결론이 반드시 참인 논증을 모두 고르면?

> ㉠ 철수가 논리학 수업을 듣는다면, 그는 2학년이다. 철수가 철학 수업을 듣지 않는다면, 그는 2학년이 아니다. 그러므로 철수가 논리학 수업을 들으면 철학 수업을 들을 것이다.
>
> ㉡ 영희는 승무원이 아니거나 가이드이다. 영희는 작가이거나 또는 승무원이다. 그런데 영희는 작가가 아니므로, 영희는 승무원이면서 가이드이다.
>
> ㉢ 갑이 사기꾼이라면, 을이 사기꾼이 아니거나 병이 사기꾼이 아니다. 그런데 을은 사기꾼인 것으로 밝혀졌다. 따라서 갑은 사기꾼이 아니다.

① ㉠
② ㉠, ㉡
③ ㉡, ㉢
④ ㉠, ㉡, ㉢

03 다음 중 타당하지 않은 논증은?

① A 단체는 독거 어르신을 위한 봉사 중 집수리나 청소를 할 것이다. 그런데 A 단체가 청소 봉사를 하기로 했다. 따라서 A 단체는 집수리 봉사를 하지 않을 것이다.

② 갑이 일찍 일어난다면 자동차를 타고 출근할 것이다. 그런데 갑은 지하철을 타고 출근했다. 따라서 갑은 일찍 일어나지 않은 것이 분명하다.

③ 을이 햄버거를 먹지 않으면 병은 샌드위치를 먹고 정은 체리 파이를 먹는다. 그런데 을은 햄버거를 먹지 않았다. 그러므로 병은 샌드위치를 먹었을 것이다.

④ 내가 공무원 시험에 합격하면, 공무원이 될 것이다. 내가 회계사 시험에 합격하면, 회계사가 될 것이다. 나는 공무원 시험에 합격하거나 회계사 시험에 합격할 것이다. 따라서 나는 공무원과 회계사 중 적어도 하나가 될 것이다.

보충 자료 1 ♦ 주요 추론 규칙

1. 전건 긍정식

p → q	만약 비가 온다면, 땅이 젖을 것이다.
[p]	비가 온다.
∴ q	∴ 땅이 젖을 것이다.

2. 후건 부정식

[p → q]	만약 비가 온다면, 땅이 젖을 것이다.
~q	땅이 젖지 않았다.
∴ ~p	∴ 비가 오지 않았을 것이다.

3. 가언 삼단 논법

p → q	만약 비가 온다면, 땅이 젖을 것이다.
q → r	만약 땅이 젖는다면, 길이 미끄러울 것이다.
∴ [p → r]	∴ 만약 비가 온다면, 길이 미끄러울 것이다.

4. 선언적 삼단 논법(선언지 제거법)

p ∨ q	철수는 국어를 공부하거나 영어를 공부할 것이다.
[~p]	철수는 국어를 공부하지 않았다.
∴ q	∴ 철수는 영어를 공부할 것이다.

04 다음 글을 통해 추론할 수 있는 내용이 아닌 것은?

> 대개의 건물은 불규칙한 바람에 의한 진동은 견딘다. 문제는 와류가 불규칙한 바람이 아니라는 것이다. 와류는 규칙적이고 반복적인 패턴으로 거듭 발생하기 때문에 주기력이라고 한다. 바람이 빌딩을 만나면 빌딩을 싸고돌면서 와류라는 소용돌이 흐름을 형성한다. 그러면서 빌딩 뒤로는 소용돌이들이 잇달아 발생한다. 이 소용돌이들은 일종의 리듬을 만들어 빌딩을 좌우로 밀어낸다. 이 현상을 와류 발산이라고 한다.
> 한편, 물체마다 고유 진동수가 있는데, 외부 충격의 진동수가 물체의 고유 진동수와 일치하면 물체의 진폭이 증가한다. 이것을 공진 현상이라고 한다. 마천루마다 고유의 진동수가 있다. 다시 말해 저마다 고유의 흔들림을 가지고 있는 것이다. 그런데, 바람이 만든 와류에 의해 공진 현상이 발생하면 빌딩의 좌우 동요가 증폭하고, 이를 제때 인지해서 조치하지 않으면 최악의 경우 참사로 이어진다. 다행히 모든 마천루는 와류 발산을 염두에 둔 내풍(耐風) 시스템을 갖추고 있다. 마천루의 외형 자체도 내풍 설계의 일부다. 보기에 멋스럽게만 짓는 것이 아니라 애초에 와류가 형성되기 어려운 모양으로 짓는다.

① 건물 고유의 진동수와 와류의 진동수가 어긋날수록 건물의 좌우 흔들림이 커진다.
② 불규칙한 바람보다 규칙적인 바람에 의한 진동이 건물의 안전을 더욱 위협한다.
③ 공진 현상은 건물에 가해지는 수평 방향의 힘을 증가시키는 요인이 된다.
④ 초고층 건물을 지을 때 와류의 형성을 예방할 수 있게 외형을 설계한다.

05 다음 글을 바탕으로 한 추론 내용으로 적절하지 않은 것은?

> 교환 이론에서는 사회적 상호 작용의 행위자를 합리적인 이익 추구자로, 그리고 이러한 행위자들에 의해 이루어지는 대인 관계는 상호 간에 보상을 반복적으로 교환하는 행위로 파악한다. 이 이론에서는 행위자들이 어떤 목표를 설정하고 행동할 때에는 반드시 시간, 에너지 또는 자원의 소모가 뒤따른다는 것을 기본적인 가정으로 삼고 있다. 따라서 교환 이론에서 사회적인 행동은 '적어도 두 사람 사이에서 일어나는, 다소 보상적이거나 손해가 되는 활동의 교환'이며, 이에 따라 다음과 같은 기본 명제를 바탕으로 이루어진다고 본다.
> 첫째 명제는 어떤 행위에 대한 보상의 빈도가 높을수록 그 행위를 할 가능성이 커진다는 '성공 명제'이며, 둘째는 과거의 어떤 자극들로 인해 보상을 받게 되었을 경우, 현재의 자극이 과거의 것과 비슷할수록 유사한 행위를 할 가능성이 커진다는 '자극 명제'이다. 셋째는 개인이 행한 행위의 결과가 그 자신에게 가치가 크면 클수록 그 행위를 할 가능성이 커진다는 '가치 명제'인데, 이로 인해 행위에 대한 보상의 증가는 행위의 가능성을 높이게 되며, 반대로 행위에 대한 처벌의 증가는 행위의 가능성을 감소시키게 된다는 것이다. 넷째는 '공격 – 승인 명제'인데, 특정 행위로 인해 기대하는 보상을 받지 못하거나 처벌을 받게 되면 공격적인 행동을 취하게 되고, 반대로 특정 행위로 기대하는 것보다 더 큰 보상을 받거나 예상했던 처벌을 받지 않게 되는 경우 그 행동은 승인받은 것으로 여겨지게 된다는 명제이다. 다섯째는 특정 행위로 특수한 보상을 자주 받을수록 그 보상의 가치는 점차 작아진다는 '박탈 – 만족 명제'이다.

① 교환 이론에 따르면 성공적인 사회적 상호 작용을 위해서는 시간과 에너지의 소모가 발생한다.
② 교환 이론의 기본 명제에 따르면 특정 행위와 보상의 가치는 서로 반비례 관계일 수 있다.
③ SNS 게시물에 '좋아요'를 받을수록 게시물을 더 자주, 더 많이 올리고 싶은 욕구가 드는 것은 교환 이론으로는 설명될 수 없다.
④ 특정 브랜드의 제품을 구매하고 만족한 경험이 있는 고객이 이후에도 같은 브랜드의 제품을 구매할 가능성이 높다는 사실은 자극 명제를 뒷받침한다.

06~07 다음 글을 읽고 물음에 답하시오.

> 판소리계 소설인 〈토끼전〉과 〈심청전〉의 '수중(수궁)'은 작품 속 주인공들의 공간 이동을 통한 새로운 세계로의 진입이라는 점에서, 또 상상 속 화려하고 풍요로운 공간이라는 점에서 공통적이다. 그러나 이 두 작품 속 공간에 대한 인식은 전혀 다르다.
> 우선 〈토끼전〉의 '수궁'은 주인공 토끼(또는 자라)가 '죽음'이라는 관문을 거치지 않고, 자라의 등에 올라타 눈 깜작할 사이면 도달할 수 있는 곳으로서, 새로운 세계이다. 〈토끼전〉에서 토끼는 '산 자의 세계(육지) → 산 자의 세계(수궁) → 산 자의 세계(육지)'로의 순환 이동을 하는데, 육지와 수궁은 서로 다른 '산 자의 세계'라는 점에서, 〈토끼전〉의 '수궁'은 당대인들의 수평적 공간 인식 체계를 반영하고 있다고 할 수 있다.
> 반면 〈심청전〉에서 심청은 아버지의 눈이 뜨이길 바라며 바다 한복판인 '인당수'에 ㉠빠져 '수궁'에 들어간다. 따라서 '수궁'은 '죽음'이라는 과정을 통해 진입하는 초월적 공간으로, 심청은 '산 자의 세계(육지) → 죽은 자의 세계(수궁) → 산 자의 세계(육지)'로 이어지는 순환적 공간 이동을 보여 준다. 이런 점에서 〈심청전〉의 공간은 당대인들의 이원적이고 수직적인 사유 체계를 담아낸 것이다.

06 이 글에서 추론한 내용으로 적절하지 않은 것은?

① 〈토끼전〉과 〈심청전〉의 주인공은 다양한 공간을 체험한다.
② 〈토끼전〉과 〈심청전〉에서 '수궁'은 공통적으로 죽음의 공간으로 나타난다.
③ 〈토끼전〉과 〈심청전〉에서 공간에 대한 당대인들의 세계관을 확인할 수 있다.
④ 〈토끼전〉과 〈심청전〉에서 '수궁'은 모두 화려하고 풍요로운 공간으로 그려진다.

07 문맥상 밑줄 친 부분이 ㉠과 의미가 가장 가까운 것은?

① 한눈파는 바람에 자전거가 물속으로 빠지고 말았다.
② 며칠 밤을 새웠더니 얼굴의 살이 쏙 빠져 버렸다.
③ 삼촌은 사기꾼의 함정에 빠져 재산을 다 날렸다.
④ 그는 축제 기간이라고 할지라도 수업을 빠지는 일은 없었다.

08~09 다음 글을 읽고 물음에 답하시오.

> 기억은 인간의 육체에 깃든 기록이다. 그러나 육체의 유한성 때문에 기억의 한계가 발생할 수밖에 없고, 인간은 자신의 뇌가 수행했던 지식 구조화를 육체와 분리하는 방식으로 한계를 극복할 필요성을 느끼게 되었다. 이 필요에 의해 탄생한 최초의 기술이 문자이다. 문자의 탄생으로 기억이 육체와 분리되면서 기억과 기록도 구분되기 시작한다.
>
> 개인의 기억은 각 개인이 기억하는 개인적인 경험을 말한다. ㉠이 기억이 모이면 일정한 집단 내에서 공유되는 기억, 즉 집단적 기억이 된다. 개인의 기억이 집단적 기억으로 공유되기 위해서는 기록이 전제되어야 하고, 기록이 가치 있기 위해서는 기억의 가치가 전제되어야 하므로, 기억과 기록은 서로가 서로의 필요충분조건이다. 개인의 기억 중 가치 있는 것이 집단적 기억이 되고, ㉡이 기억이 공감과 신뢰를 확보하면 사회적 기억이 된다. ㉢이 기억은 기록으로 편집되는데, 편집된 기록은 다시 개인의 기억으로 활성화되고 그 과정이 반복되면서 사회적 기억에 기반한 편집된 기록은 역사가 된다. 가령 전쟁을 경험한 사람들은 그 사건을 각자 기억하고 있다. 하지만 ㉣이 기억이 기록되어, 여러 세대가 그 경험을 공유하게 되면, 그것은 단순한 개인의 기억을 넘어 집합적 기억이 되고, 결국 사회적 기억이 된다. 이 기억들은 책, 영화, 문서 등으로 기록되어 후세에 전달되며, 이를 통해 우리는 그 사건을 역사로 배우게 된다.

08 이 글에서 추론한 내용으로 가장 적절한 것은?

① 어떤 사건이 역사가 되기 위해 중요한 것은 기억보다 기록이다.
② 기억의 한계가 극복됨에 따라 문자가 탄생할 수 있었다.
③ 개인의 기억은 사회적 기억으로, 사회적 기억은 다시 개인의 기억이 될 수 있다.
④ 개인의 기억이 집단적 기억이 되려면 기록이 필요하지만, 사회적 기억이 역사가 되려면 기록은 필요 없다.

09 문맥상 ㉠~㉣ 중 의미하는 바가 같은 것만으로 묶인 것은?

① ㉠, ㉡
② ㉠, ㉣
③ ㉡, ㉢
④ ㉢, ㉣

10 다음 글에 대한 이해로 적절하지 않은 것은?

음운 변동이란 어떤 음운이 그것이 놓이는 환경에 따라 다른 음운으로 바뀌어 소리 나는 현상을 말한다. 음운 변동에는 어떤 음운이 다른 음운으로 바뀌는 현상인 교체, 원래 있던 한 음운이 없어지는 현상인 탈락, 두 개의 음운이 합쳐져서 하나로 되는 현상인 축약, 없던 음운이 추가되는 현상인 첨가가 있다.

이 중 교체에는 '낫[낟]'과 같이 음절의 끝소리 자리에 'ㄱ, ㄴ, ㄷ, ㄹ, ㅁ, ㅂ, ㅇ'의 일곱 소리 이외의 자음이 오면 이 일곱 자음 가운데 하나의 소리로 바뀌는 음절의 끝소리 규칙과 '신라[실라]'와 같이 'ㄴ'이 'ㄹ'의 앞이나 뒤에서 'ㄹ'로 변하는 유음화 등이 있다. 또한 탈락에는 '흙[흑]'과 같이 겹받침이 발음될 때, 홑자음으로 바뀌어 소리 나는 현상인 자음군 단순화 등이 있으며, 축약에는 '눕히다[누피다]'와 같이 자음 'ㅂ, ㄷ, ㅈ, ㄱ'과 'ㅎ'이 만나면 합쳐져 [ㅍ, ㅌ, ㅊ, ㅋ]이 되는 자음 축약 등이 있다. 끝으로 첨가에는 '꽃잎[꼰닙]'과 같이 둘 이상의 형태가 결합할 때, 'ㄴ'이 첨가되는 'ㄴ' 첨가 현상 등이 있다.

이러한 교체, 탈락, 축약, 첨가 현상이 일어나는 경우, 음운의 개수에 변화가 나타나기도 한다. '불여우[불녀우 → 불려우]'는 첨가 및 교체가 일어나 음운의 개수가 한 개 늘어난다. 그런데 '뚫네[뚤네 → 뚤레]'는 탈락 및 교체가 일어나 음운의 개수가 한 개 줄어들고, '늦호박[늗호박 → 느토박]'은 교체 및 축약이 일어나 음운의 개수가 한 개 줄어든다. 한편 '신라[실라]'는 교체만 한 번 일어나 음운의 개수가 변하지 않는다.

① 음절의 종성 자리에 올 수 있는 음운은 한정되어 있다.
② '뜻하다[뜨타다]'에는 두 개의 음운이 합쳐져서 하나로 되는 현상이 나타난다.
③ '훑는대[훌른대]'는 탈락 및 교체가 일어나 음운의 개수가 한 개 줄어든다.
④ '달나라[달라라]'는 교체만 두 번 일어나 음운의 개수가 변하지 않는다.

보충 자료 2 ✦ 주요 음운 현상

음운 현상			변화 양상	예시
교체 (대치)	음절의 끝소리 규칙		끝소리는 ①의 ②개 대표음으로 실현	꽃[꼳] 부엌[부억]
	자음 동화	비음화	• ㅂ, ㄷ, ㄱ+ㄴ, ㅁ → [ㅁ, ㄴ, ㅇ] • ㅁ, ㅇ+ㄹ → [ㄴ]	국물[궁물] 밥만[밤만]
		유음화	ㄴ+ㄹ → [ㄹ]	물난리[물랄리]
	구개음화		ㄷ, ㅌ+ㅣ → [ㅈ, ㅊ]	해돋이[해도지]
	된소리되기		ㅂ, ㄷ, ㅈ, ㄱ+ㅂ, ㄷ, ㅈ, ㄱ → [ㅃ, ㄸ, ㅉ, ㄲ]	국밥[국빱]
축약	자음 축약		ㅂ, ㄷ, ㅈ, ㄱ+ㅎ → [ㅍ, ㅌ, ㅊ, ㅋ]	국화[구콰]
	모음 축약		ㅗ, ㅜ+ㅏ/ㅓ → ㅘ, ㅝ	보아서 → 봐서
탈락	자음 탈락	③	음절 말의 겹받침 가운데 하나가 탈락하고 나머지 하나만 발음되는 현상	밝다[박따] 얇다[얄:따]
		ㄹ 탈락	특정 어미(ㄴ, ㅅ 등)와 결합할 때 용언 어간의 끝소리인 'ㄹ'이 탈락하는 현상	날+는 → 나는
	모음 탈락	ㅡ 탈락	'ㅡ'가 'ㅏ/ㅓ'로 시작하는 어미 앞에서 탈락하는 현상	따르+아 → 따라
		동일 모음 탈락	똑같은 모음이 연속할 때 탈락	가+아서 → 가서
첨가	ㄴ 첨가		합성어 파생어: 솜 + 이불 → [솜:니불] 자음 + 이, 야, 여, 요, 유[니, 냐, 녀, 뇨, 뉴]	한여름[한녀름] 맨입[맨닙]

매일 국어 04회

01 〈공공 언어 바로 쓰기 원칙〉에 따라 〈보고서〉의 ㉠~㉣을 수정한 것으로 적절하지 않은 것은?

/ 공공 언어 바로 쓰기 원칙 /

- 외국어 번역 투 표현은 삼갈 것
- 주어와 서술어의 관계를 명확하게 표현할 것
- 대등한 것끼리 접속할 때는 구조가 같은 표현을 사용할 것
- 어려운 외국어, 외래어, 한자어는 피하고 쉬운 우리말로 표현할 것

/ 보고서 /

제목: 국정 과제 추진 성과 및 향후 계획

1. 지방 교육 자치의 내실화
   - 현장 교원, 교수, 시민 단체 등으로 구성된 규제 발굴 현장 방문단을 구성하여 ㉠현장에서 필요로 하는 자율화 과제를 상시 발굴함.
   - ㉡교장 임용 방식의 다양화 및 학교 단위의 교원 채용을 확대함.

2. 고교 다양화 사업
   - ㉢교육의 질 제고를 위해 '마이스터고' 인증 시스템 구축
   - 20○○학년도 대입 전형이 조기 안정화되는 등 ㉣대학 입시 3단계 자율화 방안이 차질 없이 추진하는 중임.

① ㉠: 현장에서 필요한
② ㉡: 교장 임용 방식을 다양화하고 학교 단위의 교원 채용 확대
③ ㉢: 교육의 질을 높이도록 '마이스터고' 인증 체계 마련
④ ㉣: 대학 입시 3단계 자율화 방안이 차질 없이 추진되는 중임

02 〈보기〉의 진술이 거짓일 때, ㉠~㉢에서 반드시 참인 진술을 모두 고르면?

> 　　　　　　　　　／ 보기 ／
> 　　　　유정이 결백하다면, 호수도 결백하다.

㉠ '유정이 결백하거나 호수가 결백하다.'는 참이다.
㉡ '호수가 결백하지 않고 유정이 결백하다.'는 참이다.
㉢ '호수가 결백하면, 유정도 결백하다.'는 참이다.

① ㉠, ㉡
② ㉠, ㉢
③ ㉡, ㉢
④ ㉠, ㉡, ㉢

03 영희는 ㉠~㉣의 조건에 따라 휴가 계획을 짤 예정이다. 이때 참이 아닌 것은?

㉠ 바다에 가지 않는다면, 계곡에 갈 것이다.
㉡ 바다에 간다면, 캠핑을 갈 것이다.
㉢ 캠핑을 간다면, 글램핑은 가지 않을 것이다.
㉣ 글램핑은 간다.

① 계곡에 간다.
② 바다에 간다.
③ 캠핑을 가지 않는다.
④ 계곡에 가지 않는다면 캠핑을 간다.

04~05 다음 글을 읽고 물음에 답하시오.

햄이나 소시지 등의 가공육이 발암 물질이라는 논란은 오래전부터 있었다. 햄과 소시지의 주재료가 고기이므로 고기가 발암 물질이라고 생각할 수 있지만, 고기 자체는 발암 물질이 아니다. 햄·소시지를 먹음직스럽게 보이게 만드는 발색제인 아질산 나트륨이 문제다. 아질산 나트륨은 식중독균 등 미생물 번식을 억제하고 지방이 산화되는 것을 막는 역할을 한다. 하지만 아질산 나트륨이 음식 속 단백질에 있는 아민 성분과 결합하면 발암 물질인 니트로소아민을 만들어 낸다.

최근 세계 보건 기구[WHO]에서 발표한 하루 가공육 권장량은 50g 미만이다. 50g 이상, 즉 지나치게 먹을수록 문제가 된다는 이야기다. 그런데 한국인이 하루 섭취하는 가공육은 50g의 5분의 1보다 적은 수준이다. 이를 감안한다면 한국인의 섭취량은 크게 문제가 되지 않는다.

가공육이 아닌 '구워 먹는 고기'도 발암 물질 논란이 있다. 소고기나 돼지고기, 닭고기 등을 직화 구이할 때 고기의 검게 ⊙탄 부분에서 생기는 벤조피렌 때문이다. 벤조피렌은 식품을 고온으로 조리할 때 식품에 포함된 지방, 단백질 등이 불완전 연소할 때에 생기는 물질이다. 벤조피렌이 생긴 탄 육류를 많이 먹으면 위암이 생길 위험이 높아진다. 직화 구이가 아닌 삶기나 찌기, 프라이팬으로 구워 요리하면 벤조피렌이 생길 위험을 어느 정도 줄일 수 있다. 식품 의약품 안전처에서도 고기를 먹을 때는 구이나 튀김보다는 삶는 조리법을 선택하고, 검게 탄 부분은 떼어 내고 먹으라고 조언한다.

04 이 글에 대한 평가로 가장 적절한 것은?

① 같은 양의 돼지고기 수육과 직화 삼겹살 구이의 벤조피렌 검출량을 비교했을 때 거의 차이가 없었다면 이 글의 논지는 강화된다.

② 숯불로 직화한 소고기 등심에서 벤조피렌이 검출되었다면 이 글의 논지는 약화된다.

③ 하루 평균 70g의 소시지를 섭취하는 미국인의 대장암 발병률이 한국인보다 높다면 이 글의 논지는 강화된다.

④ 아질산 나트륨이 없는 가공육을 먹인 생쥐 A와 달리 아질산 나트륨을 첨가한 가공육을 먹은 생쥐 B는 암에 걸렸다는 실험 결과는 이 글의 논지를 약화한다.

05 문맥상 의미가 ㉠과 가장 가까운 것은?

① 나는 부모님에게 책값을 <u>타서</u> 쓴다.
② 딴 일을 하는 사이 밥이 <u>타</u> 버렸다.
③ 부동산 경기를 <u>타고</u> 건축 붐이 일었다.
④ 벽난로에서 장작이 활활 <u>타고</u> 있었다.

보충 자료 1 ✦ 강화·약화

강화·약화 문제를 풀 때는 가장 먼저 핵심 주장과 이를 뒷받침하는 근거를 찾아야 한다. 그러고 나서 선택지에 나온 주장이나 사례가 제시문의 핵심 주장이나 근거를 입증·반증하는지 혹은 주장이나 근거와 무관한지를 판단해야 한다.

선택지 유형	의미
강화한다	주장을 뒷받침한다, 찬성한다, 내용이 일치한다, 사례 제시 등 → **입증**
약화한다	주장을 반박한다, 반례 제시 등 → **반증**
강화하지도 약화하지도 않는다	주장과 무관하다, 논점 일탈, 중립 등

06 다음 글에 대한 평가로 적절한 것만을 〈보기〉에서 모두 고르면?

> 인공 지능[AI] 기술을 활용하여 문학 작품을 제작할 수 있는 이 시점에 얻을 수 있는 중요한 시사점은, AI 기술을 하나의 독립된 문학 매체로 간주하고 문학의 범주를 넓히는 실험 문학의 일부로 볼 수 있다는 점과 AI 기술을 인간의 보조 작가로 활용할 수 있다는 점이다. 즉 AI가 인간 수준의 문장을 생성할 수 있다 하더라도, 이것이 인간 작가의 위기를 의미하거나, 인간의 창의성을 기반으로 하는 활동들이 무의미하다는 것을 의미하지 않는다는 점이다. 오히려, AI 문학 작품 생성의 핵심에 인간이 있음을 다시 한번 확인시켜 준다. 이는 타자기의 발명이 문학의 형태와 스타일의 변화에 영향을 미친 것과 같이 AI 기술의 활용이 인간의 창의성을 확장하는 새로운 수단이 될 수 있음을 의미한다.
>
> 더불어 현재 AI 기술을 활용한 문학 행위가 점점 일상적인 일이 되고 있는 시점에 AI 기술과 문학이 만나는 지점에서 풀어야 할 수많은 의문점, 가령 AI 문학 작품을 인간의 창작 행위의 일부로 수용해야 하는가, AI 저자 개념을 어떻게 설정할 것인가, AI 문학 작품에서 인간의 역할은 어디까지인가, 이때 저자는 누구이고 저작권은 누구의 소유인가 등이 존재하는 것 또한 사실이다. 이런 상황에서 인간 작가는 어떤 AI 기술을, 어느 정도 활용할 것인지, 결과물에 대해 어느 부분을 자신의 것으로 주장할 것인지 등, 법적 문제는 물론 작가의 양심과 윤리 문제를 마주하게 되었다. 그것은 작가 개인이 해결해야 하는 문제라기보다는 사회 전체, 어쩌면 인류 전체가 AI와 공존을 모색하는 과정에서 풀어야 할 과제이다.

─── 보기 ───

㉠ AI가 생성한 문학 작품은 인간 작가의 손끝에서 빚어진 전통적 문학과 대립하지 않는다는 견해가 추가된다면, 이 글의 논지는 강화된다.
㉡ 인간 작가가 기획·구성·캐릭터 설정을, AI가 문장 생성·일부 서술을 담당하는 형태로 공동 집필된 문학 작품이 사례로 추가된다면, 이 글의 논지는 강화된다.
㉢ AI 문학 창작의 책임과 윤리 문제는 사회적 합의 이전에, 창작자 개인의 깊이 있는 성찰과 태도 정립이 선행되어야 한다는 견해가 추가된다면, 이 글의 논지는 약화된다.

① ㉠, ㉡
② ㉠, ㉢
③ ㉡, ㉢
④ ㉠, ㉡, ㉢

07 다음 글에 대한 평가로 적절한 것만을 〈보기〉에서 모두 고른 것은?

> 혈액은 세포에 필요한 물질을 공급하고 노폐물을 제거한다. 만약 혈관 벽이 손상되어 출혈이 생기면 손상 부위의 혈액이 응고되어 혈액 손실을 막아야 한다. 혈액 응고는 섬유소 단백질인 피브린이 모여 형성된 섬유소 그물이 혈소판이 응집된 혈소판 마개와 뭉쳐 혈병이라는 덩어리를 만드는 현상이다. 비타민 K는 이러한 혈액 응고에 중요한 역할을 한다. 지방을 뺀 사료를 먹인 병아리의 경우, 지방에 녹는 어떤 물질이 결핍되어 혈액 응고가 지연된다는 사실을 발견하고 그 물질을 비타민 K로 명명했다. 비타민 K는 식물에서 합성되는 비타민 K_1과 동물 세포에서 합성되거나 미생물 발효로 생성되는 비타민 K_2로 나뉜다. 녹색 채소 등은 비타민 K_1을 충분히 함유하고 있다.
>
> 그런데 혈관 건강과 관련된 비타민 K의 또 다른 중요한 기능이 발견되었다. 나이가 들면 뼈조직의 칼슘 밀도가 낮아져 골다공증이 생기기 쉬운데, 이를 방지하고자 칼슘 보충제를 섭취한다. 하지만 칼슘 보충제를 섭취하면 혈액 내 칼슘 농도는 높아지나 골밀도는 높아지지 않고, 혈관 벽에 칼슘염이 침착되는 혈관 석회화가 진행되어 동맥 경화 및 혈관 질환이 발생하는 경우가 생긴다. 혈관 석회화는 혈관 근육 세포 등에서 생성되는 MGP라는 단백질에 의해 억제되는데, 이 단백질이 비타민 K-의존성 단백질이다. 비타민 K가 부족하면 MGP 단백질이 활성화되지 못해 혈관 석회화가 유발된다는 것이다.

〈보기〉

㉠ 혈관 경화가 진행된 사람에게 비타민 K가 일반인보다 현저히 부족했다면, 이 글의 논지는 약화된다.
㉡ 평소에 지혈이 잘 안 되는 사람이 녹색 채소를 많이 먹고 그 증상이 개선되었다면, 이 글의 논지는 강화된다.
㉢ 칼슘 보충제를 꾸준히 섭취한 결과, 이전보다 동맥 경화 위험도가 낮아지고 골밀도가 높아진 사례가 있다면, 이 글의 논지는 약화된다.

① ㉡
② ㉠, ㉡
③ ㉡, ㉢
④ ㉠, ㉡, ㉢

08~09 다음 글을 읽고 물음에 답하시오.

갑질은 매우 한국적인 개념으로, 한국에서만 고질적으로 일어나는 현상으로 보인다. 2018년 《뉴욕타임스》는 우리나라의 재벌 갑질을 보도하면서 한국어 표현 '갑질'을 중세 시대 영주처럼 업주나 임원들이 부하 직원이나 하도급 업자에게 권력을 남용하는 행위를 뜻한다고 소개했다. 철저한 계약 사회인 서구에서는 우월적 지위에 있다고 해서 부당한 권력을 행사하는 일은 드물다. 자신의 사회 경제적 지위나 부를 과시하고 계약에서 정한 바를 넘어서는 갑질 행위는 기본적으로 허용되지 않는다.

반면 우리나라에서는 갑질이 분야를 가리지 않고 다양하게 발생하고 있다. 직장 내 상사 - 부하, 군대 선임 - 후임, 아파트 주민 - 경비원 등 서로 대립적인 관계에 있는 두 요소가 짝을 이루는 이항 대립적 위계 관계가 있다면 언제든 발생할 수 있다. ㉠ 실제로 이러한 갑질이 발생하면 갑의 횡포를 비난하고 을의 어려움을 동정하는 여론이 강하게 일지만, 현실에서는 을의 위치에서 고통을 겪었던 사람들조차도 갑의 위치가 되면 또 다른 을에게 갑질을 행하기도 한다. 예를 들어 상사의 갑질에 당하던 을이 음식점 종업원에게 진상을 부리는 고객 갑질의 주인공이 되기도 한다. ㉡

○○대 ○○○ 교수는 이러한 갑질 문제가 개인 차원의 심리나 정서적 태도의 문제라기보다는 문화적 경향성의 문제라고 지적한다. 갑질 문화의 뿌리가 유교의 차등적 윤리 규범에 기초한 형식적·위계적 권위주의 문화에 있다는 것이다. 위계적 권위주의 문화는 우리 사회 속에 차별적이고 억압적이며 권위주의적인 위계적 지배 구조의 일상화를 형성하는 데 큰 영향을 미쳤다. ㉢

그렇다고 해서 갑질을 하는 소비자의 심리가 무조건 '위계 관계'에 의한 것만은 아니다. 소비자의 갑질 심리에는 불신과 불안 심리도 어느 정도 내재하고 있음을 고려할 필요가 있다. 고객들은 때로는 자신이 갑질을 하지 않으면 오히려 불이익을 당하지 않을까 걱정하기도 하고 자신이 먼저 배려하고 예의 바르게 행동하면 '호갱'으로 무시당할 수도 있다고 염려한다. ㉣ 막무가내로 고함치고 떼쓰는 사람들의 요구를 들어줄수록 사회 상규와 규칙은 무너져 내릴 수밖에 없다. 공식적인 절차와 규칙 준수가 상호 간에 지켜질 때 갑질의 악순환은 끊어질 수 있다.

08 이 글에 대한 평가로 가장 적절한 것은?

① 갑질 현상은 손해 보거나 무시당하기 싫어하는 개인의 심리에서도 기인한다면, 이 글의 논지는 강화된다.
② 갑질은 한국인의 의식에 영향을 미쳐 차별적이고 억압적인 사회 구조를 일상화시켰다면, 이 글의 논지는 강화된다.
③ 갑질의 가해자가 상황에 따라 갑질의 피해자가 되는 경우가 있다면, 이 글의 논지는 약화된다.
④ 서구 사회에서는 한국인의 갑질 행위를 시대착오적인 현상으로 평가한다면, 이 글의 논지는 약화된다.

09 ㉠~㉣ 중 〈보기〉가 들어갈 위치로 가장 적절한 것은?

〈보기〉
　　살면서 수없이 이러한 사례들을 경험했기 때문에 무리한 요구를 하는 갑질이 사회 전반에 만연하게 된 측면도 있다. 실제로 우리나라에서는 "목소리가 큰 사람이 이긴다."라는 말이 공공연한 진리로 받아들여지기도 한다. 하지만 선진국일수록 목소리가 큰 사람은 매너 없고 이상한 사람으로 취급되거나 무시당하기 쉽다.

① ㉠　　　　　　　　　　② ㉡
③ ㉢　　　　　　　　　　④ ㉣

10 다음 글에서 추론한 내용으로 적절하지 않은 것은?

> 문장에서 주어를 서술하는 기능을 하는 '용언'에는 '동사'와 '형용사'가 있다. 동사는 주어의 동작이나 작용을 나타내며, 형용사는 주어의 성질이나 상태를 나타낸다. 동사와 형용사는 주어를 서술해 주는 서술어로서의 기능을 공통적으로 가지고 있는 용언이기는 하지만 몇 가지 서로 다른 특성을 보이고 있다.
>
> 동사 '걷다'는 '걷는다'와 같이 현재 시제를 나타내는 어미인 '-ㄴ다/-는다'와 결합될 수 있지만 형용사 '아름답다'는 '아름답는다'와 같이 쓸 수 없으며, 동사는 현재 시제의 관형사형 어미 '-는'이 결합되고 형용사는 '-ㄴ/-은'이 결합된다. 또한 동사는 '걷자, 걸어라'와 같이 명령형·청유형 어미와 결합할 수 있으며, '걷고 있다'와 같이 진행을 나타내는 보조 용언 구성 '-고 있다'가 결합할 수 있지만 형용사는 결합하지 못한다.

① "아이들의 키가 하루가 다르게 쑥쑥 큰다."에서 '큰다'는 주체의 상태를 나타내고 있으므로 형용사이다.
② "누구나 늙는 것은 어쩔 수 없다."에서 '늙는'은 현재 시제 관형사형 어미 '-는'이 결합했으므로 동사이다.
③ "나는 찬 것을 많이 먹으면 배탈이 난다."에서 '난다'는 현재 시제 선어말 어미 '-ㄴ-'이 결합했으므로 동사이다.
④ '건강하다'는 형용사이므로 "올 한 해도 우리 모두 건강하자."는 잘못된 표현이다.

보충 자료 2 ♦ 주의해야 할 동사와 형용사

형용사	알맞다 / 걸맞다	알맞는 / 걸맞는 답을 고르시오.(×) → 알맞은 / 걸맞은(○) 알맞지 않는 / 걸맞지 않는(×) → 알맞지 않은 / 걸맞지 않은(○) * '-지 않다'는 앞 용언의 성격에 따라 품사가 결정된다.
	없다	범죄 없는 사회(○) → '없다'는 '없는'의 형태로 활용하지만 형용사이다.
	건강하다	올해도 건강하세요.(×) → 건강하게 지내세요.(○)
동사	맞다	네 말이 이치에 맞는다. / 맞지 않는다.(○)
	늙다	너 때문에 내가 늙는다.
	낡다	새것도 언젠가는 낡는다.
	조심하다	실수하지 않도록 매사에 조심해라.

매일 국어 05회

01 다음 보도 자료의 ㉠~㉣을 수정한 것으로 적절하지 <u>않은</u> 것은?

> 이상 기후 대응을 위해 한발 빠른 여름철 사전 대비 돌입
>
> 　정부는 극한 호우 등 ㉠ <u>이상 기후로 인해 피해를 최소화하기 위해</u> 지난 3월 1일부터 여름철 자연 재난 사전 대비에 ㉡ <u>만전을 기하고 있다.</u>
> 　행정 안전부는 '여름철 자연 재난 사전 대비 대책 회의'를 개최하여 사전 대비 대책을 점검하고, 기관 간 협조 사항을 아래와 같이 논의하였다.
>
> 　- 3대 인명 피해(산사태, 하천 재해, 지하 공간 침수)가 발생한 곳을 중심으로 ㉢ <u>관리 지역의 선정과 안전 관리 대책을 마련한다.</u>
> 　- 위험 우려 시 경찰, 읍·면·동 공무원, 자율 방재단 등 민관이 협업해 지역 주민을 신속히 ㉣ <u>대피시킨다.</u>

① ㉠은 수식 관계를 고려하여 '이상 기후로 인한 피해를 최소화하기 위해'로 수정한다.
② ㉡은 쉬운 우리말 표현을 사용하여 '최선을 다하고 있다'로 수정한다.
③ ㉢은 대등한 구조를 보이도록 '관리 지역을 선정하고 안전 관리 대책을 마련한다'로 수정한다.
④ ㉣은 과도한 사동 표현을 사용하지 않도록 '대피한다'로 수정한다.

02 ㉠의 진릿값이 참일 때, ㉡과 ㉢의 진릿값이 모두 옳게 짝 지어진 것은?

> ㉠ 모든 사람은 돈의 가치를 높게 매긴다.
> ㉡ 어떤 사람은 돈의 가치를 높게 매긴다.
> ㉢ 모든 사람은 돈의 가치를 높게 매기지 않는다.

	㉡	㉢		㉡	㉢
①	알 수 없음	거짓	②	참	거짓
③	참	알 수 없음	④	거짓	거짓

03 ㉠과 ㉡에 해당하는 명제들의 쌍을 〈보기〉에서 모두 고른 것은?

> 어떤 명제들의 쌍은 ㉠ 동시에 참은 될 수 없지만, 동시에 거짓은 될 수 있다. 또 어떤 명제들의 쌍은 ㉡ 하나의 명제가 참이면 다른 명제는 반드시 거짓이 되고, 하나의 명제가 거짓이면 다른 명제는 반드시 참이 된다.

───── 보기 ─────

㉮ 20대 중에는 야구 경기 관람을 좋아하지 않는 사람도 있다.
　 20대는 모두 야구 경기 관람을 좋아한다.

㉯ 요가를 잘하는 사람은 모두 몸이 유연하다.
　 요가를 잘하는 어떤 사람은 몸이 유연하다.

㉰ 모든 정치인들은 공명심을 가지고 있다.
　 모든 정치인들은 공명심을 가지고 있지 않다.

	㉠	㉡		㉠	㉡
①	㉮	㉯	②	㉮	㉰
③	㉯	㉰	④	㉰	㉮

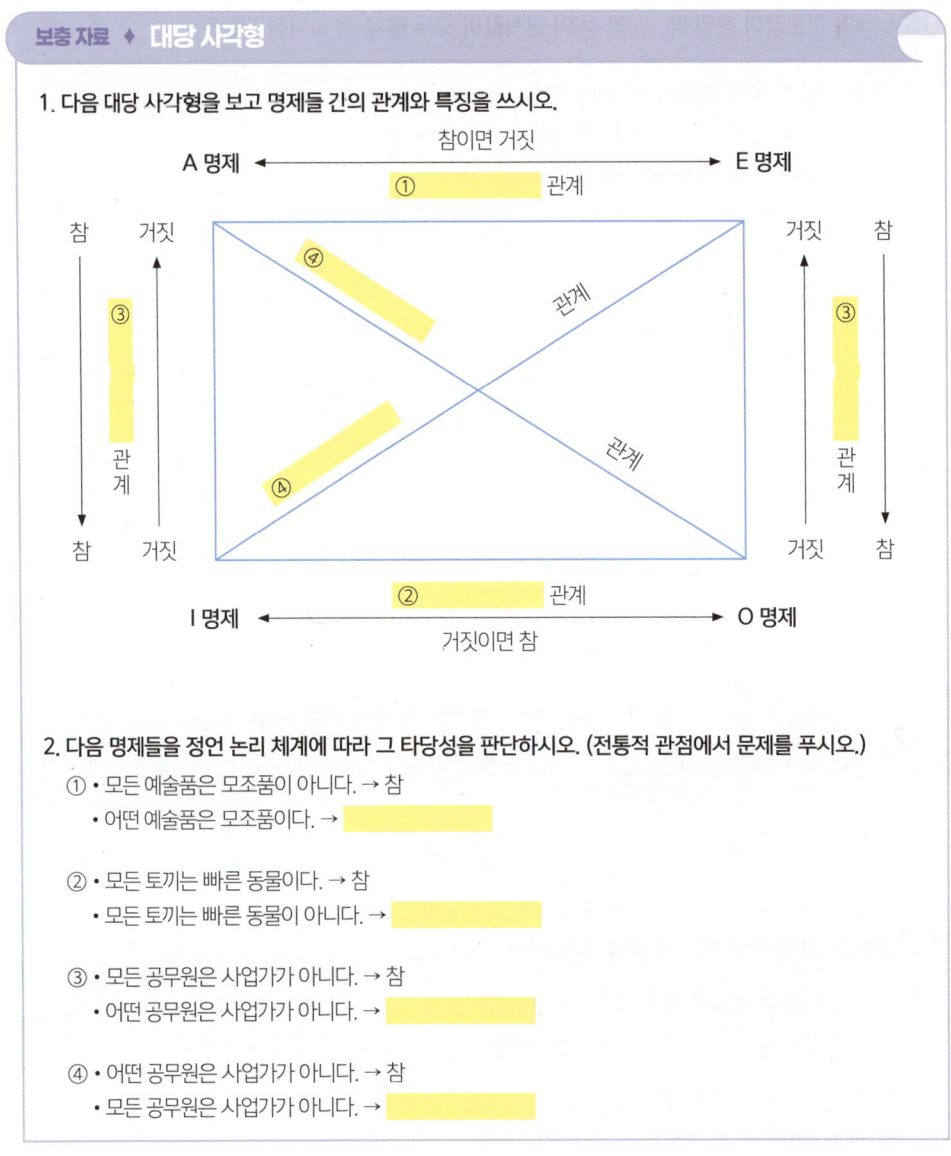

04 다음 글에 나타난 '근대 계몽주의'에 대한 설명으로 적절하지 않은 것은?

> 인간의 무지로부터 비롯된 자연에 대한 공포가 종교적 세계관을 낳았지만, 계몽주의는 이성과 합리성을 통해 이를 극복하였다. 르네상스와 종교 개혁을 거치면서 성립된 **근대 계몽주의**는 중세를 지배했던 신(神) 중심의 사고에서 벗어나 합리적 사유에 근거한 인간 해방을 추구하였다. 계몽주의의 합리적 사고는 자연 과학의 성립으로 이어졌으며, 우주와 자연에서 신비로운 요소를 걷어 낸 과학 기술의 발전은 인류에게 그 어느 때보다 풍요로운 물질적 부를 가져왔다. 하지만 이 같은 문명의 이면에는 환경 파괴와 물질 만능주의, 인간 소외와 같은 근대화의 병폐가 숨어 있었다.
>
> 이에 대해 프랑크푸르트학파로 대표되는 비판 이론가들은 계몽주의의 이성이 근본적으로 결함이 있다고 본다. 그들은 목적 달성을 위해 대상을 도구화하고 수단의 효율성만 중시했다는 점에서 계몽주의의 이성을 '도구적 이성'으로 규정하며 그 폭력성을 고발한다. 이성에 대한 과신이 자연과 인간이 지니는 고유한 의미와 가치를 망각하게 한다고 보았기 때문이다.

① 종교적 세계관에서 벗어나 인간 해방을 추구하였다.
② 자연 과학의 성립과 과학 기술의 발전을 이루는 사상적 토대가 되었다.
③ 계몽주의 사상이 가져온 문명은 환경 파괴와 인간 소외라는 병폐를 내포하고 있었다.
④ 자연과 인간의 의미와 가치를 망각했기 때문에 이성을 과신하게 되었다는 비판을 받았다.

05 ㉮~㉰의 전개 순서로 가장 자연스러운 것은?

민족 개념은 헤겔 실천 철학의 근본 개념이다. 그렇다면 헤겔 철학에서 민족의 의미는 무엇일까?

㉮ 헤겔은 이렇게 정의한 민족이 시초에 불완전한 상태에 있다고 말한다. 그것은 민족이 자기의 목적을 완전하게 실현하지 못하였기 때문이다. 그렇다면 민족의 목적은 무엇인가? 그것은 바로 민족정신의 실현이다. 헤겔은 모든 민족이 민족정신의 실현을 자기의 사명으로 가지며 그것을 실현하는 활동을 전개한다고 말한다.

㉯ 헤겔은 민족을 언어, 관습과 도덕, 예술과 종교 및 사상 전반을 포괄하는 문화 공동체로 규정한다. 모든 민족은 고유한 문화적 규정을 갖는다. 고유한 문화적 규정을 지님으로써 민족은 다른 민족과 구별되는 하나의 동일한 민족이 된다. 특수한 문화를 포괄하는 인륜 공동체인 민족은 서로 구별되는 개별자로서 지역적으로 편재한다.

㉰ 그리고 민족정신을 실현하는 민족의 활동은 곧 그 민족의 고유한 역사가 된다. 개별 민족의 역사는 민족정신을 실현해 나가는 자발적이고 능동적인 활동의 산물이다. 이처럼 개별 민족은 자기의 사명을 완수하기 위하여 자기의 역사를 스스로 써 내려가며, 자기 자신을 부단히 완성해 나간다.

① ㉮ - ㉯ - ㉰
② ㉯ - ㉮ - ㉰
③ ㉯ - ㉰ - ㉮
④ ㉰ - ㉮ - ㉯

06 ㉮~㉱를 맥락에 맞추어 가장 적절하게 배열한 것은?

> ㉮ 우리는 과학을 신뢰하면서도 다른 한편으로는 '개인적 지식'이라는 자신의 능력도 존중해야 한다. 어떤 기술이든 숙련된 수준에 도달하기 위해서는 과학적으로 규정된 일련의 규칙을 따르기보다 잘 알려지지 않은 개인의 규칙을 따라야만 하는 경우가 있는 것이다.
>
> ㉯ 우리는 자전거가 진행하는 경로의 곡선을 진행 속도의 제곱에 반비례해서 조절하지는 않는다. 만약 그렇게 한다면 우리는 단순한 기계로 전락하고 말 것이다.
>
> ㉰ 이처럼 우리는 기계와 달리 어떻게 해야 하는지 명시적으로 알지 못하는 상황에서도 목표를 달성하기 위해 더 나은 방법을 추구한다. 그리하여 자전거의 불균형을 바로잡기 위한 방향과 속도의 방정식을 계산하지 않더라도 자전거를 탈 수 있다.
>
> ㉱ 가령 물리학자에게 자전거를 탈 때 어떻게 균형을 유지하는가를 물어보면, "자전거가 한쪽으로 약간 기울어질 경우 균형을 잡기 위해 그려야 하는 곡선은 자전거가 전진하는 속도의 제곱에 반비례한다."라는 설명은 들을 수 있다. 하지만 이런 원리가 자전거를 잘 타게 만드는 방법이라고 할 수 있을까?

① ㉮-㉰-㉱-㉯
② ㉮-㉱-㉯-㉰
③ ㉰-㉯-㉱-㉮
④ ㉰-㉱-㉮-㉯

07 ㉮~㉱를 가장 적절하게 배열한 것은?

> ㉮ 오히려 역사가의 전문성은 더욱 중요해질 것이며, 역사 영화를 제작하는 데에도 단순히 자문에 응하거나 감수를 해 주는 정도가 아니라 기획이나 시나리오 작업에 참여하는 등 역사가의 역할이 점차 커질 것이다.
>
> ㉯ 대중이 단순히 역사적 지식을 습득하는 것이 아니라 역사적으로 사유할 수 있는 힘을 기르는 것이 역사 교육과 역사 대중화의 본래 목적일 것이다.
>
> ㉰ 역사가만이 아니라 영화·드라마의 제작진도, 일반 대중도 얼마든지 '문학하기', '철학하기'처럼 '역사하기'를 할 수 있다. 그러나 누구나 영화를 찍을 수 있는 시대가 되었다고 해서 전문 영화감독이 사라지지 않듯이 누구나 역사를 해석하고 서술할 수 있다고 해서 전문 역사가의 역할이 사라지는 것은 아니다.
>
> ㉱ 그런데 역사 대중화는 역사가에 의해서만이 아니라 대중문화 생산자에 의해서도 얼마든지 일어날 수 있다. 더구나 근래에는 역사 자료들이 속속 번역·정리되어 디지털화되고 데이터베이스화되면서 사료에 대한 접근성이 높아졌다. 이제 누구나 사료를 쉽게 접할 수 있는 시대가 된 것이다.

① ㉯-㉰-㉱-㉮
② ㉯-㉱-㉰-㉮
③ ㉰-㉯-㉱-㉮
④ ㉰-㉱-㉮-㉯

08 ㉮~㉰의 전개 순서로 가장 적절한 것은?

　　인간이 타고난 자연적인 자질은 우수한 두뇌를 타고난 사람과 그렇지 못한 사람, 건강한 신체를 소유한 사람과 그렇지 못한 사람들 간에 불평등을 초래할 수밖에 없다.

㉮ 따라서 이러한 조건에 따라 부여되는 경제적 배분이 과연 윤리적으로 정당한 것인지 의문이 남게 된다.

㉯ 그래서 자연적으로 야기될 수밖에 없는 불평등을 어느 정도 감소시키고자 노력하는 것은 정의로운 사회 구현의 일환이다.

㉰ 그러한 점에서 본다면, 인간이 타고난 선천적인 부분까지 고려하며, 사회에 존재하는 약자들에 대해 최대한의 배려를 추구한 롤스의 '공정으로서의 정의'는 사회 정의를 이루기 위해 최대의 이익을 얻을 수 있도록 돕는다는 점에서 윤리적으로 의미가 있다.

㉱ 또한 개인은 서로 다른 사회적 여건 속에서 태어나 성장하므로, 처음부터 서로 다른 부의 분배를 배정받게 된다. 개인은 태어날 때 자신에게 주어진 천부적 재능과 사회적 여건에 대해 어떠한 선택을 할 수 없었으므로, 주어진 상황에 대한 책임도 없다.

① ㉮ - ㉰ - ㉯ - ㉱
② ㉰ - ㉮ - ㉯ - ㉱
③ ㉰ - ㉱ - ㉯ - ㉮
④ ㉱ - ㉮ - ㉯ - ㉰

09~10 다음 글을 읽고 물음에 답하시오.

'품사'란 문법적 성질이 공통된 것끼리 모아 놓은 단어의 갈래를 말한다. 품사는 몇 가지 기준에 따라서 ⊙나누어 볼 수 있다.

첫째, '기능'을 기준으로 나눌 수 있다. '명사, 대명사, 수사'를 '체언'이라고 하는데, 체언은 문장 내에서 주어, 목적어, 보어로서의 기능을 한다. '동사, 형용사'는 '용언'이라고 하는데, 용언은 문장 내에서 주어를 서술하는 기능을 한다. '조사'는 '관계언'이라고 하는데, 관계언은 체언 뒤에 붙어서 체언이 문장 속에서 어떤 역할을 하고 있는지를 나타내는 기능을 한다. '관형사, 부사'를 '수식언'이라고 하는데, '관형사'는 체언의 앞에서 그 체언을 수식하는 기능을, '부사'는 관형사, 또 다른 부사, 그리고 서술어를 수식하는 기능을 한다. '독립언'인 '감탄사'는 문장 내에서 독립적으로 쓰인다.

둘째, '형태'를 기준으로 나눌 수 있다. '체언, 수식언, 독립언'과 관계언 중 '격 조사, 보조사'는 형태가 변하지 않으므로 '불변어'라고 하고, '용언'은 형태가 변하므로 '가변어'라고 한다. 조사 중에서 서술격 조사 '이다'는 형태가 변하므로 가변어에 포함된다.

셋째, '의미'를 기준으로 나눌 수 있다. 이때 '의미'는 개별 단어의 어휘적 의미가 아닌 형식적 의미를 뜻한다. 특정한 대상의 이름을 가리키는 명사, 사람이나 사물 등의 이름을 대신하여 가리키는 대명사, 수량이나 순서를 나타내는 수사, 사람이나 사물의 움직임을 나타내는 동사, 사람이나 사물의 상태나 성질을 나타내는 형용사, 말하는 이의 놀람, 느낌, 부름이나 대답을 나타내는 감탄사 등으로 나뉜다. 그런데 '관형사, 부사, 조사'에 대해서는 '의미' 기준을 적용하기 힘든 측면이 있다. 이들의 특성은 의미적이기보다는 문법적이기 때문이다.

09 이 글을 읽고 추론한 내용으로 적절하지 않은 것은?

① 단어가 어떤 어휘적 의미를 갖느냐를 기준으로 품사를 나누기도 한다.
② 조사는 문장에 쓰인 체언이 어떤 기능을 하고 있는지를 나타낸다.
③ 문장 내에서 주어를 서술하는 기능을 하는 단어는 모두 가변어이다.
④ '온갖 정성을 기울이다.'에서 '온갖'은 형태가 변하지 않는 불변어이다.

10 문맥상 ⊙의 의미와 가장 가까운 것은?

① 그들은 슬픔과 기쁨을 함께 나누며 산다.
② 고향 친구와 이야기를 나누는 일은 언제나 즐겁다.
③ 토론을 하다 보면 자기편과 상대편을 나눌 수 있다.
④ 이익금을 모두에게 공정하게 나누어야 불만이 생기지 않는다.

공무원 국어의 독보적 기준 선재국어가 제시하는 매일 학습 전략!

WEEK 2

매일 국어 06회

맞힌 개수 　　　/10
풀이 시간　　분　　초

01 다음은 공문서의 일부이다. ㉠~㉢을 수정하기 위한 의견으로 적절하지 않은 것은?

> ㉠ ○○구청장은 "여러분의 건승과 가정에 평안을 기원하는 것으로 치사를 대신합니다."라고 말했다.
> ㉡ ○○부 장관은 ○○군에 방문하여 근무자의 격려와 현장의 목소리를 청취할 예정이다.
> ㉢ ○○시 도서관은 쾌적한 환경을 조성하기 위하여 공기 청정기를 설치하기로 하였다.
> ㉣ 분리수거 시 유의할 점은 우유팩을 올바르게 분리배출하지 않으면 재활용이 어렵다.

① ㉠은 조사의 쓰임이 적절하지 않으므로 '가정에 평안을'을 '가정의 평안을'로 고친다.
② ㉡은 병렬 구조가 맞지 않으므로 '근무자의 격려와 현장의 목소리를 청취할'은 '근무자를 격려하고 현장의 목소리를 청취할'로 고친다.
③ ㉢에서 '조성'은 문맥에 맞지 않으므로 '조장'으로 고친다.
④ ㉣은 주술 호응이 맞지 않으므로 '어렵다'는 '어렵다는 것이다'로 고친다.

보충 문제

다음 진술이 모두 참일 때 반드시 참인 것은? 2025 지방직 9급

- 영희가 친구 혹은 선생님을 만났다면, 영희는 커피를 마셨다.
- 영희는 친구 혹은 선배를 만났다.
- 영희는 커피를 마신 적이 없다.

① 영희는 선배를 만났다.
② 영희는 친구를 만났다.
③ 영희는 선생님을 만났다.
④ 영희는 선배와 선생님을 모두 만났다.

02 시청에서는 우수 공무원들에게 유럽 연수 기회를 제공하기로 했다. 후보자는 갑, 을, 병, 정 네 명이며, ㉠~㉢에 따라 최종 선발 인원이 결정된다. 연수를 가는 공무원은 모두 몇 명인가?

㉠ 갑이 연수를 가거나 을이 연수를 가지 않는다.
㉡ 갑이 연수를 가면 정이 연수를 가지 않는다.
㉢ 병이 연수를 가면 정도 연수를 간다.
㉣ 병은 연수를 간다.

① 1명
② 2명
③ 3명
④ 4명

03 ㉠~㉣에 따를 때, 유럽 연수지로 결정될 곳을 모두 고르면?

㉠ 프랑스가 결정되면, 독일도 결정된다.
㉡ 핀란드가 결정되지 않거나, 스위스가 결정되지 않는다.
㉢ 핀란드가 결정되거나 프랑스가 결정된다.
㉣ 스위스는 결정된다.

① 스위스
② 스위스, 프랑스, 독일
③ 스위스, 핀란드, 독일
④ 스위스, 프랑스, 핀란드, 독일

보충 자료 1 ✦ 선언적 삼단 논법[disjunctive syllogism](= 선언지 제거법)

p ∨ q	오늘은 비가 오거나 눈이 올 것이다.
㉠ _____	오늘은 비가 오지 않았다.
∴ ㉡ _____	∴ ㉢ _____.

선언문의 정보는 연언문의 정보에 비해 상대적으로 약한 정보이다. '눈이 오고 비가 온다.'라는 연언문이 참이라면 우리는 바로 '따라서 눈이 오는 것은 참이다.'라는 정보를 추론할 수 있다. 그러나 '눈이 오거나 비가 온다.'라는 선언문이 참이라고 해서 '눈이 오는 것이 참이다.'라는 정보를 추론할 수는 없기 때문이다.

이처럼 우리는 선언문만 가지고는 확정적인 정보를 도출할 수는 없다. 따라서 선언문이 나올 때는 선언지 제거를 통하거나 양도 논법 등을 통해서 확정적 정보를 얻는 과정을 취하는 것이 일반적이다.

1. 선언문을 조건문으로 빠르게 변환하는 연습을 충분히 해야 한다는 점을 명심하자. 선언지 제거법을 단순 함축으로 증명하면서 연습해 보자.

   [증명] p ∨ q ≡ ㉣ _____ 전제1. 단순 함축
            ㉤ _____   전제2. 전건 긍정식
            ─────────
            ∴ q   결론. 후건 긍정

2. 논증에서 쓰이는 선언문은 포괄적 선언문이기 때문에, 선언지 중 하나를 긍정한다고 해서 나머지가 부정되지는 않는다. ㉥ _____

   예 오늘은 비가 오거나 눈이 온다.
      오늘은 비가 온다. 따라서 오늘은 눈이 오지 않는다.

04 ⊙~㉣의 어색한 부분을 옳게 수정한 것은?

　기원전 3,500년경, 수메르 문명에 속한 우루크의 집들은 진흙 벽돌로 벽을 세워서 만들었고 지붕은 평평한 모양이었다. 비가 적게 내리기 때문에 지붕은 그다지 중요한 건축 요소가 아니었으나 벽은 영역을 구분하고 지붕을 떠받치기 때문에 중요한 건축 요소였다. 주변의 외적으로부터 도시를 보호하기 위해서 거대한 성벽도 세워야 했다.
　수메르의 문명과 건축 기술이 북서쪽의 유럽으로 전파되었는데, 이때 ⊙ 비가 적게 내리는 유럽의 밀농사 지역에서는 자연스럽게 벽돌이나 흙을 이용한 벽 중심의 건축이 계승되었다. 바뀐 점이 있다면 유럽은 수메르의 건조 기후대보다는 ㉡ 비가 더 많이 내렸을 테니 지붕에 약간의 기울기를 두어서 빗물이 흐르게 하는 정도였다.
　벽 중심의 수메르 건축 양식이 동쪽으로 전파되었을 때는 그 기술을 ㉢ 그대로 적용하기 쉽게 된다. 왜냐하면 극동아시아에는 장마철에 집중 호우가 내리기 때문이다. 집중 호우가 내리면 땅이 물러지게 되어서 벽돌 같은 무거운 재료로 만든 벽은 옆으로 넘어가 집이 무너질 수 있다. 따라서 동양의 일부 북쪽을 제외한 대부분의 지역에서는 건축 재료로 가벼운 목재를 사용해야 했다. 그러나 목재는 물에 젖으면 썩어서 무너질 위험이 있으므로 땅과 만나는 부분에 방수 재료인 돌을 사용하여 주춧돌을 놓고 그 위에 나무 기둥을 세웠다. 나무 기둥이 비에 젖으면 안 되기 때문에 ㉣ 처마*를 길게 뽑아서 비에 젖지 않게 지붕 디자인을 했다. 처마가 나무 기둥이 젖는 것을 막아 주는 역할을 한 것이다.

＊처마: 지붕이 도리 밖으로 내민 부분

① ⊙: 비가 많이 내리는
② ㉡: 비가 더 적게 내렸을 테니
③ ㉢: 그대로 적용하기 어렵게 된다
④ ㉣: 처마를 짧게 뽑아서

05~06 다음 글을 읽고 물음에 답하시오.

　　코로나19와 같은 감염병에 대한 정부의 대응은 신속하고 적극적인 편이다. 그런데 저출산, 고령화와 같이 국가적인 위기를 ㉮ 초래할 수 있는 요인으로 꼽히는 인구 변화는 여러 특성에 있어서 ㉠ 코로나19의 대척점에 있다. 첫째, ㉡ 인구 변화의 속도는 상대적으로 빠르다. 세계적으로 가장 빠른 우리나라의 출생아 수 감소도 해가 바뀌어야 ㉯ 체감된다. 둘째, 다수의 국민에게 인구 문제는 당장 절실한 나의 문제가 아니다. 훗날 누군가에게 일어날 수 있는 일로 여겨지기 쉽다. 셋째, 인구 변화의 영향에 대한 ㉢ 인식과 태도는 모든 사람이 유사하다. 인구 감소를 위기로 인식하는 사람이 있는 반면 인구가 줄면 오히려 삶의 질이 ㉰ 개선되리라는 의견도 있다. 이러한 특성들은 인구 변화를 더 심각한 위기로 키울 가능성이 있다. 비교적 느린 속도는 역설적으로 신속하고 적극적인 대응을 어렵게 만드는 요인으로 작용한다. 변화가 감지되는 기간은 ㉣ 정책 당국자의 임기보다 짧아서 시행한 정책의 공과를 명확하게 평가하기 어렵다. 분야별로 파편화된 접근은 종합적, 유기적인 방안의 도출을 가로막고, 인구 문제 해결이라는 이름으로 개인과 집단의 이념 혹은 이해를 ㉱ 관철하려는 경향이 나타나며, 이 문제에 대한 정부의 조정·조율 기능은 취약하다. 이러한 여건에서는 진정으로 문제를 해결하려 나서기보다는 노력한다는 인상을 주는 것으로 만족하려는 유혹이 클 것이다.

05 ㉠~㉣의 어색한 부분을 적절하게 수정하지 않은 것은?

① ㉠: 코로나19와 같은 선상에 있다
② ㉡: 인구 변화의 속도는 상대적으로 느리다
③ ㉢: 인식과 태도는 사람마다 다르다
④ ㉣: 정책 당국자의 임기보다 길어서

06 ㉮~㉱와 바꾸어 쓸 수 있는 유사한 표현으로 적절하지 않은 것은?

① ㉮: 불러올　　　　　　② ㉯: 느껴진다
③ ㉰: 나아지리라는　　　④ ㉱: 합치려는

07 ㉠~㉣을 고치는 방안으로 가장 적절한 것은?

바이러스는 세균처럼 작은 미생물이고 전염병을 일으키지만, 세균과는 전혀 다르다. 예전에는 바이러스는 생명체가 아니라고 생각된 적도 있다. 바이러스가 ㉠생명체 밖에서는 아무런 생명 활동을 하지 못하기 때문이다. 그러나 바이러스는 분명한 생명체로, 생명체 밖과 달리 다른 생명체 안에서는 왕성한 생명 활동을 보여 준다.

바이러스의 특징은 우선 ㉡세균보다 훨씬 크기가 작다는 점이다. 세균은 광학 현미경으로 볼 수 있지만, 바이러스는 그보다 성능이 더 뛰어난 전자 현미경으로 봐야 그 모양을 확인할 수 있다. 바이러스는 다른 생명체의 세포로부터 상당한 기능들을 빌려 사용한다. 그런데 ㉢모든 바이러스는 동일한 숙주 세포에서 기능을 빌려 쓴다. 그래서 바이러스를 숙주 세포에 따라 동물 바이러스, 식물 바이러스, 세균 바이러스로 나눈다. 바이러스가 숙주 세포에 들어가기 위해서는 바이러스의 단백질이 숙주 세포 표면에 있는 특정한 수용체와 결합해야 한다. 이 상호 작용이 특이적이어서 바이러스가 감염할 수 있는 숙주 세포가 정해지는 것이다.

숙주 세포에 결합한 바이러스는 숙주 세포 안으로 이동하고, ㉣자신의 핵산을 둘러싼 단백질 껍질을 제거해 증식할 준비를 한다. 이 과정을 '껍질 벗기'라고 부르는데 바이러스의 핵산이 숙주 세포의 세포질에 완전히 노출된다.

① ㉠: 생명체 안팎에서 모두 활발하게 생명 활동을 하기
② ㉡: 세균보다 크기가 훨씬 크다는
③ ㉢: 바이러스마다 숙주 세포의 종류가 정해져 있다
④ ㉣: 자신의 핵산을 둘러쌀 단백질 껍질을 새로 만들어

08~09 다음 글을 읽고 물음에 답하시오.

　보통은 다른 조건이 동일할 때 어떤 상품의 가격이 하락하면 수요량은 늘어나고, 가격이 상승하면 수요량은 감소한다. 이를 그림으로 표현한 것을 수요 곡선이라 한다. 수요 곡선 전체가 오른쪽으로 이동하는 것을 수요의 증가, 왼쪽으로 이동하는 것을 수요의 감소라고 한다.
　일반적으로 소득이 증가하면 수요는 커지고, 반대로 소득이 감소하면 수요는 작아진다. 그러나 상품에 따라서는 ㉠ 소득이 증가하면 오히려 수요가 감소하는 것도 있다. 가령, 돼지고기만 먹던 사람이 형편이 좋아지면서 돼지고기 대신에 쇠고기를 소비하는 경우가 있다. 즉 이 사람의 돼지고기에 대한 수요는 소득이 변화함에 따라 달라진 것이다. 경제학에서는 소득이 증가함에 따라 수요가 증가하는 상품을 '정상재'라 하고, 소득이 증가함에 따라 수요가 감소하는 상품을 '열등재'라 한다. 따라서 정상재의 수요 곡선은 소득이 증가하면 ㉡ 왼쪽으로 이동하고, 소득이 감소하면 반대쪽으로 이동한다. 열등재의 수요 곡선은 소득이 증가하면 ㉢ 왼쪽으로 이동하고, 소득이 감소하면 반대쪽으로 이동한다.
　대개 어떤 한 상품은 다른 상품과 연관성을 갖고 있다. 사과와 배 같은 상품들은 서로 대체 관계에 있어 어느 한 상품 대신 다른 것을 소비하여도 만족에는 큰 차이가 없다. 경제학에서는 이러한 상품들을 '대체재'라고 부른다. 다른 요소에는 아무런 변화가 없고 사과의 대체재인 배의 가격이 오르는 경우, 사람들은 배의 수요량을 줄이고 상대적으로 값이 싼 사과를 더 찾게 된다. 즉 사과의 가격에 아무런 변화가 없더라도 대체 관계에 있는 배의 가격이 상승하면 사과의 수요 곡선은 ㉣ 오른쪽으로 이동하게 되는 것이다.

08 이 글에서 추론한 내용으로 가장 적절한 것은?

① 대체 관계인 두 상품의 가격은 함께 움직인다.
② 정상재는 가격이 오를수록 수요도 함께 증가하는 특성이 있다.
③ 소득이 높아짐에 따라 라면보다는 건강식을 챙기게 되었다면, 라면은 열등재에 해당한다.
④ 일반적으로 다른 조건이 동일할 때 상품의 가격이 하락하면 수요량은 줄어들고, 가격이 상승하면 수요량은 늘어난다.

09 ㉠~㉣ 중 어색한 곳을 찾아 적절하게 수정한 것은?

① ㉠: 소득이 감소하면 오히려 수요가 증가하는 것
② ㉡: 오른쪽으로 이동
③ ㉢: 오른쪽으로 이동
④ ㉣: 왼쪽으로 이동

10 다음 글에 대한 이해로 적절하지 않은 것은?

> 합성어는 둘 이상의 실질 형태소가 결합하여 하나의 단어가 된 말이다. 이러한 합성어는 분류 기준에 따라 다양한 방식으로 나눈다. 형성 절차에 따라 통사적 합성어와 비통사적 합성어로 나누고, 구성 요소들의 관계에 따라 종속 합성어와 대등 합성어로 나누기도 한다. 또한 품사에 따라 합성 명사, 합성 형용사, 합성 동사 등으로 나누기도 한다.
>
> 이 중 통사적 합성어와 비통사적 합성어는 형성의 절차가 통사 구성과 같은지에 따라 나뉜다. '쌀밥'은 '명사+명사', '젊은이'는 '용언의 관형사형+명사', '들어가다'는 '용언의 연결형+용언 어간'으로 구성되어 있다. 이러한 구성 방식은 한국어 문장에서 흔히 나타나는 단어 배열법이므로 이러한 구성을 가진 합성어들은 통사적 합성어이다. 한편 '덮밥'은 '용언 어간+명사', '높푸르다'는 '용언 어간+용언 어간', '보슬비'는 '부사+명사'로 구성되어 있다. 이러한 구성 방식은 한국어의 문장 구성에서는 나타나지 않으므로 비통사적 합성어로 분류한다.
>
> 한편, '할미꽃'과 같이 앞의 성분이 뒤의 성분을 수식하면 종속 합성어고, '논밭'과 같이 두 성분이 대등한 관계를 이루면 대등 합성어이다.

① 명사와 명사가 결합하여 정상적인 단어 배열법에 어긋난 단어를 만들 수도 있다.
② 용언의 어간이 연결 어미 없이 다른 성분과 결합하는 것은 비통사적 합성어이다.
③ '큰형'과 같이 관형어가 명사를 앞에서 수식하는 형태는 통사적 합성어이다.
④ '손수건'과 달리 '손발'은 두 성분이 대등한 관계를 이루는 합성어이다.

보충 자료 2 ♦ 단어의 형성

	둘 이상의 형태소로 이루어진 단어	

복합어	파생어	1. 접두사에 의한 파생어 예 군식구, 날고기, 들국화, 막노동
		2. 접미사에 의한 파생어
		  (1) 어근에 뜻을 더해 주는 한정적 접미사
		    예 건축가, 비상구, 선생님, 한국인
		  (2) 품사를 바꾸는 지배적 접미사
		    예 믿음, 생각하다, 정답다, 자유롭다

	합성어	1. _____ : 우리말의 일반적인 단어 배열법과 일치하는 합성어
		  (1) 명사+명사 예 집안, 눈물, 논밭
		  (2) 관형어+체언 예 새마을, 첫사랑, 큰형
		  (3) 부사+부사 예 곧잘, 더욱더, 이리저리
		  (4) 부사+용언 예 그만두다, 못나다
		  (5) 조사가 생략된 경우 예 값싸다, 본받다, 애쓰다
		  (6) 연결 어미로 이어진 경우(어간+연결 어미+어간)
		    예 뛰어가다, 스며들다, 게을러빠지다
		2. _____ : 우리말의 일반적인 단어 배열법과 일치하지 않는 합성어
		  (1) 관형사형 어미의 생략(어근+명사) 예 검버섯, 접칼, 덮밥
		  (2) 연결 어미의 생략 예 뛰놀다, 굳세다, 오르내리다
		  (3) 부사+명사 예 척척박사, 산들바람
		  (4) 한자어에서 우리말과 어순이 다른 경우
		    예 독서(讀書), 등산(登山), 귀향(歸鄕)

매일 국어 07회

01 다음은 신문 기사의 일부이다. ㉠~㉣을 수정한 내용으로 적절하지 않은 것은?

> 최근 ○○부 소속 공무원들의 갑질 논란이 잇따라 불거지자 ○○부가 ㉠고강도 대책과 사태 수습에 나섰다.
> ○○부는 공직 기강 확립을 위한 장기 대책도 함께 마련하겠다고 밝혔다. 또한 이번 기회에 ○○부 내부의 ㉡갑질 문화를 완전히 근절하겠다고 말했다. ○○부는 최근 발생한 ㉢불미스런 사건들이 단순히 운영상의 문제인지, 구조적인 문제인지, 관행적인 문제인지 등을 따져 보고 ㉣개선 방안을 마련될 계획이다. ○○○ 장관은 "뼈를 깎는 성찰을 통해 ○○부의 변화된 모습을 보이겠다."라고 밝혔다.

① 필요한 문장 성분이 생략되지 않도록 ㉠은 '고강도 대책을 마련하고 사태 수습에 나섰다'로 수정한다.
② 불필요하게 중복되는 내용이 없도록 ㉡은 '갑질 문화를 근절하겠다고'로 수정한다.
③ 어문 규범을 고려하여 ㉢은 '불미스러운'으로 수정한다.
④ 능동과 피동 관계가 명확하도록 ㉣은 '개선 방안이 마련될'로 수정한다.

02 ㉠~㉣이 참일 때, 반드시 참인 것은?

> ㉠ 이 주무관이 출장을 가거나 문 주무관이 출장을 간다.
> ㉡ 이 주무관이 출장을 가면 전 주무관이 출장을 간다.
> ㉢ 구 주무관이 출장을 가지 않으면 유 주무관이 출장을 간다.
> ㉣ 문 주무관이 출장을 가면 유 주무관이 출장을 가지 않는다.

① 유 주무관이 출장을 가면 이 주무관은 출장을 가지 않는다.
② 전 주무관이 출장을 가고 구 주무관도 출장을 간다.
③ 전 주무관이 출장을 가면 문 주무관이 출장을 가지 않는다.
④ 이 주무관이 출장을 가지 않으면 구 주무관이 출장을 간다.

보충 자료 1 ◆ **양도 논법[dilemma]**

p ∨ q	공무원 논리 시험은 쉽게 나오거나 어렵게 나올 것이다.
p → r	철수는 논리가 쉽게 나와도 공부를 안 한다.
q → r	철수는 논리가 어렵게 나와도 공부를 안 한다.
∴ r	∴ 철수는 공부를 안 한다.

1. 양도 논법은 전건 긍정식 두 개가 복합적으로 결합된 형식이다.
2. 양도 논법은 다양한 형식으로 변형될 수 있다.

   예) 철수는 일행직을 준비하거나 소방직을 준비한다.   p ∨ q
       만일 철수가 일행직을 준비한다면, 일행직 공무원이 될 것이다.   p → r
       만일 철수가 소방직을 준비한다면, 소방직 공무원이 될 것이다.   q → s
       ∴ 철수는 일행직 공무원이 되든지, 소방직 공무원이 될 것이다.   ∴ r ∨ s

03 A 주민 센터 직원들은 '수제비, 설렁탕, 칼국수, 만둣국' 중에서 점심 식사 메뉴를 고르고 있다. ㉠~㉣의 조건에 따를 때, 점심 식사로 결정될 메뉴는?

㉠ 설렁탕은 결정되었다.
㉡ 수제비가 결정되면, 설렁탕은 결정되지 않는다.
㉢ 칼국수와 설렁탕 둘 다 결정되면, 수제비가 결정된다.
㉣ 만둣국이 결정되면, 칼국수도 결정된다.

① 설렁탕
② 설렁탕, 칼국수
③ 설렁탕, 칼국수, 수제비
④ 설렁탕, 칼국수, 수제비, 만둣국

04 다음 대화를 분석한 내용으로 적절하지 않은 것은? 2025 국가직 9급

> 보은: 기차가 달리고 있는 선로에 다섯 명의 인부가 일하고 있고, 그들에게 그 기차를 피할 시간적 여유는 없어. 그런데 스위치를 눌러서 선로를 변경하면 다섯 명의 인부 대신 다른 선로에 있는 한 사람이 죽게 돼. 이 선택의 딜레마 상황에서 너희들은 어떻게 할 거야?
> 소현: 이런 경우엔 행위에 따른 결과가 선택의 기준이 된다고 생각해. 그래서 나는 스위치를 눌러서 한 명이 죽더라도 다섯 명을 살리는 선택을 할 거야. 그건 결과적으로 봤을 때 불가피한 조치 아니겠어?
> 은주: 글쎄, 행위에 따른 결과보다 행위 자체의 도덕성을 기준에 두어야 하는 거 아니야? 행위 자체의 도덕성을 따진다면, 스위치를 눌러서 사람을 '죽이는 것'과 아무것도 하지 않고 '죽게 내버려 두는 것' 중에 당연히 살인에 해당하는 전자가 더 나쁘지.
> 보은: 나도 그렇게 생각해. 스위치를 누르면 살인이고, 누르지 않으면 방관일 텐데, 법적인 측면에서 보더라도 전자는 후자보다 무겁게 처벌되잖아. 게다가 생명의 가치는 수량화할 수 없으니 한 사람보다 다섯 사람이 가지는 생명의 가치가 더 크다고 말할 수 없어.
> 영민: 생명의 가치를 수량화할 수 없다는 데 원론적으로는 나도 동의해. 하지만 지금처럼 불가피한 선택의 상황에서 무엇보다 우선해야 할 것은 명확한 기준을 세우는 일이야. 나는 이 상황에서 어떻게 하면 죽는 사람의 수를 최소화하는가가 그 기준이 되어야 한다고 생각해.

① 스위치를 누르는 일을 살인으로 본다는 점에 대해 은주는 보은과 견해를 같이한다.
② 생명의 가치를 수량화할 수 없다는 점에 대해 영민은 원론적으로는 보은과 견해를 같이한다.
③ 선택의 딜레마 상황에서 소현은 행위에 따른 결과를, 은주는 행위 자체의 도덕성을 선택의 기준으로 삼는다.
④ 인명 피해가 불가피한 선택의 상황에 놓인다면, 영민은 죽는 사람의 수를 최소화하는 선택을 하고, 소현은 그렇게 하지 않는다.

05 다음 대화에 대한 설명으로 적절하지 않은 것은?

> 갑: 의학적인 연구 결과 담배가 몸에 해롭다는 사실은 분명합니다. 정부는 흡연 규제를 강화해야 합니다.
> 을: 80년을 흡연해도 100세까지 장수하시는 어른들이 등장하는 다큐도 있습니다. 담배를 피우는 사람들의 흡연권은 인정해 주어야 합니다.
> 병: 흡연은 다른 사람에게 피해를 주는데 그것을 권리라고 인정해야 합니까? 간접흡연이 비흡연자의 건강을 해친다는 연구 결과도 있습니다. 이 밖에도 흡연은 화재 발생의 원인이 되고, 꽁초로 거리가 더럽혀지기도 합니다. 따라서 이에 대한 대책을 국가적 차원에서 강구하는 것이 당연하다고 봅니다.
> 정: 간접흡연의 피해에 대한 대책으로 정부는 이미 공공장소에서의 흡연을 제한하고 있으니, 흡연자에 대한 더 이상의 규제는 무리라고 생각합니다.

① 근거를 나열하여 자신의 주장을 뒷받침하는 사람이 있다.
② 상대측 주장을 약화시킬 수 있는 근거를 제시하는 사람이 있다.
③ 질문의 형식으로 상대방의 주장에 반박하는 사람이 있다.
④ 상대의 주장을 일부 인정한 뒤 자신의 견해를 제시하는 사람이 있다.

06 다음 대화에 대한 설명으로 가장 적절한 것은?

> A: 최근 3년간 정기 공연을 관람한 사람들의 수가 연속해서 줄었는데, 이번에도 그럴까 봐 걱정이네.
> B: 기존 공연에서는 사람들에게 매우 익숙한 작품을 공연했지만, 이번에는 사람들이 관심을 가질 만한 새로운 내용의 작품을 공연하니까 결과가 다를 거야.
> C: 맞아. 사람들에게 낯설면서도 일상과 맞닿아 있는 내용의 작품을 공연하자고 기획한 것은 관람객 수를 늘리기 위해서였잖아. 기획한 대로 준비를 잘했으니까 많은 사람들이 관람할 거야.
> A: 나도 그랬으면 좋겠어. 하지만 공연 준비를 잘 마무리하지 못하면 결과가 예년과 같을 수 있을 거야. 특히 홍보를 잘해야 할 것 같아. SNS에 우리 공연을 소개하는 글을 싣는 것이 어떨까?
> B: 그거 좋은 생각이다. 그럼 어떤 내용으로 글을 쓰는 것이 좋을까?
> C: 작품 제목, 공연 일시와 장소 등의 단편적인 정보만을 알리지 말고, 우리가 공연하는 작품이 의미 있는 작품임을 알려서 많은 사람들이 관심을 갖고 공연을 관람할 수 있도록 글을 쓰자.

① A는 상대의 견해를 참조하여 자신의 견해를 수정하고 있다.
② B는 상대의 말을 반복하면서 의도를 파악하고 있다.
③ C는 상대가 제시한 해결 방안을 구체화하고 있다.
④ C는 서로 대립되는 A, B의 견해를 모두 반박하고 있다.

07 A~D의 말하기 방식에 대한 설명으로 옳지 않은 것은?

> A: 강한 네트워크란 서로 간에 자주 만나며 많은 정보를 교환하고 정서적으로 친밀한 소수의 집단을 지칭합니다. 대표적으로 가족, 친한 친구 등을 예로 들 수 있지요. 강한 네트워크는 사람들의 삶에 많은 영향을 미치며, 취업 등과 같은 경우에도 실질적인 도움이 됩니다.
>
> B: 취업 동아리에 소속된 대학생들은 자주 만나 외국어 시험, 학점 취득, 취업 시험 등을 위해 함께 공부하고 많은 양의 취업 관련 정보를 공유함으로써 취업 준비라는 공식적인 목표를 위해 만났지만 신뢰 관계가 형성되어 서로 정서적으로도 의존하는 가까운 사이가 되는 경향이 있습니다.
>
> C: 취업 동아리 회원들이 많은 정보를 공유하고 회원들 간에 친밀한 관계가 형성된다는 것은 인정합니다. 하지만 학생 신분으로는 취업 기회를 얻는 데 실질적으로 도움이 될 만한 구인 정보를 이곳에서 얻기 어렵습니다. 취업 동아리가 공유하는 정보는 일반에게 공개된 정보를 재정리한 정도의 것이므로 취업 기회를 찾는 것과 거리가 있습니다. 오히려 어쩌다 한 번 방문할 뿐이지만 다양한 회사의 구인 정보를 가지고 있는 대학의 취업 지원 센터에서 자신의 희망과 상황에 맞는 회사들의 취업 정보 등을 얻는 경우가 많습니다.
>
> D: 친한 친구는 이미 서로 잘 알고 있기 때문에 취업의 상황에서는 더 이상 실질적인 도움을 주고받지 못합니다. 오히려 취업 기회를 찾는 데는 강한 네트워크보다 약한 네트워크가 더 큰 도움이 되지요. 약한 네트워크는 접촉의 빈도가 낮고 정보의 교환도 많지 않지만, 느슨한 관계를 통해서 여러 집단을 연결하거나 확산시키는 위치에 있기 때문에 정보의 취득에 강점을 지닙니다.

① A와 B는 강한 네트워크가 취업에 실질적인 도움을 준다고 주장하고 있다.
② A는 D의 견해 일부와 배치되는 견해를 제시하고 있다.
③ B와 달리 C는 취업 동아리의 장점과 한계를 모두 언급하고 있다.
④ C와 D는 강한 네트워크보다 약한 네트워크가 취업에 더 도움을 준다고 생각하고 있다.

08~09 다음 글을 읽고 물음에 답하시오.

　선사 시대부터 인간은 중요한 식량 자원인 물고기를 ㉠잡기 위해 어구(漁具)를 사용해 왔다. 어구의 재료도 초기에는 돌, 초목류, 면사(솜) 등 자연 소재를 활용했다. 그러나 1950년대 이후부터 강도가 좋고 저렴한 합성 섬유인 나일론 소재로 대체되었다. 나일론을 사용하면서 본격적으로 어구의 대량 생산 체제가 가능해졌고, 어업인은 경제적 수입과 직결된 어획량을 늘리기 위해 많은 양의 어구를 사용하게 되었다.
　그러나 합성 섬유를 재료로 하는 플라스틱 어구는 그 용도를 다해 폐(廢)어구가 되는 순간 골칫거리로 전락하게 된다. 이들 어구가 수거되지 않고 바다에 버려지거나 유실되는 경우 자연 분해되는 데 수백 년이 걸려 해양 생태계를 오염시키기 때문이다. 더군다나 분해되지 않고 바닷속에 남겨진 폐어구에 바다거북이나 고래와 같은 해양 생물이 갇히거나 걸려서 죽는 유령 어업[ghost fishing] 현상도 발생하게 된다. 유령 어업으로 매년 어업 생산량의 10%에 이르는 4,000억 원 정도의 손실이 발생하는 것으로 추정되고 있다.

08 이 글의 내용에 부합하는 것은?

① 선사 시대에 인간은 자연 소재의 어구를 사용했으나 산업 혁명 이후 합성 섬유로 만든 플라스틱 어구를 사용하게 되었다.
② 강도가 좋은 나일론 소재로 어구가 바뀐 이후, 어업인은 이전보다 어구의 양을 대폭 줄였다.
③ 유령 어업은 바다에 남겨진 폐어구에 해양 생물이 걸리는 현상으로, 현재 전체 어업 생산량의 10%를 유령 어업을 통해 얻고 있다.
④ 용도를 다하고 바다에 그대로 버려진 플라스틱 어구는 빨리 분해되지 않아 해양 생태계를 오염시킬 수 있다.

09 문맥상 ㉠과 의미가 가장 가까운 것은?

① 은행에서는 고객의 집을 담보로 잡았다.
② 경찰이 격투 끝에 도망가던 도둑을 잡았다.
③ 산불이 난 지 10시간 만에 겨우 불길을 잡았다.
④ 어머니는 누나의 결혼식 날짜를 가을로 잡았다.

10 다음 글에 대한 이해로 가장 적절한 것은?

> 　문장은 문장 안에서 일정한 문법적 기능을 하는 부분들로 이루어지는데, 이를 문장 성분이라고 한다. 문장 성분에는 '주어, 서술어, 목적어, 보어'와 같이 문장을 이루는 데 골격이 되는 주성분, '관형어, 부사어'와 같이 다른 것을 꾸미는 부속 성분, '독립어'와 같이 다른 문장 성분과 직접적인 관련이 없는 독립 성분이 있다.
> 　주성분에 대해 더 살펴보자. 주어는 동작 또는 상태의 주체가 되고, 서술어는 주어의 동작이나 상태를 풀이하는 기능을 한다. '무엇이 어찌한다.', '무엇이 어떠하다.', '무엇이 무엇이다.'에서 '무엇이'가 주어에 해당하며, '어찌한다(동사)', '어떠하다(형용사)', '무엇이다(체언 + 서술격 조사)'가 서술어에 해당한다. 주어는 대체로 체언에 주격 조사 '이/가', '께서', '에서'가 결합한다. 또 '민아는 노래를 부른다.'와 같이 보조사 '는'이 붙기도 한다. 그러나 이 '는'은 주어 자리에 나타나더라도, 주격 조사가 아니다.
> 　목적어는 서술어의 동작 대상이며 체언에 목적격 조사 '을/를'이 붙어서 만들어진다. 한편 보어는 주어와 목적어 외에 서술어가 요구하는 필수적인 문장 성분으로, 서술어 '되다', '아니다' 앞에서 보격 조사 '이/가'가 결합한 문장 성분만을 보어로 인정하고 있다. 따라서 '물이 얼음이 되었다.'에서 '얼음이'는 보어이지만 '물이 얼음으로 되었다.'에서 '얼음으로'는 부사격 조사 '으로'가 결합한 부사어이다.

① 체언에 서술격 조사가 결합한 것은 동작 또는 상태의 주체가 된다.
② '꿈이 물거품으로 되었다.'에서 '물거품으로'는 다른 것을 꾸미는 문장 성분이다.
③ '나는 밥을 먹고 도서관에 갔다.'에서 '나는'은 주어이므로 이때 '는'은 주격 조사에 해당한다.
④ 체언에 목적격 조사 '을/를'이 붙어서 만들어진 문장 성분은 다른 문장 성분과 직접적인 관련이 없다.

보충 자료 2 ♦ 문장 성분의 갈래

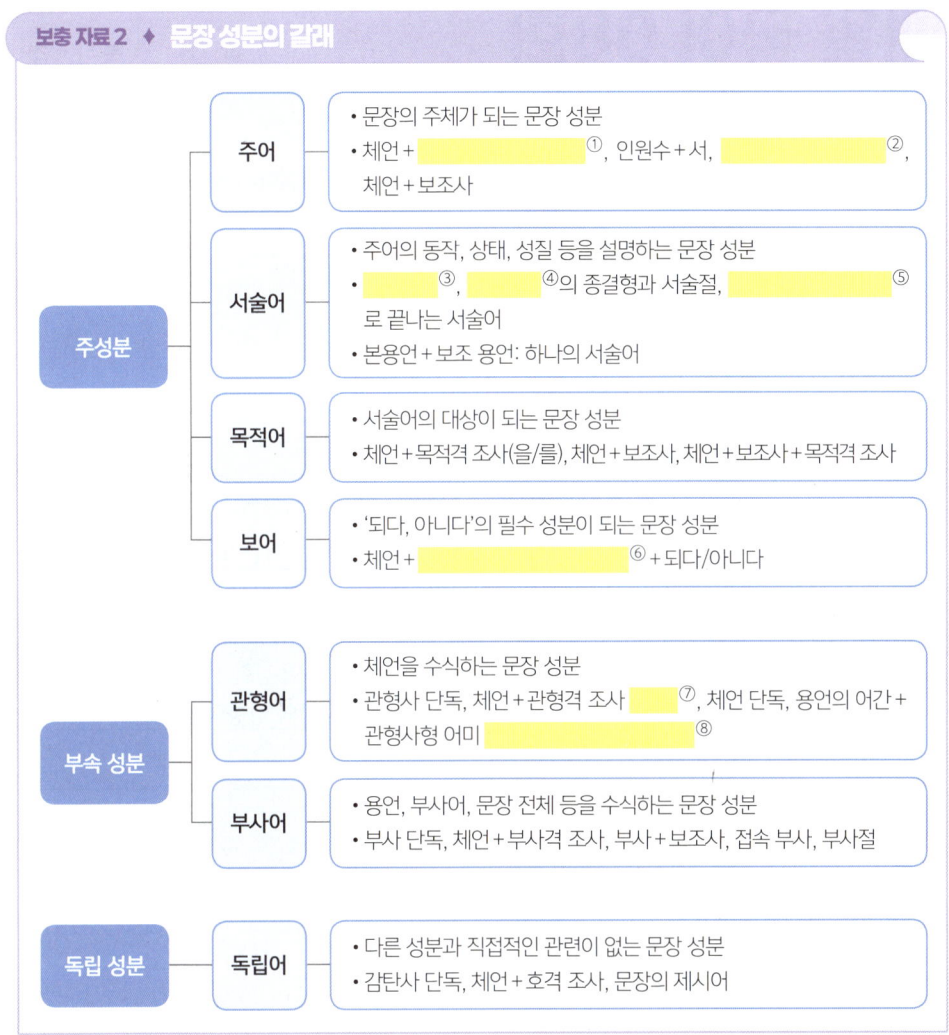

주성분

- **주어**
  - 문장의 주체가 되는 문장 성분
  - 체언 + ①_____, 인원수 + 서, ②_____, 체언 + 보조사

- **서술어**
  - 주어의 동작, 상태, 성질 등을 설명하는 문장 성분
  - ③____, ④____의 종결형과 서술절, ⑤_____로 끝나는 서술어
  - 본용언 + 보조 용언: 하나의 서술어

- **목적어**
  - 서술어의 대상이 되는 문장 성분
  - 체언 + 목적격 조사(을/를), 체언 + 보조사, 체언 + 보조사 + 목적격 조사

- **보어**
  - '되다, 아니다'의 필수 성분이 되는 문장 성분
  - 체언 + ⑥_____ + 되다/아니다

부속 성분

- **관형어**
  - 체언을 수식하는 문장 성분
  - 관형사 단독, 체언 + 관형격 조사 ⑦____, 체언 단독, 용언의 어간 + 관형사형 어미 ⑧_____

- **부사어**
  - 용언, 부사어, 문장 전체 등을 수식하는 문장 성분
  - 부사 단독, 체언 + 부사격 조사, 부사 + 보조사, 접속 부사, 부사절

독립 성분

- **독립어**
  - 다른 성분과 직접적인 관련이 없는 문장 성분
  - 감탄사 단독, 체언 + 호격 조사, 문장의 제시어

매일 국어 08회

01 〈보기〉를 참고하여, 〈보도 자료〉의 ㉠~㉢을 수정한 것으로 적절하지 않은 것은?

―― 보기 ――
- 정확한 조사를 사용할 것
- 능동과 피동의 관계를 명확히 할 것
- 어문 규범에 맞게 표기할 것
- 대등한 것끼리 접속할 때는 구조가 같은 표현을 사용할 것

―― 보도 자료 ――
따뜻한 봄, 일상 속 즐겁고 ㉠설레이는 도서관으로 가요

　문화 체육 관광부는 전 국민의 도서관 이용을 촉진하고자 ㉡도서관 방문 인증 행사를 진행된다고 밝혔다. 행사에 참여하려면 매주 '도서관의 날' 공식 누리집에서 공개하는 방문 인증 내용을 수행한 후 개인 누리 소통망에 인증 사진을 올리면 된다. ○월 ○일까지 총 4번의 인증 행사를 모두 완료한 ㉢참여자에는 추첨을 통해 전자책 리더기 등 푸짐한 선물을 증정한다.
　○○○ 정책관은 "문체부는 앞으로도 ㉣도서관 이용의 활성화와 영향력을 확산하기 위해 지속적으로 노력하겠다."라고 밝혔다.

① ㉠: 설레는
② ㉡: 도서관 방문 인증 행사를 진행한다고
③ ㉢: 참여자에게는
④ ㉣: 도서관 이용을 활성화하고 영향력의 확산을 위해

02 다음 글이 참이라고 할 때, 〈보기〉의 진술 중 반드시 참인 것을 모두 고르면?

> A 회사는 채용 시험을 개편하거나, 선발 인원을 늘리지 않으려고 한다. A 회사가 채용 시험을 개편한다면, 회사 주식이 상승할 것이다. 그러나 만일 정부의 기업 지원금이 늘어난다면, A 회사는 선발 인원을 늘릴 것이다.

/ 보기 /
㉠ 정부의 기업 지원금이 늘어난다면, A 회사의 주식은 상승한다.
㉡ A 회사가 선발 인원을 늘리지 않으면, A 회사의 주식은 상승하지 않는다.
㉢ A 회사가 채용 시험을 개편하지 않으면, 정부의 기업 지원금은 늘어나지 않는다.

① ㉠
② ㉠, ㉢
③ ㉡, ㉢
④ ㉠, ㉡, ㉢

03 '갑, 을, 병, 정, 무' 중에서 다음 주 회의에 참석할 사람이 정해진다. ㉠~㉣이 참이라면, 반드시 참인 것은?

> ㉠ 갑이 참석하지 않는다면, 정도 참석하지 않는다.
> ㉡ 을이 참석하면, 정은 참석하지 않는다.
> ㉢ 병과 무는 참석한다.
> ㉣ 무가 참석하면, 정이 참석하거나 병이 참석하지 않는다.

① 갑, 병, 무 세 명만 참석한다.
② 갑, 을만 빼고 모두 참석한다.
③ 을만 빼고 모두 참석한다.
④ 을, 병, 정, 무 네 명만 참석한다.

04~05 다음 글을 읽고 물음에 답하시오.

　한국 언론의 특징 가운데 하나는 'He said, she said 저널리즘'이라는 점이다. '그는 말했다, 그녀는 말했다 저널리즘'으로 번역할 수 있는 이 저널리즘 관행은 기사를 쓸 때 누군가의 말에 전적으로 의지하는 보도 관행을 ㉠지칭한다. 이 저널리즘 관행은 2009년 무렵, 뉴욕대 저널리즘 스쿨 교수인 제이 로젠의 도발적인 문제 제기로, 이후 미국 언론계에서 여러 차례 논란을 불러일으켰다.
　제이 로젠 교수의 주장을 보면, He said, she said 저널리즘의 문제는 객관적 보도에 대한 철저하게 ㉡왜곡된 이해가 그 출발점이다. 객관적 보도에 대해 잘못된 생각을 가지고 있는 기자들은 누군가 어떤 주장을 펴면, 그 내용을 그대로 전달하면 된다고 생각한다. 이후 반대편 주장을 같은 방식으로 기사화하면 그 일에 관한 한 기자는 책임을 다한 것이라고 생각한다. 대부분의 기자들은 그것이 객관적인 자세라고 믿는다. 기자가 어느 편도 들지 않았기 때문이다.
　로젠 교수는 이러한 생각이 잘못되었다고 주장한다. 한 편이 고약한 거짓말을 했고, 다른 한 편은 진실을 말했을 경우, 양측을 ㉢공평하게 전달하면, 독자는 진실을 가려내기 어려우므로 기자는 해야 할 일을 제대로 못한 결과가 된다. 로젠 교수에 따르면, 저널리즘의 의무는 ⬚⬚⬚⬚⬚⬚⬚⬚⬚이다. 따라서 극단적인 양자의 주장을 전하고 객관적 보도를 했다고 생각하는 기자는 대단히 잘못된 직업의식을 ㉣실천하고 있다는 것이 로젠 교수의 생각이다.

04 빈칸에 들어갈 말로 가장 적절한 것은?

① 거짓과 진실을 가려서 독자에게 정보를 제공하는 것
② 양측의 입장 중 하나의 입장을 임의로 전달하는 것
③ 가치 판단이 개입되지 않은 정보를 알려 주는 것
④ 극단적인 두 주장 사이에서 중립적 태도를 유지하는 것

05 ㉠~㉣과 바꾸어 쓸 수 있는 유사한 표현으로 가장 적절하지 않은 것은?

① ㉠: 가리킨다　　　　② ㉡: 그릇된
③ ㉢: 고르게　　　　　④ ㉣: 보이고

06 ㉠~㉢ 중 〈보기〉가 들어갈 위치로 가장 적절한 것은?

〉 보기 〈

그러나 경제학자들은 유토피아의 실현 가능성에 대해 현실적이고 냉철하게 분석한다는 점에서 경제학에 입각하지 않은 유토피아 사상가들과는 명백히 다르다.

경제학은 18세기 말에 그 학문이 출발할 때부터 유토피아에 관한 학문이었다. ㉠ 특히 유토피아의 가장 중요한 조건일 수 있는 물질적 행복을 지속적으로 탐구하였다. ㉡ 그래서 초창기부터 경제학자들은 사람들이 물질적으로 최대의 행복을 누릴 수 있는 나라 혹은 제도가 어떤 것인지 연구했다. 한 나라의 '부'에 대한 연구인 《국부론》을 쓴 아담 스미스뿐만 아니라, 그의 한 세대 후배들인 맬서스와 리카도도 그랬다. ㉢ 위대한 경제학자 마셜의 말처럼 경제학자는 '뜨거운 가슴뿐만 아니라 냉철한 이성을 동시에 갖춘' 사람들이다. ㉣

① ㉠
② ㉡
③ ㉢
④ ㉣

07~08 다음 글을 읽고 물음에 답하시오.

분자들은 에너지가 낮은 상태를 안정적이라고 여기는데, 그것을 화학에서는 '엔탈피가 낮다'고 한다. 또 분자들이 얼마나 흩어져 있는가를 나타내는 것은 무질서도라고 하는데, ㉠이는 화학에서 '엔트로피'라고 부른다. ㉡이들 세계의 기본 법칙은 낮은 엔탈피와 큰 엔트로피의 상태를 좋아한다는 것이다. 가령 흰 공 100개가 흩어져 있는 것보다 흰 공 90개와 검은 공 10개가 함께 흩어져 있는 것이 더 무질서할 것이다. 세포 속의 물 분자는 흰 공만 있는 상태와 같고 소금물 속의 물 분자는 두 가지 색깔의 ㉢것이 섞여 있는 것과 같다. 물 분자는 어느 쪽으로 움직이게 될까? 소금물과 세포 안의 물의 특성을 이해했다면 답은 소금물 쪽이라고 쉽게 나올 것이다. 배추는 90%가 물이다. 물 분자가 ㉣이쪽으로 빠져나오게 되어 단단했던 배추가 부드러워지는 것이다.

김치 맛은 발효의 결과물이다. 적절한 세균으로 적당히 발효되어야 김치 맛이 제대로 난다. 이런 좋은 발효균이 살 수 있는 조건은 바로 배추 '소금물 절임' 과정에서 생긴다. 적당한 소금 농도로 배추를 절여 김치를 만들면 젖산 발효가 일어난다. 젖산 발효가 일어나면 방부 효과가 생겨서 김치를 오래 저장할 수 있다. 또 젖산 발효가 일어나면 알코올과 에스테르 성분이 생겨 김치의 좋은 맛과 향을 낸다.

07 이 글의 내용이 참일 때, 추론한 내용으로 적절하지 않은 것은?

① 김치를 오래 저장하는 것은 김치에 좋은 맛과 향을 내기 위한 필요조건이다.
② 적당한 소금 농도로 배추를 절이는 것은 젖산 발효가 일어나기 위한 충분조건이다.
③ 김치에서 좋은 맛과 향을 느낄 수 없다면 적당한 소금 농도로 배추를 절이지 않았을 것이다.
④ 김치에 젖산 발효가 일어나면 김치를 오래 저장하는 것도 가능하고 김치에 좋은 맛과 향을 내는 것도 가능하다.

08 ㉠~㉣의 문맥상 의미로 적절하지 않은 것은?

① ㉠: 무질서도
② ㉡: 분자
③ ㉢: 공
④ ㉣: 배추 쪽

보충 자료 1 ♦ 충분조건과 필요조건

1. 충분조건

전건 p가 존재한다면 후건 q가 필연적으로 존재할 때, **p는 q의 충분조건**이라고 한다.
그런데 전건 p가 존재하지 않는다면, 후건 q는 존재할 수도 있고 존재하지 않을 수도 있다.

비가 오면 땅이 젖는다. p → q	• p가 존재하면 반드시 q가 존재한다. • p는 q이기 위한 충분조건이다. • p라는 전제하에 q도 성립한다.

2. 필요조건

후건 q가 존재하지 않는다면 필연적으로 전건 p도 존재하지 않을 때, **q는 p의 필요조건**이라고 한다.
즉 전건 p이기 위해서는 q가 반드시 필요하다는 것을 의미한다.

땅이 젖지 않으면 비가 오지 않았다. ~q → ~p	• q가 존재하지 않으면 p도 존재하지 않는다. • q는 p이기 위한 {필요조건/필수적 요건}이다. • p이기 위해서는 q이어야만 한다. • q이어야만 p이다. • 오직 q인 경우에만 p가 성립한다.

09 다음 글에서 추론한 내용으로 적절하지 않은 것은?

> 객관적 상관물이란 화자가 자신의 정서와 사상을 간접적으로 표현하기 위해 가져오는 바깥 세계의 대상을 이르는 말이다. 객관적 상관물은 화자의 감정을 대변하는 대상일 때도 있고, 화자의 감정과 일치하지 않는 대상일 때도 있다. 전자는 대상에 화자의 감정을 담아내는 '감정 이입'에 해당하는 표현으로, 유랑하는 화자의 슬픈 심정을 담은 김소월의 〈길〉에서 "까마귀 까악까악 울며 새었소."의 '까마귀'를 예로 들 수 있다. 후자는 이별에 미련을 보이는 화자의 정서를 드러낸 김소월의 〈가는 길〉에서 이별을 재촉하고 있는 '까마귀'를 예로 들 수 있다.
>
> 이러한 객관적 상관물 개념을 창안한 엘리엇은 20세기 영국의 시인이자 평론가로 활동했다. 그가 활동했던 사회는 산업화로 인해 사회는 경제적으로 발전했으나, 사람들은 이러한 사회에서 인간성을 상실했고 황폐해져 갔다. 이에 작가들은 문학을 창작하면서 인간의 다양한 감정, 인간이 현실을 극복할 수 있는 의지를 직접적으로 표현했다. 즉 인간 중심의 낭만주의 시대에서 작가들은 개인의 상처, 이별, 희망 등 감정에 치우친 작품들을 주로 쓰게 된 것이다. 그러나 엘리엇은 작가의 감정 과잉은 독자들에게 아무런 감동을 줄 수 없기에 새로운 형식이 필요하다고 판단했다. 엘리엇은 시대를 장악했던 낭만주의 형식에서 벗어나, 작가의 감성이 예술이 되기 위해서는 작가의 감정을 예술의 형태로 표현해야 한다고 생각했고, 그러기 위해서는 작가가 말하고자 하는 시적 진술을 사물이나 사건, 상황으로 간접적으로 형상화하여야 한다고 생각한 것이다.

① 엘리엇이 활동한 당시 영국에서는 작가의 감정이 과잉 표현되는 문학 작품이 많이 나타났다.
② 엘리엇은 객관적 상관물을 통해 시인의 감정을 직접적으로 표현해야 한다고 주장했다.
③ 김소월의 〈길〉의 '까마귀'는 화자의 감정과 일치된 감정을 드러낸다.
④ 자유롭게 날아다니는 새의 모습을 통해 자유를 뺏긴 화자의 심정을 강조했다면, '새'는 객관적 상관물에 해당한다.

10 다음 글에 대한 이해로 적절하지 않은 것은?

> 문장은 의미상 완결된 내용을 담고 있는 단위로, 기본적으로 주어와 서술어로 이루어진다. 가령 '철수가 밥을 먹는다.'는 주어와 서술어의 관계가 한 번만 나타나는 홑문장이고, '철수는 밥을 먹고 영희는 빵을 먹는다.', '철수는 시장에서 산 과일을 먹는다.'는 주어와 서술어의 관계가 두 번 이상 나타나는 겹문장이다. 겹문장은 크게 이어진문장과 안은문장으로 나뉜다. 문장과 문장이 의미 관계에서 대등하거나 종속적으로 이어지면 이어진문장이라고 하고, 문장이 다른 문장 속의 한 문장 성분이 되면 안은문장이라고 한다.
> 이어진문장은 다시 홑문장 두 개가 어떤 의미 관계로 이어지느냐에 따라 대등하게 이어진 문장과 종속적으로 이어진 문장으로 나뉜다. 홑문장이 대등한 의미 관계로 이어진 것을 대등하게 이어진 문장이라고 하는데, 앞 절과 뒤 절은 대등적 연결 어미로 인해 '나열(-고)', '대조(-지만)', '선택(-거나)' 등의 의미 관계를 이룬다. 대등하게 이어진 문장은 두 홑문장의 의미 관계가 대등하기 때문에 앞 절과 뒤 절의 위치를 바꾸어도 의미 차이가 거의 없다.
> 반면 앞 절이 뒤 절에 종속적인 관계에 있는 문장을 종속적으로 이어진 문장이라고 한다. 앞 절과 뒤 절은 종속적 연결 어미로 인해 '원인(-어서)', '조건(-면)', '의도(-려고)' 등의 의미 관계를 이룬다. 종속적으로 이어진 문장은 두 홑문장의 의미 관계가 대등하지 않으므로 앞 절과 뒤 절의 위치를 바꾸게 되면 문장의 의미가 완전히 달라져서 수용하기 어려운 문장이 된다.

① 홑문장이 다른 문장에서 하나의 문장 성분으로 쓰이는 것은 겹문장에 해당한다.
② 이어진문장은 앞 절과 뒤 절의 의미 관계가 대등하지 않아도 위치를 바꿀 수 있다.
③ '약이 입에는 쓰지만 몸에는 좋다.'는 연결 어미를 통해 대조의 의미 관계를 이룬다.
④ '집을 마련하려고 저축을 한다.'는 의도의 의미 관계를 이루는 종속적으로 이어진 문장이다.

보충 자료 2 ◆ 문장의 종류

홑문장			• 주어와 서술어의 관계가 한 번만 이루어지는 문장 • '본용언+보조 용언'은 서술어가 하나이므로 홑문장이다. ㉠ 철수는 밥을 많이 먹고 있다.
겹문장	이어진 문장	① _____ 이어진 문장	철수는 김밥을 먹고 영희는 비빔밥을 먹었다. → 순서를 바꾸어도 성립함.
		② _____ 이어진 문장	철수는 김밥을 먹고 배탈이 났다. → 인과적 관계이므로 순서를 바꿀 수 없음.
	안은 문장	명사절을 안은 문장	밥을 먹기가 어렵다. / 밥을 먹기를 좋아한다. / 밥을 먹기 전에 공부해라. / 밥을 먹기에는 배가 부르다. → 명사절을 안은 문장이 _____③ 의 기능을 하고 있음.
		서술절을 안은 문장	이 식당은 밥이 맛있다. → _____④의 형식
		관형절을 안은 문장	• 밥을 먹은 철수를 만났다. → _____⑤ 관형절 • 밥을 먹은 사실을 알고 있다. → _____⑥ 관형절
		부사절을 안은 문장	철수는 밥을 먹듯이 간식을 먹는다.
		인용절을 안은 문장	철수는 "밥이 참 맛있네."라고 말했다.

매일 국어 09회

01 다음은 공문서의 일부이다. ㉠~㉢을 고쳐 쓴 것으로 적절하지 않은 것은?

> 제목: 전문가 초청 워크숍 참가 안내
>
> 1. 우리 원은 예술 관련 기관 소속 담당자들의 ㉠문화 예술 전문 역량을 강화하기 위해 다양한 예술 교육 과정을 기획·운영하고 있습니다.
>
> 2. 오는 5월 5일에 '예술 교육 음악으로 다가가기'를 주제로 전문가 초청 워크숍을 개최하오니, 각 기관에서는 최소 1명 이상 참석하여 주시기 바랍니다. ㉡참가 접수는 우리 원 홈페이지에서 할 수 있습니다. 신청 인원이 많으면, 문화 관련 업무 담당자를 우선 선정할 예정입니다.
>
> 3. ㉢워크숍에 참석할 때에는 가능한 대중교통을 이용해 주시기 바랍니다.
>
> 4. 아울러 ㉣정부 중앙 청사의 열린 문화 공간 조성과 근무 환경을 개선하기 위해 귀 기관으로부터 미술품을 대여하고자 하오니 협조하여 주시기 바랍니다.

① ㉠: 담당자들에게 행위의 효력이 미친다는 의미를 제시해야 하므로 '강화하기 위해'를 '강화시키기 위해'로 고쳐 쓴다.
② ㉡: '접수'는 맥락상 '단체나 기관에 어떠한 사항을 말이나 문서로써 밝혀 요청함'의 의미인 '신청'으로 고쳐 쓴다.
③ ㉢: '가능한'이 무엇을 수식하는지 분명하지 않으므로 어법에 맞게 '가능한 한'으로 고쳐 쓴다.
④ ㉣: 대등한 구조를 보이는 표현을 사용해야 하므로 '열린 문화 공간 조성과 근무 환경을 개선하기 위해'는 '열린 문화 공간을 조성하고 근무 환경을 개선하기 위해'로 고쳐 쓴다.

02 다음 〈조건〉에 따라 화성, 금성, 토성, 목성 중 탐사 대상이 결정된다고 할 때, 탐사할 행성을 모두 고르면?

조건

㉠ 토성과 목성 중 적어도 하나는 탐사한다.
㉡ 토성을 탐사하면 금성도 탐사한다.
㉢ 화성과 목성 둘 다 탐사할 수는 없다.
㉣ 금성은 탐사하지 않는다.

① 화성
② 목성
③ 화성, 토성
④ 목성, 토성

03 다음 글이 참이라고 할 때, 〈보기〉의 ㉠~㉢ 중 반드시 참인 것을 모두 고르면?

백화점이 사람들로 북적이고 카페가 만석이면, 미술관이 휴관한다. 또한 백화점이 사람들로 북적이지 않고 카페가 만석이면, 영화관이 만석이다. 현재 카페는 만석이다.

보기

㉠ 미술관이 휴관이면, 백화점은 북적인다.
㉡ 백화점이 북적이면, 영화관은 만석이 아니다.
㉢ 영화관이 만석이 아니라면, 미술관은 휴관한다.

① ㉠
② ㉢
③ ㉠, ㉡
④ ㉡, ㉢

보충 자료 1 ♦ 주요 추론 규칙

1. 드모르간 법칙

~(p ∧ q) ≡ ____①	철수가 월요일과 화요일에 모두 쉰다는 것은 거짓이다. ≡ 철수는 월요일에 쉬지 않거나 화요일에 쉬지 않는다.
~(p ∨ q) ≡ ____②	철수가 월요일 또는 화요일에 쉰다는 것은 거짓이다. ≡ 철수는 월요일에 쉬지 않고 화요일에도 쉬지 않는다.

2. 연언화

p	철수는 국어를 잘한다.
q	철수는 영어를 잘한다.
∴ ____	∴ 철수는 국어를 잘하고, 영어를 잘한다.

04~05 다음 글을 읽고 물음에 답하시오.

> 19세기 독일의 사회학자 베버(Weber, M.)는 《프로테스탄티즘의 윤리와 자본주의의 정신》이라는 책에서 루터나 칼뱅 등 종교 개혁가들의 교리가 근대 자본주의 발전에 원동력이 되었다고 주장하였다. 당시 로마 가톨릭은 수도원 등에서의 금욕적인 삶을 강조하였던 반면 프로테스탄트는 현실을 적극적으로 살아가되 항상 ㉠ 절제하고 금욕하라는 '세속적 금욕주의'를 강조하였다. 프로테스탄트는 16세기 종교 개혁을 통해 로마 가톨릭에서 ㉡ 분리되어 나온 교파들로 개신교라고도 한다.
> 루터는 직업 정신을 강조하고 세속적 의무를 수행하는 것이 신에게 부여받은 사명이라고 해석하였다. 또한 칼뱅은 루터의 교리를 토대로 구원받을 사람이 미리 정해져 있다는 '구원 예정설'을 주장하고, 개인이 자신의 구원 여부를 확인하는 방법으로 부지런히 일할 것을 강조하였다. 베버는 이러한 세속적 금욕주의와 직업 윤리가 ㉢ 확산되면서 사람들이 현세의 직업 활동을 도덕적이고 윤리적인 행위로 인식하였고, 자신의 직업에 최선을 다하게 되었다고 보았다. 그리고 이 과정에서 개인의 이익 추구가 당연시되고 자본이 ㉣ 축적될 수 있었다고 주장하였다.

04 이 글에 대한 이해로 적절한 것은?

① 베버는 종교 개혁이 이윤 추구에 대한 개인의 욕망을 신과 동일한 위치로 격상시켰다고 보았다.
② 베버는 프로테스탄트 윤리가 근대 자본주의 정신의 형성과 발전에 영향을 미쳤다고 보았다.
③ 베버는 가톨릭과 개신교의 금욕주의가 사적 이익의 추구를 인정하는 자본주의와 상충한다고 보았다.
④ 베버는 프로테스탄트의 직업 윤리가 사람들이 직업 활동을 세속적 행위로 인식하게 하였다고 보았다.

05 ㉠~㉣과 바꾸어 쓸 수 있는 유사한 표현으로 적절하지 않은 것은?

① ㉠: 보살피고
② ㉡: 떨어져
③ ㉢: 퍼지면서
④ ㉣: 쌓일

06 〈개요〉의 빈칸에 들어갈 내용으로 적절하지 않은 것은? 2025 국가직 9급

/ 개요 /

제목: 청소년 아르바이트의 실태와 노동 문제 개선 방안

Ⅰ. 청소년 아르바이트의 실태
   1. 열악한 노동 환경 및 복지 혜택 부족
   2. 임금 체불 및 최저 임금제 위반
   3. 사업장 내의 빈번한 폭언 및 폭행 발생

Ⅱ. 청소년 아르바이트의 노동 문제 발생 원인
   1. 청소년의 노동 환경에 대한 실효성 있는 제도 부족
   2. 노동 관계법에 관한 청소년 고용 업주의 인식 부족
   3. 청소년 노동자의 인권을 존중하지 않는 사회의 통념

Ⅲ. 청소년 아르바이트의 노동 문제 개선 방안
   [   ]

① 청소년의 노동 환경 개선을 위한 제도 정비
② 청소년 고용 업주에 대한 노동 관계법 교육과 지도 확대
③ 청소년 노동자의 인권 보호를 위한 사회적 교육 기관 설립
④ 청소년 고용 업체 규모 축소를 위한 정부의 지속적인 감독과 단속

07 다음 〈개요〉의 빈칸에 들어갈 내용으로 가장 적절하지 않은 것은?

〈개요〉

제목: 농촌 일손 부족 문제와 해결 방안

Ⅰ. 농촌 일손 부족 문제 실태
    1. 농산물 출하 및 수급 지연
    2. 외국인 노동자 의존도 심화
    3. 농업인의 신체적·정신적 과로

Ⅱ. 농촌 일손 부족 문제 발생 원인
    1. 농촌 고령화로 인한 노동 인구 감소
    2. 열악한 근무 환경으로 인한 청년층의 농업 노동 회피
    3. 농작업의 계절적 편중

Ⅲ. 농촌 일손 부족 문제 해결 방안

① 후계 노동인 육성 및 농촌 유입 유도
② 농업의 노동 환경 및 사회적 인식 개선
③ 작업 시기 분산형 작물 재배 유도
④ 외국인 노동자 유치를 위한 정부의 적극 지원

08 〈지침〉에 따라 〈개요〉를 작성할 때, ㉠~㉣에 들어갈 내용으로 적절하지 않은 것은?

───── 지침 ─────
- 서론에서는 본론에서 다룰 제재의 개념을 밝힐 것
- 본론은 3개의 장으로 구성하되, 각 장의 하위 항목끼리 대응시킬 것
- 결론은 본론의 내용을 바탕으로 하며, 스토킹 범죄의 피해자와 가해자 모두를 언급할 것

───── 개요 ─────
Ⅰ. 서론: 스토킹 처벌법의 개념과 의의 ·· ㉠
Ⅱ. 본론
   1. 스토킹 처벌법 시행 이후의 변화 ·· ㉡
     가. 스토킹 신고 건수의 증가
     나. 스토킹 처벌 강화로 인한 가해자의 스토킹 중단
     다. 스토킹도 범죄라는 인식의 제고
   2. 스토킹 처벌법의 한계
     가. 재판부 재량에 따른 고무줄 감경과 형 결정 ·························· ㉢
     나. 가해자의 협박·보복으로 인한 피해자의 신고 취하
     다. 가해자의 접근 금지 및 구금 시행까지의 시간적 공백 발생
   3. 개선 방안
     가. 스토킹 범죄에 대한 양형 기준 마련
     나. 가해자의 가중 처벌 강화를 통한 추가 피해 예방
     다. [㉣]
Ⅲ. 결론: 법안의 수정 및 시행을 통한 스토킹 범죄 피해자 보호 및 가해자 처벌 촉구

① ㉠: '스토킹 처벌법의 개념'으로 바꾼다.
② ㉡: 'Ⅱ-1'의 하위 항목을 부각하기 위해 '스토킹 처벌법 시행 이전의 모습'을 참고 자료로 제시한다.
③ ㉢: 'Ⅱ-3-가'와의 관련성을 고려하여 '스토킹 범죄의 높은 재발 가능성'으로 수정한다.
④ ㉣: 'Ⅱ-2-다'와 호응할 수 있도록 '제도 개선을 통한 신속한 피해자 보호 시행'을 넣는다.

09 〈지침〉에 따라 〈개요〉를 작성할 때, ㉠~㉢에 들어갈 내용으로 적절하지 않은 것은?

/ 지침 /
- 서론의 제목은 하위 항목을 포함할 수 있도록 작성할 것
- 본론은 주제에서 밝힌 내용을 2개의 장으로 구성하되, 각 장의 하위 항목끼리 대응시킬 것
- 결론은 기대 효과와 향후 과제를 제시할 것

/ 개요 /

주제: 외국에서 현지인을 대상으로 한 '한국어 국외 교육'의 문제점과 개선 방안

Ⅰ. ㉠
  1. 한국의 국제적 위상 강화에 따른 한국어 학습에 대한 관심과 수요의 증가
  2. 한국 기업에 취업을 원하는 외국인의 증가

Ⅱ. 한국어 국외 교육의 문제점
  1. ㉡
  2. 문법·독해 중심의 수업으로 인한 실용적 언어 교육 부족

Ⅲ. 한국어 국외 교육의 개선 방안
  1. 교원 양성 프로그램 신설 및 기관 설립
  2. ㉢

Ⅳ. 결론
  1. 국제 사회에서 한국어의 위상 강화
  2. ㉣

① ㉠: 한국어 국외 교육의 등장 배경
② ㉡: 한국어 비전문가의 수업 진행으로 인한 교육의 질 저하
③ ㉢: 회화 및 실생활 중심의 교육 강화
④ ㉣: 현지인의 한국어 학습 관심 증대를 위한 대책 마련

10 다음 글에 대한 이해로 적절하지 않은 것은?

> 화자가 어떤 대상이나 상대에 대하여 그의 높고 낮은 정도에 따라 언어적으로 구별하여 표현하는 방식을 높임법이라고 한다. 높임법은 높임의 대상에 따라 상대 높임법, 주체 높임법, 객체 높임법으로 나뉜다.
> 상대 높임법은 화자가 청자에 대하여 높이거나 낮추어 말하는 방법이다. 상대 높임법은 종결 표현으로 실현되는데, 크게 격식체와 비격식체로 나뉜다. 격식체는 높임의 순서에 따라 하십시오체, 하오체, 하게체, 해라체로 나뉘고, 비격식체는 해요체와 해체로 나뉜다.
> 주체 높임법은 서술의 주체를 높이는 방법으로, 서술의 주체가 화자보다 나이나 사회적 지위 등이 높을 때 사용한다. 주체 높임법은 기본적으로 서술어에 선어말 어미 '-(으)시-'가 붙어 실현되나, 부수적으로 주격 조사 '께서'가 쓰이기도 한다. 또한 '계시다', '주무시다' 등의 일부 특수 어휘를 통해 실현되기도 한다. 주체를 직접 높이는 것을 직접 높임이라고 하고, 주체와 밀접한 관련이 있는 대상(신체 부분, 성품, 심리, 소유물 등)을 높임으로써 주체를 간접적으로 높이는 것을 간접 높임이라고 한다.
> 객체 높임법은 목적어나 부사어가 지시하는 대상, 즉 서술의 객체를 높이는 방법으로, '모시다', '드리다', '여쭈다', '뵈다'와 같은 특수 어휘를 사용하여 표현한다. 그리고 조사 '에게' 대신 '께'를 사용하기도 한다.

① 주격 조사 '께서'가 쓰이지 않아도 서술의 주체를 높일 수 있다.
② 화자보다 청자의 지위가 낮을 경우 종결 표현을 통해 상대 높임을 드러낼 수 있다.
③ '나는 할아버지께 과일을 주었다.'는 조사 '께'가 쓰였으므로 객체 높임법의 쓰임이 올바르다.
④ '선생님의 넥타이가 멋있으시다.'에서 궁극적으로 높이고자 하는 대상은 '선생님'이다.

보충 자료 2 ✦ 높임 표현

1. 주체 높임법

-시-	높임의 어휘나 조사, 선어말 어미 '-시-'를 통해 실현됨. 예 아버지께서 진지를 드신다. 　　조사　어휘　-시-
+ -시- 간접 높임	주체와 연관이 있는 대상을 높임. '있다'의 경우, 직접 높임은 '계시다'로, 간접 높임은 '있으시다'로 형태가 바뀜. 예 용건이 있으신 분, 계세요? 　　　　　　① 　　　　②
-시- 압존법	가족이나 사제지간 같은 사적 관계에서 적용됨. 예 할아버지, 아버지가 왔습니다. → 청자를 고려하여 　　　　③를 낮춤.

2. 객체 높임법

목적어나 　　　　를 높이는 것으로, 조사 '께'와 '뵙다, 드리다, 모시다, 여쭙다'를 통해 실현된다.
예 나는 할머니께 용돈을 드렸다.
→ 객체인 '할머니'를 조사와 특수 어휘를 통해 높임.

3. 상대 높임법

　　　　에 대한 높임법으로, 격식체와 비격식체를 나타내는 종결 어미로 표현된다.

매일 국어 10회

01 〈공공 언어 바로 쓰기 원칙〉에 따라 수정한 것으로 적절하지 않은 것은?

> **공공 언어 바로 쓰기 원칙**
>
> • 주어와 서술어의 호응
>   - ㉠ 주어와 서술어의 관계를 명확하게 표현할 것
> • 대등한 구조를 보여 주는 표현 사용
>   - ㉡ '와/과' 등 대등한 것끼리 접속할 때는 구조가 같은 표현을 사용할 것
> • 어법에 맞는 문장 쓰기
>   - ㉢ 필요한 문장 성분이 생략되지 않도록 할 것
> • 정확한 단어 선택
>   - ㉣ 문맥에 맞는 정확한 어휘를 사용할 것

① "벌초 시 주의할 점은 벌 쏘임 등 안전사고에 대비해야 합니다."를 ㉠에 따라 "벌초 시 주의할 점은 벌 쏘임 등 안전사고에 대비해야 한다는 것입니다."로 수정한다.

② "불법 고용주는 최고 2,000만 원의 범칙금 부과 또는 외국인의 고용을 제한받습니다."를 ㉡에 따라 "불법 고용주는 최고 2,000만 원의 범칙금을 부과받거나 외국인의 고용을 제한받습니다."로 수정한다.

③ "지하철에서는 문에 기대거나 강제로 열려고 해서는 안 됩니다."를 ㉢에 따라 "지하철에서는 문에 기대거나 문을 강제로 열려고 해서는 안 됩니다."로 수정한다.

④ "쓰레기를 무단으로 투기하는 행위는 법에 저촉됩니다."를 ㉣에 따라 "쓰레기를 무단으로 투기하는 행위는 법에 접촉됩니다."로 수정한다.

02 다음은 갑의 내년 등산 계획표이다. 이 계획표에 따를 때, 갑이 오를 산을 모두 고르면?

- '북한산을 오르거나 설악산을 오르지 않는다.'는 것은 사실이 아니다.
- 설악산을 오르면, 북한산을 오르거나 치악산을 오른다.
- 지리산을 오르면 치악산은 오르지 않는다.

① 북한산
② 설악산
③ 설악산, 치악산
④ 북한산, 설악산, 지리산

03 영희는 아들의 돌잔치 답례품을 고민 중이다. ㉠~㉢을 따를 때, 반드시 선택될 답례품은?

- ㉠ 디퓨저를 선택한다면, 우산도 선택할 것이다.
- ㉡ 디퓨저를 선택하지 않게 되면, 천일염도 선택하지 않을 것이다.
- ㉢ 손 세정제를 선택하지 않게 된다면, 천일염을 선택할 것이다.
- ㉣ 우산을 선택한다면, 천일염은 선택하지 않을 것이다.

① 디퓨저
② 천일염
③ 손 세정제
④ 우산

04 다음 글을 이해한 내용으로 적절하지 않은 것은?

> 선거 기간 동안 여론 조사 결과의 공표를 금지하는 기간을 두는 것이 사회적 쟁점이 되고 있다. 조사 결과의 공표가 유권자 투표 의사에 영향을 미쳐 선거의 공정성을 훼손한다는 주장과, 공표 금지가 선거 정보에 대한 언론의 접근을 제한하여 알권리를 침해한다는 주장이 맞서고 있기 때문이다.
> ㉠찬성론자들은 먼저 '밴드 왜건 효과'와 '열세자 효과' 등의 이론을 내세워 여론 조사 공표의 부정적인 영향을 부각시킨다. 밴드 왜건 효과에 의하면, 선거일 직전에 여론 조사 결과가 공표되면 사표(死票) 방지 심리로 인해 표심이 지지도가 높은 후보 쪽으로 이동하게 된다. 이와 반대로 열세자 효과에 따르면, 열세에 있는 후보자에 대한 동정심이 발동하여 표심이 그쪽으로 움직이게 된다. 여론 조사 결과의 공표가 어느 쪽으로든 투표 행위에 영향을 미치게 되고 선거일에 가까워질수록 공표가 갖는 부정적 효과가 극대화되기 때문에 이를 금지해야 한다는 것이다.
> 이와 달리 ㉡반대론자들은 무엇보다 표현의 자유를 실현하는 수단으로서 알권리의 중요성을 강조한다. 이 권리는 언론 기관이 '공적 위탁 이론'에 근거해 국민들로부터 위임받아 행사하는 것이므로, 정보에 대한 언론의 접근이 보장되어야 충족된다. 후보자의 지지도나 당선 가능성 등에 관한 여론의 동향 등은 이 알권리의 대상에 포함된다. 따라서 언론이 위임받은 알권리를 국민의 뜻에 따라 대행하는 것이기 때문에, 여론 조사 결과의 공표를 금지하는 것은 결국 표현의 자유를 침해하여 위헌이라는 논리이다.

① ㉠은 선거일 직전에 여론 조사 결과가 공표되면 표심이 이동할 수 있다고 주장한다.
② ㉡은 여론 조사 결과를 공표하는 것을 알권리에 포함시킨다.
③ ㉡은 정보에 대한 언론의 접근을 제한하는 것은 위헌을 초래한다고 말한다.
④ 열세자 효과는 사표를 방지하기 때문에 열세에 있는 후보에게 유리하게 작용한다.

05 갑~병의 주장에 대한 분석으로 적절한 것만을 〈보기〉에서 모두 고르면?

> 갑: 과거에는 정보가 정부나 언론사 등 소수의 기관에 의해 통제되었지만, 현대 사회는 SNS를 통해 누구나 자신의 의견을 자유롭게 표현하고 공유할 수 있게 되었다. 특히, 사회적 약자나 소외된 집단도 목소리를 낼 수 있는 기회를 얻게 되었으며, 이는 민주주의의 발전에 기여하고 있다. 예를 들어, '아랍의 봄' 당시 시민들은 SNS를 통해 독재 정권의 부당함을 알리고 대중을 결집시켜 혁명을 일으켰다.
>
> 을: SNS를 통해 공유되는 모든 의견이 동등하게 다루어지는 것은 아니다. 특정 의견은 알고리즘에 의해 더 많이 확산되는 반면, 일부 의견은 쉽게 묻히거나 왜곡된다. 또한 SNS는 필터 버블 현상을 조장하여 사용자가 자신의 기존 신념과 일치하는 정보만 소비하게 만든다. 이는 다양한 의견을 접하고 토론할 기회를 줄이며, 사회적 양극화를 심화시키는 원인이 된다. 따라서 SNS를 통해 의견을 표출할 수 있다고 해서 그것이 곧 민주주의의 발전을 의미하는 것은 아니다.
>
> 병: 광고 수익에 의존하는 SNS는 경제적 자원이 풍부한 집단에게 유리한 구조를 갖는다. 표현의 자유가 보장된다는 명목 아래, 정작 누가 더 큰 목소리를 가질 수 있는지에 대한 구조적 불평등이 존재하는 것이다. 결과적으로 SNS는 특정한 힘을 가진 주체들이 여론을 형성하고 주도하는 또 다른 방식의 매체로 작동하고 있는 것이다.

〈보기〉

㉠ 갑의 주장과 을의 주장은 대립한다.
㉡ 갑의 주장과 병의 주장은 대립한다.
㉢ 을의 주장과 병의 주장은 대립한다.

① ㉠
② ㉡
③ ㉠, ㉡
④ ㉡, ㉢

06 갑~병의 주장을 분석한 내용으로 적절한 것만을 〈보기〉에서 모두 고르면?

갑: 어떤 동물들은 대단한 기술을 지닌 것 같아. 비버가 만든 댐은 정말 굉장하지 않아?
을: 그런 것을 '기술'이라고 부를 수 있을까? 기술이라고 부를 수 있는 것은 오직 인간이 만든 인공물로 한정되는 거야. 기술은 부자연스러움을 낳는데, 비버가 본성에 따라 만든 댐은 자연의 일부로 작용하여 부자연스러움을 낳지 않거든. 기술은 자연을 변형하고 통제하려는 시도에서 비롯되는 것이라서 인공물은 언제나 부자연스러움을 가져오지.
갑: 성냥으로 피운 난롯불은 부자연스럽고 번개로 붙은 산불은 자연스럽다고? 도대체 자연스러움과 부자연스러움의 경계선을 어떻게 그을 수 있어? 인간이 만든 것이든 동물이 만든 것이든, 자연을 변화시키고 자연과 맞서기 위해 만들어졌다면, 그것만으로 기술이 되기에 충분해. 그리고 그 만듦이 본성에 따른 것인지는 기술인가의 여부를 결정하는 데 무관해.
병: 어떤 것이 기술이라면, 그 사용에는 그 기술의 기초가 되는 원리에 대한 이해가 반드시 있어. 비버는 댐을 만드는 원리를 이해하지 못한 채 본능적으로 그렇게 행동할 뿐이야. 그리고 어떤 것의 사용에 원리에 대한 이해가 있다면, 그 사용은 반드시 부자연스러움을 낳아. 인간이 기술을 사용할 때는 원리를 이해한 만큼 자연에 개입하게 되고, 그로 인해 필연적으로 부자연스러움을 초래하게 되지.

―― 보기 ――
㉠ 갑의 주장과 을의 주장은 양립 불가능하다.
㉡ 갑의 주장과 병의 주장은 양립 불가능하다.
㉢ 을의 주장과 병의 주장은 양립 불가능하다.

① ㉠, ㉡ ② ㉠, ㉢
③ ㉡, ㉢ ④ ㉠, ㉡, ㉢

07 갑~병의 주장을 분석한 내용으로 적절한 것만을 〈보기〉에서 모두 고르면?

갑: 최근 생성형 인공 지능[AI]으로 내 사진을 특정 화풍으로 변환시켜 SNS에 올리는 것이 유행이다. 이것이 저작권 침해에 해당할까? 타인 창작물의 전부 또는 일부를 실질적으로 유사하게 포함하고 있다면 저작권 침해에 해당한다. 하지만 그림 속 배경이나 캐릭터를 완전히 따라 그린 것이 아니라 단지 특유의 분위기나 스타일만을 흉내 낸 것이라면, 그렇게 만들어진 결과물, 즉, 그림 그 자체를 저작권 침해로 보기는 어렵다. 현재 유행하고 있는 AI의 이미지 생성 기능은 특정 화풍의 특유의 분위기나 스타일만을 흉내 낸 것에 불과하다.

을: 타인의 창작에 빚지지 않은 순도 100%의 독창적인 창작물은 찾아보기 어렵다. 이에 저작권법은 구체적인 표현에 대해서만 배타적인 권리를 인정해 줄 뿐, 아이디어나 콘셉트는 공유의 영역으로 남겨 둔다. 아이디어에 배타적인 권리를 인정해 버린다면, 흔히 '신데렐라 스토리'와 같은 플롯은 재생산할 수 없다. 이를 특정 화풍이나 스타일로 바꾸어 생각해도 동일하다. 원칙적으로는 특정 만화나 애니메이션의 그림체나 미술의 화풍은 저작권법이 보호하는 구체적인 표현에 이르지 못한다.

병: 생성형 인공 지능은 대규모 데이터를 수집하여 이를 학습하고 활용하는데, 만약 학습 데이터로 사용된 이미지나 작품이 저작권법의 보호를 받는 경우라면 복제권과 전송권 침해의 문제가 발생할 수 있다. 특히 AI 모델이 특정 화풍을 구현할 수 있다는 것은 저작권이 있는 작품을 다수 학습한 결과라고 볼 수 있다. 즉 생성된 이미지가 화풍을 넘어 원작의 구체적 표현 요소를 포함할 가능성이 매우 높다.

〈 보기 〉
㉠ 갑의 주장과 을의 주장은 대립하지 않는다.
㉡ 갑의 주장과 병의 주장은 대립하지 않는다.
㉢ 을의 주장과 병의 주장은 대립하지 않는다.

① ㉠
② ㉡
③ ㉠, ㉢
④ ㉡, ㉢

08 ㉠~㉣을 고치는 방안으로 가장 적절한 것은?

> 실재론은 인식 대상이 ㉠ 객관적으로 존재한다고 주장한다. 즉 대상은 미리 외부에 있으며, 이것이 감각과 이성이라는 인간의 인식 능력을 통해 반영되는 것이다. 실재론에 의하면 ㉡ 인간의 인식 능력은 대상 세계를 정확히 반영한다. 그래서 우리가 알고 있는 지식은 대상 세계의 모습과 일치한다.
>
> 관념론은 대상이 인간의 의식을 떠나서 객관적으로 실재한다는 것을 인정하지 않는다. 대상은 그 자체로 존재하는 것이 아니라, ㉢ 인식 주관이 인식함으로써만 존재한다고 주장한다. 관념론을 대표하는 철학자 칸트에 의하면, 외부에서 들어오는 대상은 인식 주관에 의해서 모양이 갖추어지는 재료에 불과하다는 것이다. 우리는 실제 세계의 모습을 모르며, 우리가 알고 있는 세계는 인식 주관의 형식에 따라 구성된 지식의 세계일 뿐이다.
>
> 관념론에서는 인간이 ㉣ 세계가 어떻게 변화하는지 알며, 그것의 발생 원인도 알고 있다고 주장한다. 때문에 인간은 신과 같은 초월적이며 정신적인 존재에 의존할 수밖에 없게 되는 것이다. 그래서 관념론에서 세계는 신과 같은 초월적인 존재가 창조했고, 그 초월자만이 실제 세계의 모습을 안다고 할 수밖에 없다.

① ㉠: 객관적으로 존재하지 않는다고 주장한다
② ㉡: 인간의 인식 능력은 대상 세계를 정확하게 반영하지 못한다
③ ㉢: 인식 주관이 인식하지 않아도 존재한다고
④ ㉣: 세계가 어떻게 변화하는지도 모르며, 그것의 발생 원인도 알 수 없다고

09~10 다음 글을 읽고 물음에 답하시오.

　문장은 주어가 동작을 제힘으로 하는 능동문과, 주어가 다른 대상에 의해서 동작을 당하게 되는 피동문으로 나뉜다. 또한 문장은 주어가 동작을 직접 하느냐, 아니면 남에게 하도록 시키느냐에 따라 주동문과 사동문으로 나뉜다.
　능동문 "고양이가 쥐를 물었다."는 피동문 "쥐가 고양이에게 ㉠물렸다."로 쓸 수 있다. 이때 능동사의 어근에 피동 접미사 '-이-, -히-, -리-, -기-'가 붙는다. 능동문이 피동문으로 바뀔 때 능동문의 주어는 피동문의 부사어가 되고, 능동문의 목적어는 피동문의 주어가 된다. 피동문은 접미사 '-되다'나 '-어지다'가 붙어서도 만들어진다. 피동 접미사가 붙어 실현되는 피동문을 파생적 피동문, '-어지다'로 실현되는 피동문을 통사적 피동문이라고 한다.
　한편 주동문 "진희가 책을 읽는다."는 사동문 "선생님이 진희에게 책을 읽힌다."로 쓸 수 있다. 이때 주동사의 어근에 사동 접미사 '-이-, -히-, -리-, -기-, -우-, -구-, -추-'가 붙는다. 주동문이 사동문으로 바뀔 때 주동문의 주어는 사동문의 목적어나 부사어가 되고, 주동문의 목적어는 그대로 목적어가 된다. 물론, 사동문의 주어는 새로 도입된다. 또한 사동문은 접미사 '-시키다'나 '-게 하다'로도 실현된다. 사동사로 실현되는 사동문을 파생적 사동문, '-게 하다'로 실현되는 사동문을 통사적 사동문이라고 한다.

09 이 글에 대한 이해로 적절하지 않은 것은?

① 능동문의 목적어는 피동문에서 동작을 당하는 대상이 된다.
② '아기가 밥을 먹다.'에서 '밥을'은 사동문으로 바뀌어도 형태가 변하지 않는다.
③ 주동문을 사동문으로 바꿀 때에는 남에게 동작을 시키는 새로운 주어가 필요하다.
④ 파생적 피동문을 만드는 접미사로는 '-이-, -히-, -리-, -기-, -시키다'가 있다.

10 밑줄 친 표현이 ㉠과 의미가 가장 가까운 것은?

① 친구 부탁에 바둑 한 수를 물렸다.
② 그가 사나운 개에게 다리를 물렸다.
③ 세끼 꼬박 국수를 먹어서 이젠 국수에 물렸다.
④ 정부는 환경 오염을 유발하는 업체에 부과금을 물렸다.

보충 자료 ♦ 사동 표현과 피동 표현

1. 사동 표현

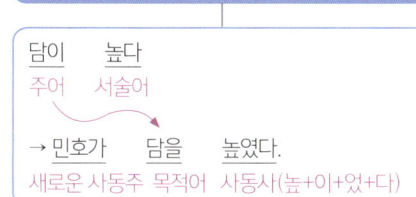
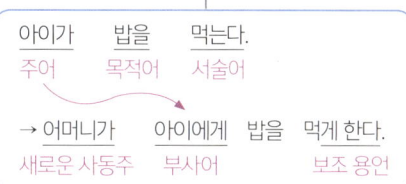

2. 피동 표현

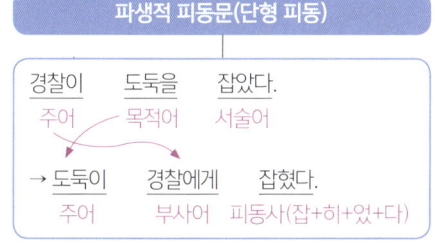

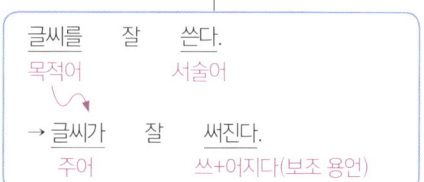

3. 사동문과 피동문의 구별: 일반적으로 목적어의 유무로 구별

사동	피동
아이들에게 신문 사설을 읽힌다.	이 책은 수많은 사람들에게 읽힌다.
친구에게 꽃을 들려 집에 보냈다.	손에 짐이 들려 문을 열 수가 없다.

공무원 국어의 독보적 기준 선재국어가 제시하는 매일 학습 전략!

WEEK 3

매일 국어 11회

01 〈보기〉를 참고하여 ㉠~㉣의 잘못된 부분을 수정한 것으로 적절하지 않은 것은?

― 보기 ―
- 중복되는 표현은 삼갈 것
- 적절한 조사나 어미를 사용할 것
- 낯선 외래어나 외국어는 우리말로 다듬을 것
- 대등한 것끼리 접속할 때는 구조가 같은 표현을 사용할 것

㉠ ○○시, 전국 최초 녹색 성장 로드 맵 마련
㉡ 서류를 대신 제출할 때는 본인의 사전 동의가 반드시 필요합니다.
㉢ 인솔자의 안내를 따르지 않음으로써 발생하는 문제는 책임지지 않습니다.
㉣ 이 행사는 기업인의 경영 의욕 고취와 사기를 북돋우기 위해 마련되었습니다.

① ㉠: 로드 맵 → 단계별 이행안
② ㉡: 반드시 필요합니다 → 필요합니다
③ ㉢: 않음으로써 → 않으므로써
④ ㉣: 경영 의욕 고취와 사기를 북돋우기 → 경영 의욕을 고취하고 사기를 북돋우기

02 다음 〈조건〉에 따라 축제 홍보 책자를 배포한다고 할 때, 반드시 책자가 배포되는 곳을 모두 고르면?

─── 조건 ───
- 부산과 여수 중 어떤 곳에도 배포하지 않으면, 전주에 배포한다.
- 전주에는 배포하지 않는다.
- 서울에 배포하지 않으면, 전주에 배포한다.
- 서울이나 부산에 배포하지만, 부산에 배포하면 서울에는 배포하지 않는다.

① 서울
② 서울, 여수
③ 여수, 부산
④ 서울, 여수, 부산

03 선재 베이커리에 대한 다음 진술이 참일 때, 반드시 참인 것은?

- ㉠ 베이글은 판다.
- ㉡ 베이글과 바게트를 팔면, 크루아상도 판다.
- ㉢ 바게트를 팔면 크루아상은 팔지 않는다.
- ㉣ 머핀을 팔지 않으면 바게트는 판다.

① 바게트를 판다.
② 크루아상을 판다.
③ 머핀을 판다.
④ 크루아상과 머핀 중 적어도 하나는 팔지 않는다.

> **보충 자료 1 ◆ 귀류법**
>
> **귀류법**이란 어떤 결론을 확립하기 위해서 그것의 부정을 가정한 후, 이로부터 모순을 이끌어 냄으로써 간접적으로 그 결론을 확립하는 추론 방법이다. 즉 부정 문장 '~X'를 증명하기 위해서 'X'를 가정한 뒤, 여기서 모순을 이끌어 낸 후 '~X'를 타당한 결론으로 판단하는 것이다.
>
> 예 다음 조건에 따를 때, 갑과 을 중 반드시 보고서를 제출하는 사람은?
>
> > ㉠ 갑이 보고서를 제출하지 않으면 을은 제출한다.
> > ㉡ 을이 보고서를 제출하면 갑도 제출한다.
>
> ➡ ㉠, ㉡으로부터 가언 삼단 논법에 의해 '~갑 → 갑'이 도출된다. 이 명제는 모순이므로 귀류법에 의해 결국 전건 [~갑]이 거짓임을 도출할 수 있다. 즉 [갑]이다. 따라서 반드시 보고서를 제출하는 사람은 '갑'이다.

04 다음 글의 서술 방식을 가장 바르게 설명한 것은?

> 한국 사람들은 세계에서 병원에 가장 자주 가고 병원에 입원하는 기간도 세계 최장이다. 그러나 한국인의 건강이 다른 나라에 비해 유달리 심각하다는 근거는 거의 찾아볼 수 없다. 특별히 많이 아픈 것도 아닌데 환자들이 왜 넘쳐 나는 것일까. 호들갑에 가까운 건강 염려증은 어디서 온 것일까. 유감스럽게도 정부 차원의 정확한 진단은 없다. 그래도 다들 짐작하는 바가 있다. 환자는 그저 돈벌이 수단으로만 취급되고, 과잉 진료가 남발되고 있는 현실을 그 원인으로 들 수 있다. 세계에서 MRI와 CT가 가장 많이 보급된 것도 이런 까닭에서이다. 환자들은 돈만 밝히는 병원과 의사를 믿지 못하기 때문에 진단과 진료를 위해 병원을 옮겨 다닌다. 결국 브랜드 파워에 따라 대형 병원으로 사람이 몰리고 있다. 그렇다면 이러한 문제를 어떻게 해결해야 하는가? 병원이 돈벌이 수단으로 전락한 상황을 바꿔야 한다. 한국의 보건 의료 체계에 공공성을 확보하는 것이 과잉 진료를 막고, 더 이상 한국 사람들이 건강 염려증에 시달리지 않게 할 유일한 대안이다.

① 구체적인 통계 수치를 주장의 근거로 제시하고 있다.
② 현상 이면의 문제와 그 해결책을 밝히고 있다.
③ 문제적 현상을 일으킨 원인들을 서로 대조하고 있다.
④ 반어적 수사를 동원하여 부정적인 현실을 비판하고 있다.

보충 자료 2 ♦ 주요 글의 전개 방식

①	대상의 범위를 규정 지어 대상이 지닌 본질적 속성을 해명하는 방법 예 인간은 생각하는 동물이다.
비교	둘 이상의 사물을 공통되는 성질이나 유사성을 중심으로 설명하는 방법 예 사과는 수박처럼 맛있다.
대조	둘 이상의 사물의 특성을 그 상대되는 성질이나 차이점을 들어 설명하는 방법 예 사과는 작고 수박은 크다.
분류	어떤 대상들이나 생각들을 공통적인 특성에 근거하여 항목으로 묶어 가는 것 예 시, 소설, 희곡, 수필은 모두 문학에 해당한다.
②	어떤 대상을, 그것을 이루고 있는 구성 요소나 부분으로 나누어 각 부분들의 관계를 설명하는 방법 예 사과의 영양소는 비타민 A, 비타민 C, 무기질, 칼륨 등으로 구성되어 있다.
③	생소한 개념이나 복잡한 주제를 보다 친숙하고 단순한 것과 비교하여 설명하는 방법 예 인생은 마라톤과 같다. 마라톤을 할 때는 초반의 스피드보다 지구력과 끈기가 필요하듯이, 우리의 삶도 장기적인 계획을 세워 이에 대비하는 것이 필요하다. * 비교는 동일 범주에 속하는 대상, 유추는 서로 다른 범주에 속하는 대상의 유사성을 통해 설명함.

05 다음 글의 전개 방식으로 가장 적절한 것은?

> 리프먼은 《유령 공중》이라는 책에서 유권자들이 공공 문제를 대하는 잠재적인 능력이 있다는 것은 그릇된 이상이라고 주장했다. 그는 사회적 문제들의 세부 사항을 잘 모르는 유권자들의 의견을 여론으로 취급하는 것은 무의미하며, 따라서 보통 사람들에게 많은 것을 기대하는 것은 부당하다고 역설했다. 그들은 사소한 요인들에 의해 이리저리 휩쓸리는 변덕스러운 존재이다. 리프먼은 '공중'의 무력과 무능함을 지적하며, "공중은 연극의 제3막 중간에 도착해 커튼이 채 내려지기도 전에 떠난다. 공중은 그 연극의 주인공과 악한이 누구인지를 겨우 알아차릴 수 있을 정도로 머무를 뿐이다."라고 말한다. 문명이 발달한 사회라면 그렇게 우연적으로 통치되어서는 안 된다는 것이다. 고전적 민주주의 이론이 가정하는 공중은 '유령'이요 '추상'이라는 것이 《유령 공중》의 주장이었다.
> 민주주의의 한계에 대한 리프먼의 신념은 1925년 봄에 일어난 '스콥스 사건'으로 인해 더욱 강해졌다. 테네시주의 교사인 존 스콥스가 주 법을 어기고 다윈의 진화론을 가르쳤다고 하여 법정에 회부된 사건으로 온 미국을 떠들썩하게 만들었다. 리프먼은 이 사건이 '다수 지배'의 한계를 노출시켰다고 보았다. 테네시주의 사람들은 다수의 힘을 사용하여 자기 아이들이 진화론을 배우지 못하게 막았을 뿐만 아니라 새로운 배움이 가능하다는 정신까지도 막아 버린 것이다.

① 서로 다른 주장의 공통점을 밝혀 둘의 연관성을 드러내고 있다.
② 비유적 진술을 활용해 대상이 지닌 장점들을 나열하고 있다.
③ 대조되는 사례를 제시해 중심 화제에 대한 쟁점을 부각하고 있다.
④ 예시와 인용의 방식으로 기존 주장에 대한 반론을 제시하고 있다.

06~07 다음 글을 읽고 물음에 답하시오.

내부 고발은 내부적 혹은 외부적 성격을 ㉠띨 수 있다. 비리를 조직 내부의 고위층에게만 보고하면 그것은 내부적 내부 고발이고, 비리를 정부 기관, 신문, 공익 단체 등의 외부 조직이나 개인 등에게 알리면 그것은 외부적 내부 고발이다.

고용인들을 비롯한 모든 사람들은 표현의 자유가 있기 때문에 모든 외부적 내부 고발은 도덕적으로 정당하다는 주장이 있다. 이를테면 고용인들이 기업에서 진행되는 일을 외부에 알릴 경우 그것은 단순히 자신의 표현의 자유를 행사한 것이므로 도덕적으로 정당하다는 주장이다. 하지만 이것은 옳지 못하다. 왜냐하면 표현의 자유를 비롯한 모든 권리는 다른 사람들이 지닌 권리와 조화를 이루어야 하기 때문이다. 특히 고용인의 표현의 자유는 고용주를 비롯한 다른 사람들의 권리에 의해 제한된다. 고용 계약을 통해 고용주는 비도덕적인 목적이 아닌 한 고용인들로 하여금 기업 비밀을 지키고 고용주의 이익을 추구하는 데 협조하도록 할 권리를 가진다. 또한 고용인의 동료들이나 주주들처럼 외부적 내부 고발 때문에 피해를 입을 수 있는 사람들도, 그다지 심각하지 않은 이유로 그런 피해를 당하지 않을 권리가 있다. 따라서 외부적 내부 고발은 즉, 내부적 내부 고발 같은 다른 수단을 통해 부당 행위를 막지 못한 경우에만, 그리고 내부 고발자가 막으려는 폐해가 다른 사람들이 겪을 피해보다 훨씬 더 심각한 경우에만 정당화될 수 있다.

06 이 글의 논지 전개 방식으로 가장 적절한 것은?

① 내부 고발의 두 가지 유형을 서로 대비하여 내부적 내부 고발의 도덕적 정당성을 옹호하고 있다.
② 필자의 생각과 상반되는 주장을 제시한 뒤 이를 반박하여 결론을 이끌어 내고 있다.
③ 외부적 내부 고발의 문제점을 다양한 범주에서 분석하여 존재 가치를 부정하고 있다.
④ 내부적 내부 고발과 외부적 내부 고발의 장단점을 논의한 뒤 그들의 장점만을 취한 새로운 대안을 제시하고 있다.

07 밑줄 친 표현이 ㉠의 의미와 가장 가까운 것은?

① 그녀는 일에 전문성을 <u>띠기</u> 위해 노력하였다.
② 엄마는 얼굴에 미소를 <u>띠고</u> 아이를 바라보았다.
③ 그가 써 준 추천서를 <u>띠고</u> 학교를 찾아갔다.
④ 붉은빛을 <u>띤</u> 장미가 아름답게 피었다.

08~09 다음 글을 읽고 물음에 답하시오.

과거에는 특별한 능력이 있는 우수한 몇몇만이 지식을 생산할 수 있는 것으로 간주되었고, 대중에 의해 생산되는 지식은 인정되지 않았다. 그러나 현대의 지식은 특정인에 의해 완성된 고정적 지식뿐 아니라, 대중의 경험을 바탕으로 생성되고 수정과 보완이 가능한 유연한 지식까지 포함한다. 이처럼 전문가뿐만 아니라 대중도 생활에서 체험한 지식을 서로 공유하면서 지식 생산에 기여하는 것을 집단 지성이라 부른다.

집단 지성은 어떠한 상황에서 등장했을까? 첫째, 대중 교육의 확산으로 신장된 대중의 지성을 신뢰함으로써 발현될 수 있었다. 대중은 집단 지성에 의해 얼마든지 현명한 판단을 내릴 수 있으며, 때로는 소수 전문가의 판단보다는 다수의 판단이 더 정확할 가능성이 높다. 둘째, 지식과 정보가 자유롭게 소통, 교류될 수 있는 기술적 지원으로 가능해졌다. 현대의 대중들은 대부분 웹의 피드백 구조를 통해 정보를 축적하고 교류한다. 이때 정보의 긍정적 측면은 수용되고, 정보의 부정적 측면은 개인이나 집단에 의해 시정되어 지식의 정확성과 공정성이 강화된다. 이는 네트워크적 협업 방식을 기반으로 한 지성이 발현되기 때문이다.

현대 사회에서는 폐쇄적 구조에서 형성된 고착화된 지식이 아니라, 개방적 구조에서 형성된 실제적이고 유용한 지식이 선호된다. 개방적 구조 속에서는 일반 대중도 집단 지성의 협업을 통해 다양한 능력을 발휘한다. 이러한 집단 협업은 개인들의 개별적 능력을 극대화한다. 이렇게 상호 협력 속에서 집단 협업을 통해 생산된 아이디어는 새롭게 진화해 나가며 혁신적인 아이디어 생태계를 구축한다. 영역을 초월한 상태에서 개인은 또 다른 잠재력을 발휘하게 되는 것이다.

진정한 집단 지성의 발현을 위해서는 참여자 모두 동등한 권력을 가지고 협업할 수 있는 구조가 형성되어야 한다. 전문가와 일반 대중이 서로를 동등한 존재로 여기고 서로의 말을 경청하고 토론할 때, 상호 존중하는 집단 지성의 기본 전제가 형성된다. 피에르 레비는 "어떤 한 사람도 모든 것을 알지는 못하며 모든 사람이 어떤 한 가지는 알고 있다."라고 말했다. 창조적이며 유용한 지식은 자유롭고 동등하게 참여하는 지식 생산의 협업 과정에 의해 실현될 것이다.

08 이 글의 서술상의 특징으로 옳지 않은 것은?

① 특정 현상의 발생 원인을 분석하여 제시하고 있다.
② 특정 현상이 수반하는 순기능과 역기능을 서술하고 있다.
③ 대비의 방식으로 대상의 특징이 지닌 가치를 부각하고 있다.
④ 특정 현상의 발현 조건을 사회 구조적 측면에서 설명하고 있다.

09 이 글에 대한 이해로 적절하지 않은 것은?

① 혁신적 아이디어 생태계의 구축으로 대중의 지성을 신뢰할 수 있는 토대가 마련되었다.
② 자유롭고 동등한 소통 구조와 상호 존중의 문화는 집단 지성 발현의 전제 조건이다.
③ 대중 교육의 확산과 정보 통신 인프라의 확충은 집단 지성 출현의 밑바탕이 되었다.
④ 현대의 지식 생산자와 생성된 지식의 범위는 과거에 비해 확장되었다.

10 다음 글에 대한 이해로 적절한 것은?

> 우리말에는 서로 유의 관계를 이루는 단어들, 즉 유의어가 풍부하게 발달되어 있다. 유의어는 말소리는 다르지만 의미가 서로 비슷한 단어들을 말한다. 유의 관계는 '생각 – 의향 – 심경 – 사고' 등 두 개 이상의 단어들이 무리를 이루고 있는 경우가 많다. '나를 만날 생각이 있으면 연락을 주세요.'라는 문장에서 '생각'을 '의향'으로 바꾸어 쓸 수 있으나, 그 외의 단어들은 적절하지 않다. 이처럼 유의 관계에 있는 단어들은 그 의미가 비슷하나 똑같지는 않으므로, 어느 경우에나 바꾸어 쓸 수 있는 것은 아니다.
>
> 한편, 둘 이상의 단어가 서로 짝을 이루어 의미가 대립할 때, 이들을 서로 반의 관계에 있다고 한다. 그리고 이러한 관계에 있는 단어들을 반의어라고 한다. 반의 관계에 있는 두 단어는 오직 하나의 의미 요소만 다르고, 나머지 의미 요소는 공통된다. 예를 들어, '남자 : 여자', '오다 : 가다'와 같은 반의어 쌍은 다른 요소는 모두 같으면서 오직 '성별', '이동 방향'이라는 점에서 대립한다. 반의어 중에는 '벗다 : 입다', '벗다 : 쓰다', '벗다 : 신다'와 같이 한 단어에 여러 개의 단어들이 대립하는 경우도 있다.
>
> 또한 한쪽이 의미상 다른 쪽을 포함하거나 다른 쪽에 포함되는 의미 관계를 상하 관계라고 한다. 이때 포함하는 단어가 상의어, 포함되는 단어가 하의어인데, 그 관계는 상대적이다. 예를 들어 '연예인'은 '직업'의 하의어이지만, '배우'의 상의어이기도 하다. 상하 관계를 형성하는 단어들은 상의어일수록 일반적이고 포괄적인 의미를, 하의어일수록 개별적이고 한정적인 의미를 지닌다.

① 의미상 다른 쪽에 포함되는 단어는 일반적이고 포괄적인 의미를 가지고 있다.
② '열다 : 닫다', '벗다 : 입다'와 같이 하나의 단어에는 오직 하나의 단어만이 대립한다.
③ '얼굴'과 '낯'은 말소리는 다르지만 의미가 비슷하므로 모든 문장에서 바꾸어 쓸 수 있다.
④ '낮다'와 '높다'는 오직 하나의 의미 요소에서만 차이를 보인다.

매일 국어 12회

01 다음 보도 자료의 ㉠~㉣을 수정한 것으로 적절하지 않은 것은?

> **승차권 취소 수수료 기준 개편…고속버스 이용 효율성 높인다**
>
> 　정부가 고속버스 이용 효율성을 높이기 위해 고속버스 승차권 취소 수수료 ㉠<u>기준이 개편된다</u>. 현재 고속버스는 이용객이 많은 금요일이나 휴일에도 승차율이 낮은 평일과 동일한 수수료를 부과하여 출발 직전·직후 잦은 취소에 따른 노쇼(No-show) 문제가 발생하고 있다. 이로 인해 취소표가 발생해도, ㉡<u>모바일 예매가 익숙하지 않아 확인하기</u> 어려운 고령자의 발권 기회가 침해되고 있다.
> 　국토 교통부는 이러한 문제가 지속적으로 제기되는 상황을 고려하여 승차권 확보 편의와 버스의 수송 효율성을 높이기 위해 취소 수수료 ㉢<u>개편 프로젝트를</u> 진행하였다.
> 　○○○ 실장은 "이번 개편은 고속버스를 다 같이 효율적으로 이용하자는 취지이나 이용객의 부담이 증가할 우려도 있으므로, ㉣<u>고속버스업계의 예매 체계 개선과 이용객들은 취소 수수료를 확인할 것을</u> 당부한다."라고 말하였다.

① ㉠은 능동과 피동의 관계가 명확하도록 '기준을 개편한다'로 수정한다.
② ㉡은 생략된 성분이 없도록 '모바일 예매가 익숙하지 않아 이를 확인하기'로 수정한다.
③ ㉢은 외래어를 우리말로 바꾸어 '개편 사업을'로 수정한다.
④ ㉣은 대등한 구조를 보이도록 '고속버스업계는 예매 체계를 개선하고 이용객들의 취소 수수료 확인을'로 수정한다.

02 다음 중 옳은 진술은?

① 행복한 결혼 생활은 장수에 필요한 조건이다. 따라서 장수는 행복한 결혼 생활의 충분조건이다.
② 계약은 서면으로 작성된 경우에만 법적 효력이 발생한다. 따라서 법적 효력이 발생하지 않았다면 서면 계약을 하지 않은 것이다.
③ 세금이 늘어난다고 해서 반드시 복지가 향상되는 것은 아니다. 따라서 세금 증가는 복지 향상의 충분조건이다.
④ 증인이 법정에 출석하지 않으면 피고인은 유죄가 된다. 따라서 증인이 법정에 출석하지 않는 것은 피고인이 유죄가 되기 위한 필요조건이다.

03 ㉠~㉢에 대해 잘못 평가한 것은?

> ㉠ 다른 사람의 권리를 침해하면, 그것은 규제의 대상이 된다.
> ㉡ 법의 처벌을 받지 않는 행동이라면, 규제의 대상이 될 수 없다.
> ㉢ 법의 처벌을 받지 않는 행동이라면, 타인의 권리를 침해하지 않은 것이다.

① 타인의 권리를 침해하는 것은 규제의 대상이 되는 충분조건이다.
② 규제의 대상이 되는 행동을 한다면 법의 처벌을 받는다.
③ 오직 타인의 권리를 침해한 행동만이 법의 처벌을 받는다.
④ 다른 사람의 권리를 침해한다면 법의 처벌을 받는다.

04 다음 글에서 추론한 내용으로 적절하지 않은 것은?

> 우리 뇌는 무서웠던, 괴로웠던 사건을 그때의 상황(소리, 냄새, 장소 등)과 함께 기억한다. 기억은 무의식적으로 이루어지지만, 그때 느낀 감정이 클수록 강한 기억이 되어 뇌에 새겨진다. 그리고 즐거운 감정보다 생명의 위협을 느낀 일 같은 두려운 사건이 기억에 더 강하게 남는다. '트라우마(심리적 외상)'는 재해와 범죄 등으로 목숨이 위협받은 강한 충격을 준 체험을 가리킨다.
>
> 그러나 기억된 트라우마가 계속 그 상태로 있는 것은 아니다. 우리가 기억을 떠올리려고 할 때, 일시적으로 그 기억이 불안정한 상태가 된다. 이것은 우리가 사건을 기억할 때 뇌에서 신경 세포끼리 정보를 주고받는 '시냅스'라는 부분의 구조와 기능이 변하기 때문이다. 불안정한 상태가 되면 기억이 사라지거나 새로운 정보가 더해져 트라우마를 극복할 수 있다. 이 작용을 이용해 뇌에서는 기억이 재편·갱신된다. 그러나 불안정한 기억에 특정 단백질이 작용하면, 다시 시냅스에서 변화가 생겨 트라우마가 더 강하게 기억되는 기억의 '재고정화'가 일어날 수 있다. 트라우마는 때로 일상생활을 위협하기 때문에 트라우마를 치료하기 위해 기억이 불안정할 때 재고정화를 막는 약이 개발되고 있다.

① 기억이 불안정한 상태가 된다고 해서 트라우마가 반드시 극복되는 것은 아니다.
② 무서웠던 기억과 달리 즐거웠던 기억은 강한 기억으로 남을 수 없다.
③ 시냅스의 구조와 기능이 변하면 인간은 특정 사건을 기억할 수 있다.
④ 집에 불이 난 경험과 길을 걷다가 강도에게 위협당한 경험은 모두 트라우마가 될 수 있다.

05~06 다음 글을 읽고 물음에 답하시오.

자신만의 세상에서 벗어나서 타인의 마음을 ㉠유추하는 능력을 마음 이론이라고 한다. 타인의 마음을 알아채는 능력이 없으면 원만한 사회생활을 할 수 없다. 만약 타인의 마음을 어느 정도 읽어 내는 능력이 전혀 없다면 협력하지 않는 사람으로 찍히고 말 것이기 때문이다. 한 가지 안타까운 사실은 사회 공포증, 즉 사회적 상황에서 지나친 불안과 두려움을 겪는 사람들의 경우 이러한 마음 읽기 능력이 떨어진다는 것이다. 또 사회적 상황에 대한 불안은 사람들로 하여금 자기중심적인 시각을 유지하게 한다.

사회 공포증은 그 상황이 ㉡내재하고 있는 불확실성에 의해 발생한다. 사회 공포증이 있으면 사회적 상황에서의 불확실성을 더 크게 ㉢지각하게 된다. 따라서 불확실성을 극복하기 위해 알 수 없는 타인의 경험보다는 자신이 확실히 알고 있는 자신의 경험에 더 큰 가중치를 두고 주변 사람들을 바라보게 된다. 이렇게 사회 공포증이 있는 사람들은 불확실성을 ㉣회피하기 위해 자기중심적인 시각을 유지하게 된다. 하지만 사회적 상황에서의 불확실성은 애초에 나의 노력 여하에 따라 줄일 수 있는 것이 아니므로 어렵더라도 계속해서 타인을 이해하려는 노력을 지속해야 한다.

05 이 글에서 추론한 내용으로 적절하지 않은 것은?

① 사회 공포증이 있는 사람들은 원만한 사회생활이 어렵다.
② 사회적 상황의 불확실성은 사회 공포증의 원인이자 결과로 작용한다.
③ 사회 공포증이 있는 사람은 타인보다 자신의 경험이 확실하다고 여긴다.
④ 사회 공포증은 사회적 상황에서의 불확실성을 더 크게 자각하게 되는 데 필수적인 조건이다.

06 ㉠~㉣과 바꾸어 쓸 수 있는 유사한 표현으로 적절하지 않은 것은?

① ㉠: 헤아리는
② ㉡: 담고
③ ㉢: 깨닫게
④ ㉣: 이겨 내기

07 다음 글에서 추론한 내용으로 적절하지 않은 것은?

분노를 표현하는 방식은 분노 조절, 분노 표출, 분노 억제 세 가지로 구분될 수 있다. 분노 조절은 자신의 분노 상태를 지각함으로써 분노 감정을 조절하고 이를 적절한 방식으로 표현하는 것으로, 분노 상황에서 언어적으로 명확하게 자신의 의견과 상태를 설명하면서 상대방을 대하려고 노력하는 행동을 의미한다. 분노 표출은 분노를 타인이나 어떤 대상에게 직접적으로 드러내는 것으로, 신체적 행위나 비난, 욕설, 언어적 폭력, 극단적 모욕의 방식으로 분노를 표현하는 것뿐만 아니라 자신의 발을 구르거나 화난 표정을 짓는 등의 비공격적인 행동까지 포함된다. 마지막으로 분노 억제는 경험하는 분노 감정을 억제하거나 그 방향을 내부로 돌리는 것으로, 분노의 원인을 제공한 상대방을 피하거나 화를 내색하지 않고 혼자 투덜거리거나 화를 참고 일부러 괜찮다는 식으로 말하는 등의 행동을 포함한다.

분노 표출과 달리 분노 억제는 당장의 공격 행동이 나타나지 않아 문제가 될 것 같지 않지만 반복될 경우 분노 수준의 증가로 이어지기 때문에 이 또한 바람직하지 못한 방식이 될 수 있다. 분노 조절, 분노 표출, 분노 억제의 구분에서 분노 조절은 화가 난 상태를 자각하고 화를 진정시키기 위한 다양한 건설적 책략들을 구사하는 것으로 순기능적인 분노 표현으로 분류되는 반면, 지나친 공격 표출 및 감정의 억압과 관련된 분노 표출과 분노 억제는 역기능적 분노 표현으로 분류되고 있다. 이러한 역기능적 분노 표현이 자주 사용되면 소화계 질환 및 심장 혈관계 질환을 경험할 수 있다. 따라서 분노를 보다 조절된 형태로 적절하게 표현하도록 돕는 것이 필요하다.

① 순기능적 분노 표현과 역기능적 분노 표현은 모두 언어적 형태로 표현될 수 있다.
② 분노 조절, 분노 표출, 분노 억제 중 가장 바람직한 분노 표현 방식은 분노 조절이다.
③ 분노 억제와 달리 분노 조절은 분노 감정의 주체가 분노의 대상에게 감정을 드러낸다.
④ 역기능적 분노 표현을 줄이면 소화계 질환 및 심장 혈관계 질환이 발생하지 않는다.

08~09 다음 글을 읽고 물음에 답하시오.

사이코패스 살인마들은 모두 억제, 사회적 행동, 윤리, 도덕성 등에 관여하는 전측두엽 영역의 기능이 현저히 떨어진다는 것을 발견한 제임스 팰런은 자신의 뇌 프로필이 사이코패스 범죄자와 일치한다는 사실을 깨닫는다. 그 뒤 ㉠그는 자기 조상 중에서 살인마가 여럿 있었음을 알게 되어 자신에게 공격적 행동과 연관되는 변이 유전자인 전사 유전자가 있음을 밝혀낸다. 그는 사이코패스 범죄자가 되기에 충분한 요건을 갖추고 있었던 셈이다.

그러나 팰런은 타인에게 상해를 입히거나 그러고 싶은 충동을 느끼지 않았으며, 직업적으로도 성공한 "지극히 정상적인 사내"였다. 의문을 가진 ㉡그는 청소년 사이코패스 범죄자들을 조사한 결과, 그들이 어린 시절 내내 심각한 학대를 받았다는 연구 결과를 토대로 성인 사이코패스 범죄자가 생애 초기부터 학대받았을 것이라고 추론했다. 유전적 결정론을 신봉했던 팰런은 결국 성장 환경이 ㉢그를 만드는 주요한 요인 중 하나라는 것을 인정한다. 이를 바탕으로 ㉣그는 사이코패스에 관한 '세 다리 의자 이론'을 세운다. 전측두엽의 유별난 저기능, 전사 유전자로 대표되는 고위험 변이 유전자 여러 개, 어린 시절 초기의 감정적·신체적·성적 학대라는 세 다리가 모두 갖추어질 때 사이코패스 범죄자가 탄생한다는 것이다.

08 이 글의 내용이 참일 때, 추론한 내용으로 적절하지 않은 것은?

① 팰런은 어린 시절 학대를 받은 경험이 없었을 것이다.
② 전측두엽의 기능상 문제는 사이코패스 살인마가 되기 위한 필요조건이다.
③ 유전보다는 어린 시절의 성장 환경이 사이코패스 범죄자가 탄생하는 데 중대한 영향을 미친다.
④ 전사 유전자는 사이코패스 범죄자가 탄생하기 위한 충분조건이 아니다.

09 ㉠~㉣ 중 지시하는 바가 다른 하나는?

① ㉠
② ㉡
③ ㉢
④ ㉣

10 다음 글에 대한 이해로 적절하지 않은 것은?

〈한글 맞춤법〉 제30항은 사이시옷을 받쳐 적는 조건을 규정하고 있다. 사이시옷을 받쳐 적으려면 아래와 같은 조건을 만족시켜야 한다.

첫째, 사이시옷은 합성어에서 나타나는 현상이므로 합성어가 아닌 단일어나 파생어에서는 사이시옷이 나타나지 않는다. 예를 들어 '해님'은 명사 '해'에 접미사 '-님'이 결합한 파생어이므로 '햇님'이 아닌 '해님'이 된다. 이와는 달리 합성어 '햇빛'에는 사이시옷이 들어간다.

둘째, 합성어이면서 다음과 같은 음운론적 현상이 나타나야 한다. '바다+가 → [바다까] → 바닷가'와 같이 뒷말의 첫소리가 된소리로 나거나, '코+날 → [콘날] → 콧날'과 같이 뒷말의 첫소리 'ㄴ, ㅁ' 앞에서 'ㄴ' 소리가 덧나거나, 마지막으로 '예사+일 → [예ː산닐] → 예삿일'과 같이 뒷말의 첫소리 모음 앞에서 'ㄴㄴ' 소리가 덧나는 경우이다. 예를 들어 '위'는 '길, 물'과 결합할 때는 사이시옷이 들어가서 '윗길, 윗물'이 되지만 '턱, 쪽'과 결합할 때는 '위턱, 위쪽'으로 쓴다. 뒷말의 첫소리가 된소리로 나거나 'ㄴ' 소리가 덧나는 경우가 아니기 때문이다.

셋째, 이 두 가지 요건과 더불어 합성어를 이루는 구성 요소 중에서 적어도 하나는 고유어이어야 하고 구성 요소 중에 외래어도 없어야 한다는 조건이 덧붙는다. 예를 들어 '개수(個數)', '초점(焦點)', '기차간(汽車間)', '전세방(傳貰房)'은 '갯수', '촛점', '기찻간', '전셋방'으로 잘못 쓰는 일이 많지만 여기에는 고유어가 들어 있지 않으므로 사이시옷이 들어가지 않는다. 또한 '오렌지빛, 피자집'과 같은 경우에는 '오렌지', '피자'라는 외래어가 들어 있기 때문에 사이시옷을 쓰지 않는다.

① '나랏님'과 '나랏일'은 모두 사이시옷을 받쳐 적는 예에 해당한다.
② '위'와 '윗'의 표기는 결합하는 뒷말의 첫소리에 따라 정해진다.
③ 합성어를 구성하는 요소에 고유어가 없다면 사이시옷을 받쳐 적지 않는다.
④ '전세(傳貰)+집'은 뒷말의 첫소리가 된소리로 나므로 '전셋집'으로 적는다.

보충 자료 ♦ 사이시옷 쉽게 정리하기

1. **사이시옷 표기의 원리**
   사잇소리가 나는 단어들 중에서 다음의 조건을 만족할 때 사이시옷을 표기한다.
   - 명사 + 명사일 것(합성어)
   - 앞 명사는 모음으로 끝나고 뒤의 명사는 예사소리일 것
   - 앞뒤 명사 중 최소한 하나는 순우리말일 것

2. **주의해야 할 사이시옷 표기**
   - 사잇소리가 나지 않는 단어는 사이시옷을 표기하지 않는다.
     예) 머리글, 머리말, 반대말, 예사말, 인사말, 농사일 등
   - 합성어가 아닌 말은 표기하지 않는다.
     예) 햇님(×) → _____① , 나랏님(×) → _____②
   - 뒷말이 예사소리가 아닌 된소리나 거센소리로 시작될 때는 표기하지 않는다.
     예) 뒷뜰(×) → _____③ , 윗층(×) → _____④
   - 한자어와 한자어 사이일 때는 표기하지 않는다.
     예) 갯수(個數)(×) → _____⑤ , 백짓장(白紙張)(×) → _____⑥ , 촛점(焦點)(×) → _____⑦

매일 국어 13회

01 다음은 공문서의 일부이다. ㉠~㉣을 고쳐 쓰기 위한 의견이 옳지 않은 것은?

> ㉠ 빙판길을 걸을 때에는 응달진 곳 우회 및 보폭과 속도를 줄여야 합니다.
> ㉡ ○○부는 베트남 진출 국내 기업 50여 개를 대상으로 기업 설명회를 개최하였다.
> ㉢ ○○부는 지자체 간 서열화와 과도한 경쟁을 지양하기 위하여 평가 방식을 개편하였다.
> ㉣ 고속 도로에서는 자동차의 주행 속도가 빠르고 감속이 어렵기 때문에 일반 교통사고보다 치사율이 높게 나타나는 것으로 보여집니다.

① ㉠: 병렬 관계를 고려하여 '응달진 곳 우회 및 보폭과 속도를 줄여야 합니다'를 '응달진 곳을 우회하고 보폭과 속도를 줄여야 합니다'로 고친다.
② ㉡: 적절한 조사와 어미를 사용하여 '베트남 진출 국내 기업 50여 개를'을 '베트남에 진출한 국내 기업 50여 개를'로 고친다.
③ ㉢: 단어의 쓰임이 잘못되었으므로 '지양하기'는 '지향하기'로 고친다.
④ ㉣: 과도한 피동 표현이므로 '보여집니다'는 '보입니다'로 고친다.

02 ㉮와 ㉯를 전제로 결론을 이끌어 낼 때, 빈칸에 들어갈 말로 가장 적절한 것은?

> ㉮ 잠이 많은 어떤 동물은 힘이 세다.
> ㉯ 달리기가 빠른 동물은 모두 잠이 많지 않다.
> 따라서 ☐☐☐☐☐☐☐☐☐☐☐☐☐☐.

① 달리기가 빠른 어떤 동물은 힘이 세다
② 힘이 센 어떤 동물은 달리기가 빠르지 않다
③ 달리기가 빠르지 않은 동물은 모두 잠이 많다
④ 달리기가 빠른 동물은 모두 힘이 세지 않다

03 ㉠~㉢을 전제로 할 때, 빈칸에 들어갈 결론으로 가장 적절한 것은?

㉠ 지혜롭지 않은 사람은 모두 늦잠을 잔다.
㉡ 성실한 사람 중에 늦잠을 자지 않는 사람이 있다.
㉢ 지혜로운 사람은 모두 마음이 여유롭다.
따라서 _____.

① 지혜로운 사람은 모두 성실하다
② 성실한 어떤 사람은 마음이 여유롭다
③ 늦잠을 자는 사람은 모두 마음이 여유롭지 않다
④ 늦잠을 자는 어떤 사람은 성실하지 않다

보충 자료 ♦ 술어 논리: 보편 주장과 존재 주장의 기호화

1. 다양한 형태의 보편 일반화(보편 주장)를 기호화하기

문장	기호화	수험적 기호화
S는 모두 P이다.	(∀) Sx → Px	국어를 좋아하는 사람은 모두 영어를 좋아한다. 예 ①
S는 모두 P가 아니다.	(∀) Sx → ~Px	국어를 좋아하는 사람은 모두 영어를 좋아하지 않는다. 예 ②

2. 다양한 형태의 존재 일반화(존재 주장)를 기호화하기

문장	기호화	수험적 기호화
• 어떤 S는 P이다. • S이면서 P인 것이 있다.	(∃) Sx ∧ Px	철수는 국어를 좋아하고 영어도 좋아한다. 예 ①
S이면서 P가 아닌 것도 있다.	(∃) Sx ∧ ~Px	국어를 잘하면서 영어는 못하는 사람이 있다. 예 ②

04~05 다음 글을 읽고 물음에 답하시오.

　루소에 따르면 인간은 원천적으로 '약한 존재'다. 인간은 유한하고 이 유한함이 인간을 약한 존재이게 하는 이유다. 그런데 유한한 인간은 자신의 약함 때문에 서로 이해하고 동정하며, 약자의 처지가 바로 나의 처지인 듯 그에 대한 연민과 공감의 정서를 발동할 줄 안다. 약함이라는 인간의 공통 조건으로부터 연민과 동정의 정서가 솟아난다.
　그런데 이런 이해와 동정의 능력을 마비당한 사람들이 있다. 부자와 권력자가 바로 그런 사람들이라고 루소는 주저 없이 말한다. 부자는 자기가 빈털터리 가난뱅이가 될 수 있다는 가능성을 상상하지 않고 상상하지 못한다. 권력자는 자신이 약자의 처지로 굴러떨어질 수 있다는 가능성을 상상하지 않고 상상하지 못한다. 그들의 상상력은 막혀 있고 마비되어 있다. 상상력의 이런 마비 때문에 대부분의 부자와 권력자들은 가난한 자들과 약자에 대한 이해나 동정의 능력을 발휘할 수가 없다. 그런 마비를 막자면 인간을 어떻게 키워야 할까?
　루소의 연민의 정서는 '타자를 이해하는 상상력'에 의해 자극되고 안내될 때에만 가장 잘 발휘된다. 이런 상상력을 ⊙키우고 훈련하는 데 가장 효과적인 것은 서사와 시를 포함한 광의의 문학 교육, 그리고 여러 분야의 창조적 표현을 이해할 수 있게 하는 예술 교육이다. 특히 문학 교육, 문학 읽기와 즐기기의 경험은 너무도 중요하다. 연민이나 동감 같은 도덕적 감정을 자극하고 공감의 능력을 심화시키는 문학 교육은 그 자체로 최고의 인성 교육이다. 초·중등 교육과 고등 교육의 전 과정을 통해 문학 교육이 중요한 이유다.

04 이 글의 중심 내용으로 가장 적절한 것은?

① 인간답게 살기 위해서는 타인에 대한 연민과 공감을 가져야 한다.
② 공감과 연민의 상상력을 키우기 위해서는 문학 교육이 중요하다.
③ 인간은 약한 존재이므로 서로 이해하며 공감과 연민의 정서를 가진다.
④ 상상력이 마비되지 않으려면 문학 교육과 예술 교육을 받아야 한다.

05 문맥상 밑줄 친 부분이 ⊙과 의미가 가장 가까운 것은?

① 그는 꽃을 <u>키워서</u> 화단을 꾸몄다.
② 음악 소리를 <u>키우고</u> 노래를 들었다.
③ 그녀는 다른 사람의 고통을 이해하는 능력을 <u>키우게</u> 되었다.
④ 그 부부는 어린아이들을 <u>키우느라</u> 밤낮없이 바빴다.

06 글쓴이가 궁극적으로 주장하는 바로 가장 적절한 것은?

> 법이 궁극적으로 추구하는 것이 무엇인가? 법적 판결을 통해 모든 국민들의 권리를 보호하고, 사회적 갈등을 조정하고, 정의로운 사회를 구현하는 것이 그 목적이다. 이를 위해서는 무엇보다도 사안과 관련된 사람들이 법의 내용을 사전에 인식하고 법의 준수를 위해 노력하며, 사후에 법적 판결을 이해하고 그 정당성을 수용할 수 있어야 한다. 예전에 전문 분야의 대명사였던 의학이, 오늘날 환자에게 병에 대한 친절한 소개가 치유의 첫걸음이자 의료 서비스의 기본임을 인식하고 의료 커뮤니케이션 등에 관심을 돌리고 있는 점을 주목할 필요가 있다. 모든 백성들이 법을 이해하면 억울한 경우가 줄어들 것이라고 생각하여 세종 대왕이 한글을 창제한 것은, 국민들의 정확한 법 이해가 건강한 사회 유지와 관련되어 있음을 말해 준다. 일반 시민으로 구성된 배심원도 이해할 수 있는 언어로 변론을 펼쳐야 하는 배심원 제도를 생각하면, 법조인들에게는 정당한 판단뿐만 아니라 청중이, 배심원이, 국민이 이해할 수 있는, 설득력 있는 논변 능력이 요구되는 시대가 되었다. 이와 같은 설득과 논변의 법정 모습은 외국의 법학 대학원에서 의사소통, 수사학, 논증 이론 관련 교과목들이 졸업 마지막 과정을 구성하고 있다는 점에서도 잘 드러난다.

① 법을 통해 국민의 권리를 보호하고 정의로운 사회를 구현해야 한다.
② 외국의 사례를 참고해 우리나라 법조인 양성 시스템을 개선해야 한다.
③ 법적 판결의 정당성을 수용하기 위해 국민은 법의 전문적인 용어를 이해해야 한다.
④ 법의 궁극적 목적 달성을 위해 법조인은 국민 전반을 설득할 수 있는 논변 능력을 갖추어야 한다.

07 다음 글의 중심 내용으로 가장 적절한 것은?

　　체험 사업은 생산자에게는 홍보와 돈벌이 수단이 되고, 소비자에게는 교육의 연장이자 주말 나들이거리가 된다. 그러나 이때의 현실은 체험하는 사람의 필요와 여건에 맞추어 미리 짜 놓은 현실, 치밀하게 계산된 현실이다. 다른 말로 하면 가상 현실이다. 아이들의 상황을 고려해서 눈앞에 보일 만한 것, 손에 닿을 만한 것, 짧은 시간에 마칠 수 있는 것을 잘 계산해서 마련해 놓은 맞춤형 가상 현실인 것이다.
　여기서 주목해야 할 것은 경험과 체험의 차이이다. 경험은 타자와의 만남이다. 반면 체험 속에서 인간은 언제나 자기 자신만을 볼 뿐이다. 타자들로 가득한 현실을 경험함으로써 인간은 스스로 변화하는 동시에 현실을 변화시킬 동력을 얻는다. 이와 달리 가상 현실에서는 그것을 체험하고 있는 자신을 재확인하는 것으로 귀결되기 마련이다. 경험 대신 체험을 제공하는 가상 현실은 실제와 가상의 경계를 모호하게 할 뿐만 아니라 우리를 현실에 순응하도록 이끈다. 요즘 미래 기술로 각광받는 디지털 가상 현실[VR] 기술은 경험을 체험으로 대체하려는 오랜 시도의 결정판이다. 버튼 하나만 누르면 3차원으로 재현된 세계가 바로 앞에 펼쳐진다. 정교한 계산으로 구현한 가상 현실은 우리에게 필요한 모든 것을 눈앞에서 체험할 수 있는 본격 체험 사회를 예고하는 것만 같다.

① 디지털 가상 현실 기술의 정교함
② 수요자 중심의 맞춤형 가상 현실의 효용
③ 경험을 체험으로 대체하는 현상에 대한 우려
④ 현실을 변화시키는 동력을 제공하는 체험의 가치

08~09 다음 글을 읽고 물음에 답하시오.

　20세기 후반 푸코는 권력은 ㉠사람과 사람과의 관계가 아니라 소유물이라고 주장하였다. 다시 말해서 사람과 사람 사이의 관계는 대부분 권력과 연관되어 있다는 것이다. 따라서 사람이 모인 사회는 지배, 피지배의 이분법적 관계로 나뉘는 것이 아니라 마치 그물코처럼 무수한 복수의 권력으로 뒤덮여 있다.
　그런데 사람들 사이의 관계 속에서 서로 간에 미치는 힘은 ㉡언제나 균형을 이룬다. 그 비대칭의 불균형한 힘의 관계가 곧 '권력 관계'이다. 권력은 소유라기보다는 행사되는 것이고, 점유가 아니라 사람들을 배치하고 조작하는 기술과 기능에 의해 효과가 발생되는 것이다.
　이러한 '권력'은 ㉢'지식'과 그다지 관련이 없다. 인간의 육체에 직접적인 강제를 가하는 왕조 시대의 권력으로부터 사회 전체에 널리 퍼져 교묘하게 사람들을 감시하는 근대적 규율 관계로 넘어올 수 있었던 것은 바로 지식 덕분이었다. ㉣과거의 권력은 물리적 폭력에 가까웠다. 그러나 근대 이후의 권력은 이와 다르다. 무력으로 권력을 얻었다 하더라도 권력자는 자신의 권력을 유지하기 위해 주변에 온갖 학자들을 불러 모은다. 논리적으로 설득하지 못하는 물리적 폭력은 상대방의 진정한 복종을 얻기는 어렵기 때문이다.
　권력과 관계있는 지식의 가치 판단 기준은 '진실'이다. 그런데 '진실'은 과연 진실일까? 지식은 자율적인 지적 구조라기보다는 사회 통제 체계와 연결되어 있다. 그것은 언제나 권력과 욕망에 물들어 있다. 그러므로 우리는 이러한 상관관계를 제대로 이해할 수 있는 안목을 길러야 할 것이다.

08 이 글의 제목으로 가장 적절한 것은?

① 권력과 지식은 얼마나 밀접하게 관련되어 있는가
② 권력이 사회에 미치는 영향은 무엇인가
③ 권력의 가치는 무엇으로 판단하는가
④ 지식은 권력에서 탈피할 수 없는가

09 ㉠~㉣의 어색한 부분을 옳게 수정하지 않은 것은?

① ㉠: 소유물이 아니라 사람과 사람과의 관계라고
② ㉡: 언제나 불균형을 이룬다
③ ㉢: '지식'과 불가분의 관계를 맺고 있다
④ ㉣: 과거의 권력은 물리적 폭력과 멀었다

10 다음 중 ㉠에 해당하는 사례로 가장 적절한 것은?

> 국어는 대체로 문장 성분의 생략이 자유롭다. 문맥 호응상 아무 문제가 없다면 문장 성분의 생략은 국어 문장 구조의 간결성과 함축성 등에 기여하는 긍정적 효과가 있다. 그런데 문장을 구성하는 필수적 문장 성분을 생략하면 문장이 성립되지 않는다. 예를 들어, '○○시에는 많은 비와 산사태 피해가 발생하였다.'는 '많은 비'와 호응하는 서술어가 없어 어색한 문장이다. 이러한 문장에는 '○○시에는 많은 비가 내려 산사태 피해가 발생하였다.'와 같이 적절한 서술어를 넣어 주술 호응을 맞춰 주어야 한다. 이처럼 문장 성분 간에 호응을 어긋나게 하면 성분 생략이 아닌 ㉠성분 실종이 되어 비문(非文)이 되므로 성분 생략과 성분 실종은 구별해야 한다.

① 재난 안전 관리 본부장은 현장 관계자에게 호우에 취약한 건설 현장은 장마가 오기 전에 완료할 것을 당부하였다.
② ○○ 은행은 제도 개선과 관리·감독 체계를 지속적으로 개선하여 국민이 안심하고 이용할 수 있는 금융 기관으로 자리매김하겠다고 밝혔다.
③ '서울 저작권 포럼'은 저작권 분야 대표 국제 포럼으로써, 생성형 인공 지능으로 촉발된 저작권법과 제도의 현안을 다룬다.
④ 시행령 개정을 통해 직원에 대한 관리·감독 체계가 한층 강화되어질 것으로 기대된다.

매일 국어 14회

01 〈보도 자료〉의 ㉠~㉣을 수정한 것으로 적절하지 않은 것은?

/ 보도 자료 /

지역 관광 개발을 위한 실무자 역량 강화

○○○부는 지역 관광 개발 사업의 성과를 높이고 실무자 역량을 강화하기 위해 ㉠ <u>광역 및 기초 지방 자치 단체 담당 공무원을 대상으로 개최한다.</u>

이번 연수회는 지역 관광 개발 사업의 추진 방법, 성과 관리 등 실무 역량을 강화하는 데에 ㉡ <u>초점을 두고</u> 진행된다. 또한, 지자체 간 관광 개발 사업을 추진하며 문제를 해결한 ㉢ <u>우수 사례의 공유와 현장 중심의 정보를 교류한다.</u>

○○○ 정책관은 담당 공무원들이 이번 연수회를 통해 역량을 강화하길 바란다며, "○○○부는 이러한 자리를 정기적으로 마련해 지역 관광 개발의 애로 사항을 해소하고 정보를 교류하는 장으로 ㉣ <u>발전할 계획이다.</u>"라고 밝혔다.

① ㉠: 생략된 문장 성분을 추가하여 '광역 및 기초 지방 자치 단체 담당 공무원을 대상으로 연수회를 개최한다'로 수정한다.
② ㉡: 어문 규범에 맞게 '촛점을 두고'로 수정한다.
③ ㉢: 구조가 같은 표현을 사용하여 '우수 사례를 공유하고 현장 중심의 정보를 교류한다'로 수정한다.
④ ㉣: 사동 표현인 '발전시킬 계획이다'로 수정한다.

02 ㉮와 ㉯를 전제로 결론을 이끌어 낼 때, 빈칸에 들어갈 말로 가장 적절한 것은?

㉮ 을의 주장을 지지하는 어떤 학생도 병의 주장을 지지하지 않는다.
㉯ 갑의 주장을 지지하는 어떤 학생은 을의 주장을 지지한다.
따라서 ☐☐☐☐☐☐☐☐☐☐☐☐☐☐.

① 갑의 주장을 지지하는 어떤 학생은 병의 주장을 지지하지 않는다
② 갑의 주장을 지지하는 학생은 모두 병의 주장을 지지하지 않는다
③ 을의 주장을 지지하는 학생은 모두 갑의 주장을 지지한다
④ 병의 주장을 지지하는 어떤 학생은 갑의 주장을 지지하지 않는다

03 다음 대화의 빈칸에 들어갈 말로 가장 적절한 것은?

편집자 1: 독자층이 넓거나 수상을 한 책은 모두 판매량이 많습니다. 하지만 전문 분야를 다룬 책은 모두 독자층이 넓지 않습니다.
편집자 2: 그런데 다음 달에 출간될 책은 전문 분야를 다루고 있고 수상도 했다고 합니다.
편집장: 그렇다면 그 책은 ☐☐☐☐☐☐☐☐☐☐☐.

① 판매량이 적지만 독자층은 넓겠군
② 판매량이 많지만 독자층은 넓지 않겠군
③ 독자층이 넓고 판매량도 많겠군
④ 독자층이 넓지 않고 판매량도 많지 않겠군

04 ㉠~㉢에 들어갈 말로 가장 적절한 것은?

> 글에 대해 판단하고 수용하는 비판적 읽기는 글에 표면적으로 드러난 내용을 어느 정도 이해한 다음 이루어진다. 비판적 읽기를 위해서는 판단의 준거가 필요한데, 내용에 대한 준거로는 ㉠ , ㉡ , ㉢ 이 있다.
> ㉠ 은 글에 나타난 내용이 합리적이며 옳은지에 대한 것이다. ㉡ 은 글의 주제, 필자의 관점과 태도와 관련하여 이것들이 객관적이고 균형 잡힌 시각을 갖추었는지에 대한 것이다. ㉢ 은 글의 내용이나 글에 사용된 자료가 믿을 만한지에 대한 것이다. 독자가 이러한 준거로 내용에 대한 비판적 읽기를 할 때는 먼저 글의 내용을 사전 등을 활용하여 읽으며 표면적으로 드러난 내용, 의미, 주제 등 사실적인 것들을 파악하며 읽어야 한다.

	㉠	㉡	㉢		㉠	㉡	㉢
①	합리성	완결성	확신성	②	진실성	다양성	완결성
③	온전성	형평성	타당성	④	타당성	공정성	신뢰성

05~06 다음 글을 읽고 물음에 답하시오.

　기원전 6세기경 팔레스타인에 살던 유대인들은 바빌로니아에 종속되었고 이어 페르시아의 지배를 받았다. 이후 유대인들은 전통적 언어인 히브리어 대신 바빌로니아 상인들의 국제어였고 페르시아 제국의 공용어였던 아람어를 점점 더 많이 사용하게 되었다. 기원전 2세기경 유대인들은 마침내 아람어를 일상어로 쓰기 시작했고 히브리어는 지식인 계층만 사용하는 언어가 되었다. 대부분의 유대인들이 히브리어를 잊었으므로 그들을 위한 아람어 성서가 나왔다.
　알렉산더 대왕의 정복 후 팔레스타인은 프톨레마이오스 왕조가 집권한 이집트에 종속되었다. 알렉산드리아를 중심으로 하는 이집트의 유대인들은 아람어를 버리고 그리스어를 ㉠쓰게 되었다. 자연히 히브리어도 아람어도 모르는 유대인들을 위해 그리스어로 번역된 성서가 필요해졌다. 이 성서가 바로 이후 기독교도들의 경전이 된 '칠십인역'이다.
　로마 제국이 득세했을 때 유대인들은 로마에 대항했다가 참담한 피해를 입고 뿔뿔이 흩어졌다. 이제 유대인들은 아람어나 그리스어를 버리고 그들이 이민 가서 정착한 곳의 언어를 쓰거나 이디시어, 라디노어와 같은 혼성어를 썼다. 히브리어는 유대교 학자들에 의해 명맥이 이어지는 학자들의 언어가 되었다.
　그동안에도 히브리어를 되살리려는 노력은 꾸준히 이어졌다. 1948년에 이스라엘이 세워지면서 그런 노력은 성공했다. 세계 곳곳에서 모여들어 여러 언어를 쓰는 사람들이, 일부 지식층의 주도하에 그리고 순전히 정치적인 이유만으로, 2천년 이상 오직 학자들의 언어에 불과했던 언어를 공용어로 채택했던 것이다. 이러한 유대인들의 역사를 통해서 ▭▭▭▭ 는 것을 알 수 있다.

05 빈칸에 들어갈 내용으로 가장 적절한 것은?

① 유대인들은 전통적 언어를 사용하며 동질성을 유지했다
② 종교가 언어를 선택하는 데 중대한 영향을 미친다
③ 일상적으로 사용되던 언어가 공용어로 정착된다
④ 사람들이 쉽게 언어를 버리고 채택한다

06 문맥상 ㉠과 의미가 가장 가까운 것은?

① 그는 영어를 모국어로 <u>쓰는</u> 사람이다.
② 그녀는 신문에 연재소설을 <u>쓰고</u> 있다.
③ 이 커피는 향기도 없고 <u>쓰기만</u> 하다.
④ 밖에 비가 오니 우산을 <u>쓰고</u> 가거라.

07~08 다음 글을 읽고 물음에 답하시오.

　좋은 분위기에서 시작된 대화가 예상하지 못한 언쟁으로 씩씩거리며 끝나는 경우가 의외로 많다. 이런 일은 주로 말하기 방식 때문에 일어난다. 공격적이고 폭력적인 언어는 일상에서 자주 경험할 수 있다. 그러나 공격적이고 폭력적인 언어의 부정적인 영향력이 우리가 보통 생각하는 것보다 더 크고 막대하다는 것을 사람들은 알지 못한다. 공격적인 언어 때문에 잘 알고 지내던 사람과의 좋은 관계도 한순간에 ㉠ 될 수 있다. 이익이나 가치가 충돌할 때에는 폐해가 더욱 클 수 있다.

　상대방에게 상처를 주는 공격적인 언어는 자신의 의견을 주장하거나 상대방의 주장에 대해 논리적으로 반박하는 논쟁과는 다르다. 공격적인 언어는 의사소통 상황에서 자신의 입장을 주장하거나 변호하는 데 그치지 않고, 다른 사람의 자존심을 공격하여 상처를 주며 그 사람이 스스로를 부정적으로 느끼게 한다. 인격과 능력에 대한 ㉡ , 모욕적인 말이나 악담, 놀리고 괴롭히며 조롱하고 저주하는 말, 상스러운 말과 상대방을 위협하는 말 등이 공격적인 언어 행위에 속한다. 따라서 공격적인 언어란 다른 사람을 물리적·상징적으로 지배하기 위한 행위에서부터 다른 사람의 신체, 소유물, 정체성, 논쟁적인 사안에 대해 완벽하게 통제하려고 시도하는 모든 의사소통 행위를 의미한다.

　공격적인 언어는 음성 언어를 사용하는 의사소통 행위에만 국한되는 것은 아니다. 말로 표현하지 않더라도 목소리나 말투의 변화, 찡그리거나 경멸하는 얼굴 표정, 눈동자를 굴리거나 째려보는 행위 등의 의사소통 행위를 통해서도 공격적인 메시지를 전달할 수 있다. 이러한 공격적인 언어 행위는 다른 사람의 자존심을 ㉢ 하며 고통스러운 감정을 일으키고 마음에 상처를 준다. 이 상처는 쉽게 아물지 않고 다른 사람과의 대화에 부정적인 영향을 미친다. 다른 사람과의 관계를 소극적으로 만들며, 때로는 별다른 이유 없이 상대방을 경계하거나 주변 사람과의 관계를 단절하는 결과를 초래한다.

07 이 글에 대한 설명으로 적절하지 않은 것은?

① 공격적 언어는 그 피해자의 인간관계에도 영향을 미친다.
② 공격적 언어는 타인에 대한 정신적 고통과 물리적 행동의 제약을 모두 포함한다.
③ 이익이나 가치가 충돌하는 상황에서의 논리적 반박은 공격적 언어 행위에 속한다.
④ 언어적 표현뿐만 아니라 반언어적 표현이나 비언어적 표현도 타인의 정서에 영향을 미칠 수 있다.

08 ㉠~㉢에 들어갈 말로 가장 적절한 것은?

	㉠	㉡	㉢		㉠	㉡	㉢
①	파탄	폄하	훼손	②	몰락	폄훼	훼절
③	도산	평론	손상	④	붕괴	평가	파손

09 ㉠에 들어갈 내용으로 가장 적절한 것은?

파라셀수스는 독이 있는 물질과 독이 없는 물질을 이분법으로 구분 짓지 않고, 같은 물질이라도 용량에 따라 약으로도 혹은 독으로도 작용한다는 현대 약리학의 기초 원리를 제시했다. 그렇다면 '㉠'라는 의문이 생긴다.

동맥 경화 치료제로 널리 판매되고 있는 항혈소판제인 '클로피도그렐(clopidogrel)'은 간에서 특정 효소들에 의해 대사되고, 이때 생성된 대사체가 혈소판의 응집을 감소시켜 효능을 나타낸다. 특정 효소의 기능에 영향을 주는 특정 DNA 염기 서열 하나만 바뀌어도 대사 기능은 달라진다. 유전적 변이로 인해 이 효소의 기능이 저하된 환자는 클로피도그렐의 효과가 낮아 동맥 경화 관련 질환의 발병을 예방하기가 어렵고, 반대로 이 효소의 기능이 증가한 환자에게는 클로피도그렐의 항혈전 효과가 증가해 출혈을 증가시키는 부작용이 나타나기도 한다. 이렇듯 30억 개의 DNA 염기 서열 한두 개의 차이로도 약물에 대한 기대 효과는 극단적으로 변화될 수 있다.

이러한 의미에서 개개인의 유전적 차이로 인한 약물 반응, 특히 부작용은 쉽게 예측하기가 어렵다. 따라서 최근 주목받고 있는 정밀 의료 실현 즉, '개인 맞춤형 치료제 개발'을 위해서는 유전적 다양성을 고려한 맞춤형 독성 평가 기술 개발이 필수적이다.

① 아무런 반응이 나타나지 않는 물질은 약인가, 독인가?
② 약의 용량은 모든 사람에게 공통으로 적용되는 것인가?
③ 약의 효능이 나타나려면 어떠한 대사 과정을 거쳐야 하는가?
④ 얼마만큼의 용량이 있어야 약의 부작용을 최소로 줄일 수 있는 것인가?

10 다음 글을 이해한 내용으로 적절하지 않은 것은?

> 의존 명사는 그 앞에 반드시 꾸며 주는 말이 있어야 쓸 수 있는 의존적인 말이지만, 자립 명사와 같은 명사 기능을 하므로 단어로 취급된다. 따라서 앞말과 띄어 쓴다. 그런데 의존 명사가 조사, 어미의 일부, 접미사 등과 형태가 같아 띄어쓰기를 판단하기 어려운 경우가 있다.
> 　예를 들어, '뿐'이 '남자뿐이다, 셋뿐이다'처럼 체언 뒤에 붙어서 한정의 뜻을 나타내는 경우는 조사로 다루어 붙여 쓰지만 '웃을 뿐이다, 만졌을 뿐이다'와 같이 용언의 관형사형 뒤에 나타날 경우에는 의존 명사이므로 띄어 쓴다. '대로' 또한 '법대로, 약속대로'처럼 체언 뒤에 붙어 '그와 같이'라는 뜻을 나타내는 경우에는 조사이므로 붙여 쓰지만 '아는 대로 말한다, 약속한 대로 하세요.'와 같이 용언의 관형사형 뒤에 나타날 경우에는 의존 명사이므로 띄어 쓴다. '만큼'은 '중학생이 고등학생만큼 잘 안다, 키가 전봇대만큼 크다.'처럼 체언 뒤에 붙어 '앞말과 비슷한 정도로'라는 뜻을 나타내는 경우에는 조사이므로 붙여 쓰지만 '볼 만큼 보았다, 애쓴 만큼 얻는다.'와 같이 용언의 관형사형 뒤에 나타날 경우에는 의존 명사이므로 띄어 쓴다. '만'은 '하나만 알고 둘은 모른다, 이것은 그것만 못하다.'처럼 체언에 붙어서 한정 또는 비교의 뜻을 나타내는 경우에는 조사이므로 붙여 쓰지만 '떠난 지 사흘 만에 고향에 돌아왔다, 세 번 만에 시험에 합격했다.'와 같이 시간의 경과나 횟수를 나타내는 경우에는 의존 명사이므로 띄어 쓴다.

① '대로', '만큼'은 체언 뒤에 나타날 경우에는 앞말에 붙여 써야 한다.
② '이제 믿을 것은 오직 실력뿐이다.'에서 '뿐'은 체언을 한정하는 기능을 하므로 앞말에 붙여 쓴다.
③ '예상했던 대로 시험 문제는 까다로웠다.'에서 '대로'는 자립 명사와 같은 기능을 하므로 앞말과 띄어 쓴다.
④ '집채 만 한 파도가 몰려온다.', '친구가 도착한 지 두 시간만에 떠났다.'의 띄어쓰기는 모두 올바르다.

보충 자료 ◆ 주의해서 써야 하는 의존 명사

대로	체언 뒤에서 '그와 같이'란 뜻을 나타내면 조사이므로 붙여 쓴다. 예 약속대로/약속∨대로 ① 이행하라. 용언의 관형사형 뒤에서는 의존 명사이므로 띄어 쓴다. 예 약속한대로/약속한∨대로 ② 이행한다.
만큼	앞말과 비슷한 정도나 한도인 경우는 조사이므로 붙여 쓴다. 예 집을 대궐만큼/대궐∨만큼 ③ 크게 짓다. 관형어 다음에 오면 의존 명사이므로 띄어 쓴다. 예 • 노력한만큼/노력한∨만큼 ④ 대가를 얻다. • 까다롭게 검사하는만큼/검사하는∨만큼 ⑤ 준비를 철저히 해야 한다.
뿐	체언 뒤에 붙어서 한정의 뜻을 나타내는 경우는 조사이므로 붙여 쓴다. 예 남자뿐/남자∨뿐 ⑥ 이다. 용언의 관형사형 뒤에서 '따름'이란 뜻을 나타내는 경우는 의존 명사이므로 띄어 쓴다. 예 웃을뿐/웃을∨뿐 ⑦ 이다.
지	어미 '-ㄴ지'의 일부일 때는 붙여 쓴다. 예 집이 큰지∨작은지/큰∨지∨작은∨지 ⑧ 모르겠다. 경과한 시간을 나타내는 경우는 의존 명사이므로 띄어 쓴다. 예 • 그가 떠난지/떠난∨지 ⑨ 보름이 지났다. • 그를 만난지/만난∨지 ⑩ 한 달이 지났다.
만	체언에 붙어서 한정 또는 비교의 뜻을 나타내는 경우는 조사이므로 붙여 쓴다. 예 • 철수만/철수∨만 ⑪ 오다. • 공부만/공부∨만 ⑫ 하다. 시간의 경과나 횟수를 나타내는 경우는 의존 명사이므로 띄어 쓴다. 예 • 집 떠난 지 3년만/3년∨만 ⑬ 에 돌아왔다. • 이게 얼마만/얼마∨만 ⑭ 인가?

매일 국어 15회

01 〈공공 언어 바로 쓰기 원칙〉에 따라 수정한 것으로 적절하지 않은 것은?

> 공공 언어 바로 쓰기 원칙
>
> - 주어와 서술어의 호응
>   - ㉠능동과 피동의 관계를 정확하게 사용함.
> - 여러 뜻으로 해석되는 표현 삼가기
>   - ㉡중의적인 문장을 사용하지 않음.
> - 조사·어미 등 생략 시 어법 고려
>   - ㉢조사, 어미, '-하다' 등을 지나치게 생략하지 않음.
> - 대등한 구조를 보여 주는 표현 사용
>   - ㉣'-고', '와/과' 등으로 접속될 때에는 대등한 관계를 사용함.

① "해안선에서 200미터 이내의 수역을 제외된 상태에서 논의가 진행되었다."를 ㉠에 따라 "해안선에서 200미터 이내의 수역을 제외한 상태에서 논의가 진행되었다."로 수정한다.

② "○○부는 지역 활성화를 위해 10개 지방 자치 단체와 고향 사랑 사업을 지원할 예정이다."를 ㉡에 따라 "○○부는 지역 활성화를 위해 10개 지방 자치 단체와 함께 고향 사랑 사업을 지원할 예정이다."로 수정한다.

③ "○○청은 악성 전자 우편을 발견하면 대형 포털 해당 전자 우편 차단 요청 등 피해를 최소화하고자 노력하고 있습니다."를 ㉢에 따라 "○○청은 악성 전자 우편을 발견하면 대형 포털에 해당 전자 우편의 차단을 요청하는 등 피해를 최소화하고자 노력하고 있습니다."로 수정한다.

④ "올해 개최되는 국제회의는 평화 수호와 인권을 보장하는 것을 최우선 목표로 한다."를 ㉣에 따라 "올해 개최되는 국제회의는 평화를 수호하고 인권 보장을 최우선 목표로 한다."로 수정한다.

02 결론이 항상 참일 때, 전제 ㉡에 들어갈 내용으로 가장 적절한 것은?

> ㉠ 인공 지능 산업에 관심 있는 어떤 사람은 가상 현실에 관심 있는 사람이 아니다.
> ㉡ _____.
> 따라서 로봇 공학에 관심이 있는 어떤 사람은 인공 지능 산업에 관심이 있는 사람이다.

① 로봇 공학에 관심이 없는 사람은 모두 가상 현실에 관심이 있는 사람이다
② 가상 현실에 관심이 없는 어떤 사람은 로봇 공학에 관심이 있는 사람이다
③ 인공 지능 산업에 관심이 있는 어떤 사람은 로봇 공학에 관심이 있는 사람이 아니다
④ 가상 현실에 관심이 있는 사람은 모두 로봇 공학에 관심이 있는 사람이 아니다

03 다음 글의 내용이 참일 때, 빈칸에 들어갈 말로 가장 적절한 것은?

> ㉠ 흥이 적은 청소년 중 일부는 노래를 못한다.
> ㉡ _____.
> 따라서 노래를 못하는 일부 청소년은 연예인을 꿈꾸지 않는다.

① 흥이 적은 청소년 중 일부는 연예인을 꿈꾼다
② 흥이 적지 않은 청소년은 모두 연예인을 꿈꾼다
③ 연예인을 꿈꾸는 청소년은 모두 흥이 적지 않다
④ 노래를 못하는 청소년 중 일부는 연예인을 꿈꾼다

보충 자료 1 ✦ 생략된 전제 찾기

01~04 다음 추론 과정에서 생략된 전제를 찾으시오.

01 A ∧ ~B
　　　────────────
　　　∴ A ∧ C

　　　TIP 연언지 단순화, 전건 긍정식을 활용한다.

02　────────────
　　　~C → B
　　　────────────
　　　∴ C ∧ A

　　　TIP 연언지 단순화, 후건 부정식을 활용한다.

03 A → B
　　　────────────
　　　∴ A → C

　　　TIP 가언 삼단 논법을 활용한다.

04 ~C → ~B
　　　────────────
　　　∴ A → C

　　　TIP 가언 삼단 논법, 대우 규칙을 활용한다.

04 다음 글을 통해 알 수 있는 내용으로 적절하지 않은 것은?

> 석불사는 암자가 아니라 석굴 사원이다. 석굴은 인도에서 기원전부터 시작되었다. 챠이티야라고 하여 암석을 파고 굴을 만들어 그 안에 도량을 세우는 방법이다. 챠이티야는 기원전 무불상 시대에서 기원후 불상 시대로 넘어오면서 주실에 불상도 모시게 되었는데 이것이 인도의 아잔타, 중국의 돈황·운강·용문 석굴로 이어지는 것이다. 그러나 우리나라에서는 좀처럼 석굴 사원을 조영*할 수 없었다. 우리나라 산은 단단한 화강암이 주류를 이루기 때문에 인도나 중국처럼 쉽게 굴착될 수 있는 사암이 없다.
>
> 그런데 석불사의 석굴에 이르러서는 세계에 그 유례를 찾아볼 수 없는 인공 석굴을 조영하게 된 것이다. 그것도 주실의 천장이 궁륭*을 이루는 돔으로 설계된 것이다. 모르타르가 없던 시대에 낱장의 돌을 쌓으면서 서로의 힘을 의지하며 반구형의 돔을 형성한다는 것은 여간 어려운 일이 아니다. 석굴의 천장은 반구형으로 올라가는 것이 모두 5단으로 되어 있다. 제3, 제4, 제5단에는 10개의 평판석과 그 사이마다 끼워 있는 돌출된 삐침돌이 있다. 이 '팔뚝돌'을 바깥쪽에서 빙 둘러가며 비녀를 꽂듯이 수평으로 끼워 아래쪽 평판석을 눌러 줌으로써 낱장의 천장석들은 역학적 균형 속에 안정을 취할 수 있었던 것이다.
>
> * 조영(造營): 집 따위를 지음.
> * 궁륭(穹窿): 활이나 무지개같이 한가운데가 높고 길게 굽은 형상. 또는 그렇게 만든 천장이나 지붕

① 인공 석굴로 조영된 석불사의 주실은 돔 형태로 설계되었다.
② 석불사의 궁륭부는 팔뚝돌을 이용한 역학 관계로 구축되어 있다.
③ 기원전 인도의 석굴 사원은 암석 굴에 도량을 세우고 주실에 불상을 모시는 형태였다.
④ 우리나라 산의 암석 재질은 석굴 사원의 조영에 장애로 작용했을 것이다.

05 다음 글의 내용과 일치하는 것은?

> 세포 내에서 어떤 물질은 여러 단계의 화학 반응을 거쳐 다른 물질로 바뀌게 된다. 이때 촉매 구실을 하는 특정 단백질인 효소에 의해 화학 반응이 이루어지는데, 각 단계에서 화학 반응을 촉매하는 효소는 각기 다르다. 이러한 과정을 통해 세포 내에서는 산물들이 생기는데, 최종 산물은 체내에서 필요로 하는 요구량보다 많거나 적을 수 있다. 이럴 경우 피드백(feedback)을 통해 체내의 요구량만큼 최종 산물의 양을 조절하게 된다.
>
> 음성 피드백이란 일정한 상태로 몸을 지속적으로 유지하기 위해 최종 산물의 양이 많아지면 화학 반응 경로의 초기 단계에 작용하는 효소가 억제되고, 반대로 그 양이 적어지면 화학 반응 경로의 초기 단계에 작용하는 효소가 활성화되는 것을 말한다. 이와 달리, 양성 피드백이란 특정한 상황에서 최종 산물을 훨씬 더 많이 생산하기 위해 최종 산물이 화학 반응의 여러 단계 중, 자신의 생산에 관여하는 어느 한 단계의 효소를 더욱 활성화시키는 것을 말한다.

① 우리 몸은 효소의 활동을 조절하는 피드백을 통해 체내 물질의 양을 조절한다.
② 음성 피드백과 달리 양성 피드백은 몸을 일정한 상태로 유지하기 위해 나타난다.
③ 피드백은 효소의 활동을 억제하거나 활성화시킴으로써 최종 산물의 형태를 변화시킨다.
④ 최종 산물의 양을 줄이기 위해 효소의 활동을 활성화하는 것을 음성 피드백이라고 한다.

06~07 다음 글을 읽고 물음에 답하시오.

현재 실현되고 있는 자동차 자율 주행 기술은 어느 정도 수준일까. '레벨 0'은 운전자가 모든 판단을 하고 주행에 관련된 물리적인 행동을 해야 하는 단계이다. 시스템은 긴급 상황 알림 등 보조 기능만을 수행한다. 주행 중 변수 감지와 주행 책임도 인간에게 있다. '레벨 1'은 시스템이 차량의 속도와 차간 거리 유지, 차선 유지로 운전자를 ㉠ 보조한다. 주행 제어 주체는 인간과 시스템에 있으며, 주행 중에 발생하는 변수의 감지와 주행 책임은 인간에게 있다. '레벨 2'는 특정 조건 내에서 일정 시간 동안 차량의 조향과 가속·감속을 차량이 인간과 동시에 ㉡ 제어할 수 있는 단계이다. 그러나 주행 중 변수 감지와 주행 책임은 인간에게 있다. 운전자는 항상 주행 상황의 모니터링이 필요하며, 시스템이 인지하지 못하는 상황 등에서는 운전자가 즉시 운전에 ㉢ 개입해야 한다.

'레벨 3'은 고속 도로와 같은 특정 조건의 구간에서 시스템이 주행을 ㉣ 담당하며, 위험 시에만 운전자가 개입한다. 주행 제어와 주행 중 변수 감지 및 주행 책임은 시스템이 담당하며, 운전자의 상시 모니터링을 요구하지 않는다. '레벨 4'는 대부분의 도로에서 자율 주행이 가능하다. 주행 제어와 주행 책임이 모두 시스템에 있다. 대부분은 운전자 개입이 불필요하지만, 악천후와 같은 특정 조건에서는 운전자 개입이 요청될 수 있기에 인간을 통한 주행 제어 장치가 필요한 단계이다. '레벨 5'는 운전자가 차량에 타지 않아도 주행이 가능한 통합 자율 주행 단계로 시동을 켠 후 목적지에 도착해 주차가 완료될 때까지 사실상 완전한 자율 주행이 가능하다.

06 이 글에 대한 이해로 적절하지 않은 것은?

① 자율 주행 자동차의 주행 책임은 레벨 0~레벨 2에서는 인간에게, 레벨 3~레벨 5에서는 시스템에 있다.
② 자율 주행 자동차에서 주행 중 변수 감지 역할은 레벨 2부터, 주행 책임은 레벨 3부터 시스템에 주어진다.
③ 레벨 2와 달리 레벨 3 자율 주행 자동차에서는 운전자가 항상 모니터링하지 않아도 된다.
④ 레벨 4와 달리 레벨 5 자율 주행 자동차는 악천후 상황에서 운전자가 없어도 주행 가능하다.

07 문맥상 ㉠~㉣과 바꾸어 쓸 수 있는 표현으로 적절하지 않은 것은?

① ㉠: 돕는다
② ㉡: 마무리할
③ ㉢: 끼어들어야
④ ㉣: 맡으며

08~09 다음 글을 읽고 물음에 답하시오.

역사란 지난날 인간 사회에서 일어난 사실(事實)들 자체를 가리킨다고 말할 수 있다. 그러나 지난날의 인간 사회에서 일어난 ㉠사실이 모두 역사가 되는 것은 아니다. 가령 김 총각과 박 처녀가 결혼한 사실은 역사가 될 수 없고, 한글이 만들어진 사실이나 임진왜란이 일어난 사실 등은 역사가 되는 것이다. 이렇게 보면 사소한 일이나 일상적으로 반복되는 사실은 역사가 될 수 없고, 거대한 사실이나 한 번만 일어나는 사실만이 역사가 될 것 같다.

하지만 반드시 그런 것도 아니다. 고려 시대에는 일식과 월식 같은 주기적으로 일어나는 사실은 모두 역사로 기록되었으면서도, 세계에서 가장 먼저 발명된 금속 활자와 같이 중대한 사실은 역사로 기록되지 않았다. 전자는 하늘이 인간 세계의 부조리를 경고하는 것이라 생각했기 때문에 역사가 되었고, 후자는 중요성이 인식되지 않았기 때문에 역사가 될 수 없었다. 이렇게 보면 역사라는 것은 지난날의 인간 사회에서 일어난 ㉡사실 중에서 누군가에 의해 중요한 일이라고 인정되어 뽑힌 것이라 할 수 있다.

이 경우 ㉮그것을 뽑은 사람은 기록을 담당한 사람, 곧 역사가라 할 수 있으며 역사란 '지난날의 인간 사회에서 일어난 수많은 ㉢사실들 중에서 누군가에 의해 기록해 둘 만한 중요한 일이라고 인정되어 기록된 것'이라고 할 수 있다. 그렇다면 기록해 둘 만하다고 할 때 그 기준은 무엇인가. 그것은 후세 사람들에게 어떤 참고가 될 만한 일이라고 할 수 있다. 그런데 참고가 될 만한 일과 될 만하지 않은 일을 가려내는 일은 사람에 따라, 또 시대에 따라 다를 수 있다. 결국 종합해 보면 언제나 참고가 될 만한 ㉣사실이 역사가 되며, 시대의 흐름에 따라 그 의미가 점점 더 높아질 수 있는 사실들이 계속 역사로서 남아 있는 것이라 할 수 있다.

08 이 글에서 이해한 내용으로 가장 적절한 것은?

① 반복되는 일보다 한 번만 일어난 사실이 역사로 기록될 가능성이 높다.
② 역사에 기록된 사실들은 시간의 흐름에 따라 중요성이 달라질 수 있다.
③ 역사가는 과거, 현재, 미래를 고려하여 역사에 기록되는 사실을 선별한다.
④ 역사로 기록된 것을 합치면 인간 사회에서 일어난 모든 사실을 알 수 있다.

09 ㉠~㉣ 중 문맥상 ㉮에 해당하는 의미로 사용된 것은?

① ㉠ ② ㉡
③ ㉢ ④ ㉣

10 다음 글에서 추론한 내용으로 적절하지 않은 것은?

> 〈표준어 규정〉 제12항은 언어 현실에서 자주 혼동되어 쓰이는 '웃-'과 '윗-'을 구별하여 쓰도록 한 조항이다. 일반적으로 '위, 아래'의 개념상 대립이 성립하지 않는 경우는 '웃-'으로 쓰고, 그 외에는 '윗-'을 표준어로 삼았다. 예를 들어 '웃돈'과 '윗돈' 중에서는, 개념상 '아랫돈'이 있을 수 없기 때문에 '웃돈'을 표준어로 삼은 반면, '윗목'은 이에 대립하는 '아랫목'이 가능하므로 '웃목'이 아닌 '윗목'을 표준어로 삼았다.
>
> 다만 된소리나 거센소리 앞에서는 '위-'로 한다. 이는 된소리나 거센소리 앞에서는 사이시옷을 쓰지 않는 〈한글 맞춤법〉 제30항 규정에 맞춘 것이다. 사이시옷은 뒷말의 첫소리가 된소리로 나거나 'ㄴ' 소리가 덧나는 경우에 쓰는 것인데, 이미 된소리나 거센소리인 것은 이 경우에 속하지 않기 때문이다. 따라서 된소리나 거센소리 앞에서는 '위-' 형태를 표준어로 삼는다. 예를 들어 '위쪽'의 '위'는 뒷말의 첫소리가 된소리이므로 '윗쪽'이 아닌 '위쪽'을 표준어로 삼았다.

① '윗-'과 '위-'의 표기에는 '위, 아래'의 개념상 대립과 뒷말의 첫소리가 영향을 준다.
② 어른은 '위, 아래'의 개념상 대립이 성립하지 않으므로 '윗어른'이 아닌 '웃어른'을 표준어로 삼는다.
③ '윗니'의 발음은 [윈니]이고, 이에 대립하는 '아랫니'가 가능하므로 사이시옷을 받쳐 적는다.
④ '윗팔'은 이에 대립하는 '아랫팔'이 가능하므로 '웃팔'이 아닌 '윗팔'을 표준어로 삼았다.

보충 자료2 ◆ 위의 표기

1. '윗-'으로 표기
   예 윗니, 윗도리, 윗몸

2. '위-' + 된소리, 거센소리
   예 위층, 위쪽

3. '웃-' + 아래와 위의 대립이 없는 단어
   예 웃어른, 웃돈

공무원 국어의 독보적 기준
선재국어가 제시하는 매일 학습 전략!

공무원 국어의 독보적 기준 선재국어가 제시하는 매일 학습 전략!

WEEK 4

매일 국어 16회

01 〈공공 언어 바로 쓰기 원칙〉을 참고하여 ㉠~㉣의 밑줄 친 부분을 수정한 것으로 적절하지 않은 것은?

┌─ 공공 언어 바로 쓰기 원칙 ─┐
• 중복되는 표현은 삼갈 것
• 생소한 외래어나 외국어는 우리말로 다듬을 것
• 문장 성분 간의 올바른 호응 관계를 유지할 것
• 대등한 것끼리 접속할 때는 구조가 같은 표현을 사용할 것

㉠ 과학 기술 정보 통신부는 '20○○ 청소년 과학 페어'가 29일 개막식을 시작으로 오는 31일까지 과학 문화 포털 '사이언스올(scienceall)'에서 펼쳐진다.
㉡ ○○부는 자치 분권형 지방 인사 제도 설계를 위해 지방 자치 단체가 직접 참여하는 〈지방 인사 제도 혁신 태스크 포스〉를 구성하고, 제1차 회의를 개최하였다.
㉢ 이번 행사에서는 앞으로의 발전 방안 공유와 우리나라 과학 수사의 성과를 돌아보았다.
㉣ ○○시는 시민과 더불어 함께하는 사회적 가치를 지향하고 있습니다.

① ㉠: 과학 문화 포털 '사이언스올(scienceall)'에서 펼쳐질 예정이다
② ㉡: 〈지방 인사 제도 혁신 특별 팀〉을 구성하고
③ ㉢: 앞으로의 발전 방안을 공유하고 우리나라 과학 수사의 성과를 돌아보았다
④ ㉣: 시민과 함께하는

02 결론이 항상 참일 때, 빈칸에 들어갈 내용으로 가장 적절한 것은?

> ㉮ 만일 그간의 신뢰가 사라진다면, 우리 관계도 멀어진다.
> ㉯ [   ].
> ㉰ 약속이 지켜지지 않는다면, 그간의 신뢰는 사라진다.
> **결론.** 상황이 악화된다면, 우리 관계는 멀어질 것이다.

① 약속이 지켜진다면, 상황은 악화되지 않는다

② 상황이 악화되지 않으면, 그간의 신뢰도 사라지지 않는다

③ 그간의 신뢰가 사라지지 않으면, 약속은 지켜진다

④ 약속이 지켜지지 않으면, 상황은 악화된다

03 ㉠에 들어갈 말로 가장 적절한 것은?

> 윤 주무관: 다음 주 회의 주제가 오늘 결정된다고 합니다. 정책 재편과 예산 기획이 둘 다 주제가 아니라면 인력 재배치는 주제가 됩니다.
> 한 주무관: 인력 재배치는 주제가 아니라고 합니다. 또한 [㉠   ] 합니다.
> 윤 주무관: 아, 그렇다면 예산 기획이 주제인 것은 확실하군요.

① 정책 재편은 주제가 아니라고

② 예산 기획이 주제이거나 정책 재편이 주제라고

③ 예산 기획이 주제이면 인력 재배치는 주제가 아니라고

④ 정책 재편이나 인력 재배치가 주제라고

04~05 다음 글을 읽고 물음에 답하시오.

　사과 광고는 기업이 위기를 맞았을 때, 즉각적이고 직접적으로 기업의 입장을 공중에게 밝힐 수 있다는 점에서 효과적인 위기관리 커뮤니케이션 전략이라고 할 수 있다. 웨어(Ware)와 린쿠겔(Linkugel)은 '의도 부정, 입지 강화, 차별화, 초월'이라는 네 가지 이미지 회복 방법을 기준으로 네 가지 사과 전략을 제시했다.
　의도 부정은 위기 발생에 있어 악의나 나쁜 의도를 ㉮ 가지고 있지 않았다는 의도의 부인을 의미한다. 입지 강화는 과거의 선행 혹은 기여하였던 일들을 나타냄으로써 공중의 불쾌감을 간접적으로 상쇄하는 방법을 의미한다. 차별화는 위기가 발생하였을 때 문제의 발생을 통제할 수 없었음을 밝히는 것이다. 마지막으로 초월은 발생한 위기를 공중이 앞으로 긍정적이고 우호적으로 여길 수 있는 이상적인 상황과 연결함으로써 부정적인 이미지를 감추는 것이다.
　㉠ 절대적 전략은 의도 부정과 차별화를 혼합한 전략이고, ㉡ 변명적 전략은 의도 부정과 초월을 혼합한 전략이다. ㉢ 설명적 전략은 입지 강화와 차별화를 혼합한 전략을, ㉣ 정당화 전략은 입지 강화와 초월을 혼합한 전략을 의미한다.

04 ㉠~㉣의 사례로 적절하지 않은 것은?

① ㉠: 이번 사건은 제품 창고에 외부인이 기습적이고 악의적으로 침범하여 유해 물질을 첨가한 다분히 치밀하고 계획적인 사건이었습니다. 그러나 비록 저희 회사의 의도는 없었다고 해도 저희는 책임을 다하기 위하여 피해자 분들의 보상 대책을 논의할 것입니다.

② ㉡: 중간 과정에서 쇳가루가 첨가되어 있는지를 전혀 모르고 있는 상태에서 상품을 출시하여 고객 여러분께 피해를 드렸습니다. 향후 저희 기업은 관리 시스템을 한층 더 강화하여 고객 여러분께서 안심하고 드실 수 있도록 최선을 다하겠습니다.

③ ㉢: 저희 기업을 믿고 구매해 주신 고객님들께 깊은 사과의 말씀을 드립니다. 저희 기업은 지난 20년 동안 깨끗한 위생 기업으로 인정받아 왔습니다. 고객 여러분께서 주신 사랑을 잊지 않고 동일한 잘못을 저지르지 않도록 더욱 정진하겠습니다.

④ ㉣: 저희 회사는 누구도 생각지 않았던 제품들을 연이어 내놓으며 우리나라 식단에 혁신을 이끌었습니다. 저희 회사는 고객의 신뢰와 애정을 바탕으로 성장한다는 대원칙을 깊이 되새기며, 이번 사태를 계기로 최고의 식품 회사로 거듭나도록 노력하겠습니다.

05 문맥상 ㉮와 의미가 가장 가까운 것은?

① 좋은 것을 가지고 싶어 하는 것은 인지상정이다.
② 요즘은 대부분 기계를 가지고 농사를 짓는다.
③ 동생이 아끼는 공을 가지고 학교에 갔다.
④ 그는 자신의 일에 자부심을 가지고 있다.

06 밑줄 친 상황에서 ㉠~㉣에 해당하는 '자녀의 대응'으로 적절하지 않은 것은?

> 토마스에 따르면, 개인의 갈등 대응 행동은 자기중심적인 의견이나 주장을 바탕으로 대처하기를 선호하는가, 아니면 갈등 상대방의 의견이나 입장 등을 고려하여 갈등 상황에 대처하기를 선호하는가에 따라 분류할 수 있다고 한다. 그는 전자를 자기 주장성, 후자를 타인 수용성이라고 하였다. 이 두 가지 축을 중심으로 갈등 관리 유형은 쉽게 설명될 수 있다. 회피형은 자기중심적이지도 않고 타인에 대해 수용적이지도 않다. ㉠ 경쟁형은 자기중심적이며 타인에 대해 수용적이지 않아 때로 독불장군처럼 비추어질 수 있다. ㉡ 협력형은 자기중심적이면서 타인에 대하여 수용적이다. 갈등 당사자 모두가 참여해 의견을 조율하길 원하기 때문에 계속해서 새로운 아이디어를 내놓으며 기존에 없던 해결책을 찾는 데 집중한다. 자기중심성, 타인 수용성 모두에서 중간적인 ㉢ 타협형에게 가장 중요한 가치는 '빨리' 끝내는 것이다. 그래서 서로 공정하게 양보해 해결하는 것을 선호한다. ㉣ 수용형은 이른바 '예스맨(Yes man)' 같은 사람이다. 자기중심적이기보다는 타인에 대해 더 수용적이다.
> 가령 자녀가 일주일 내내 술을 마시고 들어오는 상황에서 술을 마시지 말라는 부모의 잔소리가 시작되려고 할 때, 회피형 자녀는 갈등 상황 자체를 피하기 위해 집을 나설 것이다. 이와 같이 갈등 관리 유형에 따른 **자녀의 대응**은 다르게 나타날 수 있다.

① ㉠: 술을 마셔도 집에는 들어오잖아요. 제가 알아서 할게요.
② ㉡: 다음부터는 걱정하지 않으시도록 일찍 들어올게요.
③ ㉢: 일주일에 3일은 양보할게요. 대신 나머지 4일은 간섭하지 마세요.
④ ㉣: 다음부터는 일주일 내내 술을 한 방울도 마시지 않고 들어올게요.

07 다음 글에서 추론한 내용으로 적절하지 않은 것은?

> 법에 의해 개인 정보가 제대로 보호받기 위해서는 먼저 법에서 정의하고 있는 개인 정보가 무엇인지부터 정확히 알아야 한다. 흔히, 개인 정보를 '개인을 알아볼 수 있는 정보' 정도로 생각하여, 개인을 정확히 알아볼 수 없으면 개인 정보가 아니라고 판단하는데, 이는 잘못이다. 예를 들어 인사과 1팀에 김영수 씨와 박영수 씨가 있는 경우, '인사과 1팀 영수 씨'라는 정보는 김영수 씨와 박영수 씨 중 누구를 가리키는지 정확히 판단할 수 없으므로 개인 정보가 아니라고 생각할 수 있다. 그러나 〈개인 정보 보호법〉에 따르면 이와 같이 어떤 사람을 특정하기 어려운 정보 역시 개인 정보에 포함된다.
> 〈개인 정보 보호법〉에서는 개인 정보를 "살아 있는 개인에 관한 정보로서 성명, 주민 등록 번호 및 영상 등을 통하여 개인을 알아볼 수 있는 정보를 말한다."라고 정의하면서, "해당 정보만으로는 특정 개인을 알아볼 수 없더라도 다른 정보와 쉽게 결합하여 알아볼 수 있는 것을 포함한다."라고 부연하고 있다. 즉, '특정성'을 지닌 정보는 물론 '특정 가능성'을 지닌 정보 역시 개인 정보로 보고 있는 것이다. 특정 가능성을 지닌 정보가 다른 정보와 결합하게 되면 언제라도 특정성을 지니게 될 수 있다고 보기 때문이다. 지문, 홍채, 서명, 주민 등록 번호, 휴대 전화 번호 등은 특정성을 지닌 개인 정보이고, 나이, 직업, 거주지 주소 등은 특정 가능성을 지닌 개인 정보이다.

① 주민 등록 번호와 직업을 함께 기록한 정보는 특정성을 지닌 개인 정보가 될 수 있다.
② '□□아파트 ◇◇동'이라는 정보는 사람을 지칭하지 않으므로 개인 정보 보호 대상이 아니다.
③ '○○ 기업의 총무과 2팀 철수 씨'라는 정보는 상황에 따라 개인 정보의 성격이 달라질 수 있다.
④ 일반적으로 '서명'은 특정성을 지닌 개인 정보이고, '생년월일'은 특정 가능성을 지닌 개인 정보이다.

08~09 다음 글을 읽고 물음에 답하시오.

　　질서(疾書)란 책을 읽을 때 깨달은 것이 있으면 잊지 않기 위해서 빨리 메모했던 방법을 말한다. ⊙ 이것은 단순히 선현의 견해를 비판하기 위함이 아니라 스스로 깨달아 얻음으로써 학문에 대한 자신의 견해를 튼튼히 세우는 데 목적이 있다. ⓒ 그것을 읽을 때 무작정 읽기보다는 '저자는 왜 이러한 표현을 썼을까, 왜 이러한 주장을 하는 것일까.'에 대한 의심을 가지고 접근해야 하는 것이다. 다산 정약용은 질서의 첫 단계로 경전을 읽을 때 경문과 주설에 대해 회의를 가지고 그 의미를 생각하는 것을 상정했다. 그 다음으로 질서란 생각을 거듭한 후 자득(自得)한 내용을 빠르게 기록하는 것이라고 했다. ⓒ 이것에서 주목한 점은 자득을 이룰 때까지 회의를 멈추지 않는다는 것이었다. 다산은 자득하지 못한 경우에는 다시 생각하는 것을 반복하여 반드시 스스로 깨달을 것을 강조했다. 질서의 목적이 단순히 회의를 통해 성현의 견해를 비판하기 위함이 아니라 자득을 통해 주견을 보다 확고히 하는 데 있음을 알 수 있는 대목이다. 회의를 통해서 자득을 실현하는 데 ⓔ 그것은 매우 효과적이기 때문에 다산은 이 방법을 적극 활용하여 경학을 공부했다. 독서를 하는 데 의심하고 기록하는 것은 무엇보다도 중요하며, 기록을 통해 사고의 발전이 있고 학문이 성장할 수 있다고 말했다.

08 이 글에 나타난 독서 방식을 적용한 사람을 〈보기〉에서 모두 고르면?

〈 보기 〉

갑: 책에서 이해가 안 되는 구절들을 골라 일단 메모한 후 이를 반복해 읽었더니, 의미를 이해할 수 있었어.
을: 문맥의 흐름이나 맥락을 통해 저자의 의도를 파악하고, 이를 메모하여 나만의 독서 기록장을 만들었어.
병: 책을 읽으면서 의문이 생기는 부분마다 빠짐없이 기록하여 저자의 생각을 꼼꼼히 비판할 수 있었어.

① 을
② 갑, 을
③ 을, 병
④ 갑, 을, 병

09 ⊙~ⓔ 중 지시하는 바가 다른 하나는?

① ⊙
② ⓒ
③ ⓒ
④ ⓔ

10 다음 글에서 추론한 내용으로 적절하지 않은 것은?

> 〈표준 발음법〉 제5항은 이중 모음의 발음에 대하여 규정하고 있다. 이중 모음은 기본적으로 글자 그대로 발음해야 하지만, 경우에 따라서는 이중 모음이 아닌 단모음으로 발음되는 경우도 있다.
> 가령 이중 모음 'ㅖ'는 표기대로 발음하는 것이 원칙이지만 '예, 례'를 제외한 나머지 환경에서는 이중 모음 대신 단모음 [ㅔ]로 발음할 수도 있다. 이에 따라 '계시다, 혜택'과 같은 단어는 표준 발음을 복수로 제시하고 있다.
> 한편 'ㅢ'의 발음에는 세 가지 원칙이 적용된다. 첫째, '늬, 틔, 희' 등과 같이 'ㅇ'을 제외한 초성이 자음인 음절의 'ㅢ'는 [ㅣ]로 발음해야 한다. 다만 이 원칙은 '협의' 등과 같이 앞말의 받침이 뒷말의 초성으로 이동하여 'ㅢ' 앞에 자음이 오게 되는 경우에는 적용되지 않는다. 둘째, 단어의 둘째 음절 이하에 표기된 '의'는 [ㅢ] 이외에 [ㅣ]로 발음하는 것도 인정한다. 따라서 '주의'의 발음은 [주의]가 원칙이지만 [주이]로 발음할 수도 있다. '협의'의 경우 받침 'ㅂ'이 초성으로 이동하면 [혀븨]가 되지만 원래 표기는 '협의'이므로 표준 발음상의 원칙은 [혀븨]이고 [혀비]도 허용한다. 셋째, 관형격 조사 '의'는 [ㅢ]로 발음하는 것이 원칙이되 [ㅔ]로 발음하는 것도 허용한다. 따라서 '우리의'는 [우리의]와 [우리에]가 모두 표준 발음이다.

① '삶의 지혜'에서 '삶의'와 '지혜'는 모두 두 가지 발음이 가능하다.
② '논의의 여지가 많다.'에서 '논의'는 두 가지 발음이 가능하다.
③ '줄무늬 티셔츠'에서 '줄무늬'는 한 가지 발음만 가능하다.
④ '예의가 바르다.'에서 '예의'는 한 가지 발음만 가능하다.

보충 문제

다음 글에서 추론한 내용으로 적절하지 않은 것은? 2025 국가직 9급

국어의 〈표준 발음법〉 규정에서는 이중 모음의 발음과 관련한 여러 조항들을 찾을 수 있다. 이중 모음은 기본적으로 글자 그대로 발음해야 하지만, 글자와 다르게 발음하는 원칙이 덧붙은 경우도 있다. 이중 모음 'ㅢ'의 발음에는 세 가지 원칙이 적용된다. 첫째, 초성이 자음인 음절의 'ㅢ'는 단모음 [ㅣ]로 발음해야 한다. 둘째, 첫음절 이외의 음절에서 'ㅢ'는 이중 모음 [ㅢ]로 발음하는 것이 원칙이나 단모음 [ㅣ]로도 발음할 수 있다. 셋째, 조사 '의'는 이중 모음 [ㅢ]로 발음하는 것이 원칙이나 단모음 [ㅔ]로도 발음할 수 있다.

이 세 가지 원칙을 적용하여 발음하려 할 때 원칙 간에 충돌이 발생할 때가 있다. '무늬'의 경우, 첫째 원칙에 따르면 [무니]로 발음해야 하는데 둘째 원칙에 따르면 [무늬]도 가능하고 [무니]도 가능하게 된다. 이렇게 첫째와 둘째가 충돌할 때에는 첫째 원칙을 따른다. 하지만 물어본다는 뜻의 명사 '문의(問議)'처럼 앞 음절의 받침이 뒤 음절의 초성으로 오게 되는 경우에는 첫째 원칙이 적용되지 않고 둘째 원칙이 적용된다. '문의 손잡이'에서의 '문의' 역시 받침이 이동하여 발음되기는 하지만 조사 '의'가 포함되어 있다. 이처럼 둘째와 셋째가 충돌하는 상황에서는 셋째 원칙을 따른다.

① '꽃의 향기'에서는 '꽃의'는 두 가지 발음이 가능하다.
② '거의 끝났다'에서 '거의'는 한 가지 발음만 가능하다.
③ '편의점에 간다'에서 '편의점'은 두 가지 발음이 가능하다.
④ '한 칸을 띄고 쓴다'에서 '띄고'는 한 가지 발음만 가능하다.

매일 국어 17회

01 〈공공 언어 바로 쓰기 원칙〉에 따라 보도 자료의 ㉠~㉣을 수정한 것으로 적절하지 않은 것은?

― 공공 언어 바로 쓰기 원칙 ―
- 주어와 서술어를 호응시킬 것
- 의미에 맞는 단어를 사용할 것
- 필요한 문장 성분이 생략되지 않도록 할 것
- 대등한 것끼리 접속할 때는 구조가 같은 표현을 사용할 것

대형 산불 위험 지역 관계 기관 대응 협력 체계 점검

최근 10년간 피해 면적이 100ha 이상인 대형 산불이 총 32건 발생했으며, 이 중 27건(85%)이 3~5월에 집중적으로 발생했다. 이에, 다가오는 봄철 대형 산불에 대비해 ㉠○○○부는 관계 기관 회의를 열고 대형 산불 대비·대응책이 논의되었다.

이날 회의에서 논의된 주요 내용은 다음과 같다.
- ㉡산림청은 산불 취약 지역의 순찰 강화와 산불 예방 대책을 마련한다.
- 특히, ㉢동해안 지역의 산불 재난 국가 위기 경보가 '주의' 단계로 격상된 만큼, 관계 기관에서 지역별 기상 여건을 고려해 산불 방지 활동을 적극적으로 추진한다.
- 소방청은 대형 산불이 발생하면 전국 '국가 소방 동원령'을 발령해, ㉣조기에 진압할 수 있도록 온 힘을 다하여 대응한다.

① ㉠: ○○○부는 관계 기관 회의를 열고 대형 산불 대비·대응책을 논의하였다
② ㉡: 산림청은 산불 취약 지역의 순찰을 강화하고 산불 예방 대책을 마련한다
③ ㉢: 동해안 지역의 산불 재난 국가 위기 경보가 '주의' 단계로 향상된 만큼
④ ㉣: 조기에 산불을 진압할 수 있도록

02 빈칸에 들어갈 결론으로 가장 적절한 것은?

> 헬스클럽을 다니는 사람은 모두 줄넘기를 연습하지 않는다. 헬스클럽을 다니지 않는 어떤 사람은 테니스를 친다. 줄넘기를 연습하지 않는 사람은 모두 헬스클럽을 다닌다. 따라서 _____.

① 줄넘기를 연습하는 사람은 모두 테니스를 친다
② 테니스를 치는 어떤 사람은 줄넘기를 연습한다
③ 헬스클럽을 다니는 사람은 모두 테니스를 치지 않는다
④ 헬스클럽을 다니지만 줄넘기를 연습하지 않는 어떤 사람은 테니스를 치지 않는다

03 ㉠과 ㉡에 들어갈 말을 알맞게 짝 지은 것은?

> 갑: 신입생 중 일부가 방송부원이야. 또한 ㉠ .
> 을: 그래? 네 말에 따르면, 자습을 신청하지 않은 사람 중 일부가 신입생이라는 결론이 나오는걸.
> 갑: 맞아. 잠시만, 미안해. 신입생 중 일부가 방송부원인 것은 맞는데, 그 다음을 잘못 말했어. 방송부원은 모두 자습을 신청했다고 말했어야 했어.
> 을: 알았어. 그렇다면 아까와 달리 " ㉡ ."라는 결론이 나오네.

① ㉠: 방송부원 중 일부는 자습 신청자야
   ㉡: 신입생은 모두 자습 신청자이다
② ㉠: 방송부원 중 자습 신청자는 아무도 없어
   ㉡: 신입생 중 일부는 자습 신청자이다
③ ㉠: 방송부원 중 일부는 자습 신청자야
   ㉡: 신입생 중 일부는 자습 신청자이다
④ ㉠: 방송부원 중 자습 신청자는 아무도 없어
   ㉡: 신입생 중 자습 신청자는 아무도 없다

04 다음 글에서 추론한 내용으로 적절하지 않은 것은?

　　표준어 '부추[韭]'는 지역에 따라 '부초, 푸추, 정구지, 솔, 소불, 졸' 등으로 매우 다양하게 나타난다. 대략 '부추, 정구지, 솔'의 세 부류로 크게 나눌 수 있을 듯한데, 세 부류는 어느 하나에서 변했다고 보기 어렵다. 즉 서로 다른 지역에서 서로 다른 말이 생겨났다고 볼 수밖에 없다. 그런데 '솔'과 '졸'은 매우 비슷하기 때문에 서로 관련성이 있음을 추측할 수 있다. 이렇게 'ㅅ'과 'ㅈ'으로 남아 있는 것들은 지금은 사라진 'ㅿ(반치음)'을 가졌던 어형에서 분화된 것일 가능성이 크다. 즉 '숄'이 어느 지역에서는 '졸'로 어느 지역에서는 '솔'로 남아 있는 것이다.
　　이러한 다양한 방언이 '부추' 하나로 통일이 되어 버린다면 한국어의 언어 자산은 줄어들 수밖에 없다. 어떤 방언에는 사라진 언어의 흔적이 남아 있을 수 있다. 어떤 방언에는 다른 방언에는 없는 말이 남아 있을 수 있다. 전국 각지를 모두 엮어야 우리의 영토가 되듯이 모든 지역의 말을 하나로 합쳐야 그것이 완전한 한국어가 될 수 있다. 또한 방언에 투영된 말의 역사도 하나로 합쳐야 시간의 흐름까지 포괄한 한국어가 될 수 있다.

① 방언은 완전한 한국어를 이루는 중요한 구성 요소이다.
② '솔'과 '졸'의 어형을 통해 사라진 언어의 흔적을 발견할 수 있다.
③ 부추의 방언인 '솔'과 '졸'은 서로 영향을 미쳐 비슷한 모습이 되었다.
④ 동일한 의미를 지닌 '부초, 정구지, 솔'은 각각 다른 지역에서 발생한 말일 것이다.

05 다음 글에 대한 추론으로 적절하지 않은 것은?

> 소비자의 관여도를 결정하는 요인에는 '개인적 요인', '제품에 의한 요인', '상황적 요인'이 있다. 개인적 요인은 개인에게 국한되는 성향이나 자아 정체성 등을 의미하는데, 이는 쉽게 변하지 않는 특징을 가진다. 소비자는 이 요인을 통해 의미를 부여한 특정 제품에 지속적으로 높은 관여도를 가지게 된다. 다음으로 제품에 의한 요인은 특정 제품이 지닌 특징을 의미하는데, 이 특징은 다수의 소비자들이 가지고 있는 욕구를 충족시킬 수 있는 것이다. 따라서 소비자들은 제품의 이러한 특징으로 인해 이 제품에 높은 관여도를 가지게 된다. 예를 들어 실용성을 극대화하여 제작된 특정 주방 기기가 있다고 한다면, 실용성을 추구하는 다수의 소비자들은 이 제품이 자신들의 욕구를 충족시켜 줄 수 있다고 생각하여 해당 제품에 높은 관여도를 가지게 된다. 마지막으로 상황적 요인은 소비자가 제품의 구매와 관련된 특정 상황을 의미하는데, 상황은 끊임없이 변화하기 때문에 상황적 요인은 개인적 요인에 비해 지속적이지 않다.

① 개인적 요인에 비해 상황적 요인은 가변성이 클 것이다.
② 제품에 의한 요인은 다수 소비자들의 공통된 욕구를 만족시켜 주는 제품의 특징을 의미한다.
③ 자기표현을 중시하는 소비자는 누구에게나 무난하게 어울리는 실용적인 의류 브랜드에 낮은 관여도를 가질 것이다.
④ 평소 소화기에 관심이 없던 소비자가 화재를 경험한 직후 소화기에 높은 관여도를 보이는 것은 개인적 요인에 따른 것이다.

06~07 다음 글을 읽고 물음에 답하시오.

> 1925년 무렵 우리나라에서 라디오 방송이 시험적으로 시작되었고, 1927년 2월 16일 출력 1kW 주파수 870kHz로 경성 방송국에서 첫 라디오 방송을 시작했다. 이때 라디오 보급 대수는 1,440대였고, 이 중 한국인이 275대를 소유한 것으로 되어 있다. 방송 프로그램은 일본어와 한국어가 3대 1의 비율로 짜여 있었다. 개국 초기의 방송 내용은 주식, 날씨, 어린이 방송, 뉴스 등이었다. 당시의 라디오는 성능이 지금과 비교할 수도 없이 나빴지만 매우 비쌌다. 당시 쌀 한 가마 가격이 4원이었는데 라디오 수신기는 수십 원에서 수백 원까지 했다고 한다. 값비싼 라디오를 고쳐 주겠다며 슬쩍 가져간 도둑이 붙잡히기도 했다.
>
> 라디오는 가정과 학교 등에 점차적으로 보급되었다. 당시에는 라디오에도 요즘의 TV 시청료 같은 청취료를 부과한 모양이다. '라디오 도청자는 엄벌에 처한다'라는 제목의 기사가 보도된 것으로 보아 청취료를 내지 않고 몰래 ⊙<u>듣는</u> 사람들이 많았던 것 같다. 방송 광고가 없었으니 청취료는 경성 방송국의 유일한 수입원이었다. 광고 속의 라디오는 진공관을 갖춘 초기 형태의 라디오로 미국에서 수입된 것으로 보인다. '구미 고급 무선 전화기(라디오)와 부분품을 직수입 판매'한다고 쓰여 있다. 경성 방송국 청취 계약도 받는다고 되어 있다.

06 이 글에서 추론할 수 있는 바로 적절하지 않은 것은?

① 우리나라의 첫 라디오 방송에서는 일본어가 상당히 많이 사용되었다.
② 경성 방송국은 라디오 방송을 통해 라디오 불법 청취자를 단속했다.
③ 경성 방송국은 개국 초기부터 성인과 어린아이를 대상으로 한 방송을 구상했었다.
④ 1920년대 후반에는 한국인보다 우리나라에 거주하는 외국인이 라디오를 더 많이 소유했다.

07 문맥상 밑줄 친 표현이 ⊙과 의미가 가장 가까운 것은?

① 정치가는 국민의 소리를 <u>들을</u> 줄 알아야 한다.
② 이 약은 두통에 잘 <u>듣는</u> 약이라고 알려져 있다.
③ 나는 이번 학기에 여섯 과목을 <u>들을</u> 계획이다.
④ 운전 중에 브레이크가 말을 <u>듣지</u> 않아 사고가 날 뻔했다.

08~09 다음 글을 읽고 물음에 답하시오.

> 18세기 이후 창작된 국문 소설로서 주목되는 것은 '가문 소설'이다. 가문 소설이란, 한 가문의 몇 대에 걸친 이야기나 몇몇 가문이 혼인을 통해 서로 얽히면서 파란을 빚는 이야기를 긴 편폭으로 펼쳐 보이는 소설을 지칭한다. ㉠이것으로 알려져 있는 작품은 수십 종이나 되며, 여타의 장편 소설과 달리 '대장편'으로서의 규모를 보여 주는 작품들이 대부분이다. 가령 〈명주보월빙〉과 〈윤하정삼문취록〉은 각각 100책과 105책의 분량으로서 연작을 이루고 있으며, 〈완월회맹연〉 같은 작품은 180책이나 된다.
>
> 가문 소설은 중세 유교 사회의 '가문 의식'과 대단히 밀접한 관련을 맺고 있다. ㉡이것은 오래전부터 존재해 왔다 할 수 있으나, 특히 17세기 후반 이래 더욱 강화되어 온 것으로 지적된다. 그것은 정치적·사회적·이념적 여러 요인과 깊이 관련되어 있다. 즉 정치적으로 이 시기 이래 몇몇 가문이 정권을 독차지하는 현상이 일반화되었고, 사회적으로 임진왜란과 병자호란을 거치면서 지배 체제가 이완되거나 해체되는 양상을 보였다. 이에 따라 사대부층에서는 가부장적 질서를 강화하고 옹호함으로써 지배 체제를 유지하고자 했으며, 그러한 노력은 지배 이데올로기인 주자학의 교조화로 뒷받침되었다. 17세기 후반 이래의 이러한 사회 정치적·이념적 현실이 사대부층의 가문 의식의 강화를 야기했고, ㉢이것의 강화는 다시 가문 소설이라는 새로운 형태의 소설을 낳게 했던 것이다. 거의 모든 ㉣것이 가부장적 가문 질서의 수립과 가문의 위상을 높이는 데 초점을 맞추고 있는 것도 이러한 성립 배경과 무관하지 않다.

08 이 글에서 추론한 내용으로 가장 적절한 것은?

① 가문 소설은 모두 100책 이상의 장편으로 구성되어 있다.
② 가문 소설에는 17세기 후반의 정치적 상황이 사실적으로 재현되어 있다.
③ 가문 소설의 창작으로 인해 사대부들의 가문 의식이 나타날 수 있었다.
④ 지배 체제가 흔들리는 사회적 상황 속에서 오히려 그 체제를 강화하려는 소설 형태가 등장하였다.

09 ㉠~㉣ 중 의미하는 바가 같은 것끼리 짝 지은 것은?

① ㉠, ㉡
② ㉠, ㉢
③ ㉡, ㉢
④ ㉢, ㉣

10 다음 글을 읽고 이해한 내용으로 적절하지 않은 것은?

> 하나의 언어 표현이 둘 이상의 의미를 나타내는 현상을 '중의성'이라고 하는데, 문장의 구조를 중심으로 중의성의 양상을 살펴보면 다음과 같다.
>
> 첫째, 수식의 범위에 따른 중의성이다. 예를 들어 '예쁜 민지의 목소리가 들린다.'에서 관형어 '예쁜'이 '민지'를 수식할 수도 있고 '목소리'를 수식할 수도 있기 때문에 중의성이 생긴다.
>
> 둘째, 주어와 목적어의 범위에 따른 중의성이다. '나는 철수와 영희를 달랬다.'는 내가 '철수와 영희' 둘 다 달랬다는 의미로도 해석되지만, 내가 철수와 함께 '영희'를 달랬다는 의미로도 해석되기 때문에 중의성이 생긴다.
>
> 셋째, 비교의 범위에 따른 중의성이다. '아버지는 어머니보다 강을 더 좋아한다.'는 행위의 주체인 '아버지와 어머니'가 강을 놓고 그 선호도를 비교했다는 의미로 볼 수도 있고, 아버지가 행위의 대상인 '어머니와 강'을 놓고 그 선호도를 비교했다는 의미로 볼 수도 있기 때문에 중의성이 생긴다.
>
> 넷째, 부정의 범위에 따른 중의성이다. 가령 '나는 어제 그녀를 만나지 않았다.'는 '않았다'가 부정하는 것이 '나'인지, '어제'인지, '그녀'인지, '만나다'인지 불분명하기 때문에 중의성이 생긴다.
>
> 이와 같은 중의적 표현은 의사소통에 방해가 되기 때문에 중의성을 띠지 않도록 표현하는 것이 바람직하다. 쉼표를 사용하거나, 어순, 단어, 조사 등을 바꾸거나, 단어나 조사를 추가하면 중의성이 해소될 수 있다.

① '나는 밥을 먹는 것보다 잠을 자는 것을 더 좋아한다.'는 비교 범위에 따라 중의성이 생긴다.

② '학생들이 소풍을 다 가지 않았다.'는 '학생들 중 일부만 소풍을 갔다.'라는 의미로도 해석될 수 있다.

③ '그는 어제 고향에서 온 친구를 만났다.'는 '어제'가 수식하는 성분이 명확하지 않아 중의성이 생긴다.

④ '선생님이 보고 싶은 졸업생이 많다.'는 '선생님을 보고 싶어 하는 졸업생이 많다.'와 같이 고치면 중의성이 해소된다.

매일 국어 18회

01 〈공공 언어 바로 쓰기 원칙〉에 따라 수정한 것으로 적절하지 않은 것은?

┌─────────── 공공 언어 바로 쓰기 원칙 ───────────┐
㉠ 문맥에 맞는 정확한 단어를 사용할 것
㉡ 주어와 서술어를 호응시킬 것
㉢ 필요한 문장 성분이 생략되지 않도록 할 것
㉣ 비슷하거나 같은 뜻을 나타내는 표현을 반복하여 쓰지 않을 것
└───┘

① '이 증명서는 재산 소유 여부의 확인용으로 사용할 수 없습니다.'는 ㉠에 따라 '이 증명서는 재산 소유 유무의 확인용으로 사용할 수 없습니다.'로 수정한다.
② '가장 좋은 방법은 미리 전문의와 상의하여 치료 시기를 결정하는 것이 좋습니다.'는 ㉡에 따라 '가장 좋은 방법은 미리 전문의와 상의하여 치료 시기를 결정하는 것입니다.'로 수정한다.
③ '새로운 아이디어와 구체적인 실천 계획을 세운다.'는 ㉢에 따라 '새로운 아이디어를 발굴하고 구체적인 실천 계획을 세운다.'로 수정한다.
④ '참석자의 과반수 이상이 수정된 안건에 찬성하였다.'는 ㉣에 따라 '참석자의 과반수가 수정된 안건에 찬성하였다.'로 수정한다.

02 다음 글이 참이라고 할 때, 〈보기〉의 진술 중 반드시 참인 것을 모두 고르면?

> 형사가 주변 CCTV를 확보하거나 경찰이 증거물을 감식한다. 만약 형사가 주변 CCTV를 확보하면, 용의자 A 또는 용의자 B의 알리바이가 증명된다. 그런데 용의자 A의 알리바이는 증명되지 않는 것으로 확인되었다.

〈보기〉
㉠ 용의자 B의 알리바이가 증명된다면, 형사가 주변 CCTV를 확보한 것이다.
㉡ 용의자 B의 알리바이가 증명되지 않는다면, 경찰이 증거물을 감식한 것이다.
㉢ 경찰이 증거물을 감식하면, 형사는 주변 CCTV를 확보하지 않는다.

① ㉡
② ㉠, ㉡
③ ㉡, ㉢
④ ㉠, ㉡, ㉢

03 다음 세 진술이 모두 거짓일 때, 반드시 참인 것은?

> • 키가 큰 모든 학생은 축구를 하지 않는다.
> • 키가 큰 모든 학생은 안경을 쓴다.
> • 축구를 하는 어떤 학생은 안경을 쓰지 않는다.

① 안경을 쓰는 어떤 학생은 키가 크다.
② 키가 큰 모든 학생은 축구를 한다.
③ 안경을 쓰는 어떤 학생은 축구를 하지 않는다.
④ 키가 큰 모든 학생은 안경을 쓰지 않는다.

04 다음 글의 논지를 강화하는 내용을 〈보기〉에서 모두 고른 것은?

언어가 꽃이라면 옹알이는 꽃눈이자 떡잎이다. 아기들은 옹알이로 언어에 다가들어 선다. 갓 태어났을 때는 옹알이인지 아니면 우연히 새어 나온 소리인지 구별하기 어렵다. 그러나 생후 약 여섯 달이 되면 억양 같은 가락이 생기기 시작한다. 아직 전혀 문장 구성이나 어휘 형성이 되어 있지 않으나 얼핏 들으면 마치 무슨 말을 하려고 했던 것 같은 어조와 억양을 구현한다.

흥미롭게도 아기들은 흥분 상태에서는 옹알이를 하지 않고 평안한 상태에서 옹알이를 한다고 한다. 부모가 아기들을 평안하게 보호해 줄수록 언어의 기초를 더 충분히 닦을 수 있다는 뜻도 될 것이다. 엄마들은 전혀 의미를 담고 있는 것 같지 않은 옹알이를 향해 맞장구를 친다. 아기들은 또 그 맞장구에 응답하는 옹알이를 한다. 이러한 엄마와 아기의 '가상적 대화'는 이후 평생을 사용하게 되는 언어의 가장 단단한 밑바탕을 만들어 간다. 자음과 모음도 서서히 구분되기 시작한다. 이렇게 우리는 모어를 배워서 평생 사용하게 되었다.

어조와 억양은 개별 언어의 가장 큰 특색이다. 또한 자신이 속한 집단의 정체성을 드러내 주기도 한다. 그리고 그것은 사실상 태어나면서부터 형성된다. 또 어휘는 쉽게 잊어도 이때 옹알이와 함께 익힌 말의 가락은 여간해서는 잊지 않는다. 태어나서 맨 처음 부모와 함께 만든 창작품이기 때문이다.

〈 보기 〉

㉠ 양육자의 태도에 따라 옹알이가 활성화되는 정도는 달라질 수 있다.
㉡ 어휘와 달리 옹알이를 통해 익힌 어조나 억양은 오래 기억된다.
㉢ 옹알이는 언어로 진입하는 첫걸음이 된다.

① ㉠
② ㉠, ㉡
③ ㉡, ㉢
④ ㉠, ㉡, ㉢

05 다음 글에 대한 평가로 적절한 것만을 〈보기〉에서 모두 고르면?

> 시민의 준법정신이 투철한 사회는 치안이 확실하게 보장되고 모든 절차와 관행의 예측 가능성이 높아지는 등의 장점이 있으므로 분명히 살기 편할 것이다. 그러나 모든 시민이 맹목적으로 모든 법률에 대하여 복종만 하는 사회가 도덕적으로 바람직하다고 말할 수는 없다. 사회 질서가 잘 유지되고 국가 공동체가 계속 존속하기 위해서는 법률과 국가 정책에 대한 시민의 복종이 필수적이지만, 시민은 국가의 권위를 인정하면서도 항상 국가의 법이나 명령이 타당한지를 점검해야만 한다. 개인의 양심과 사회 전반의 정의감에 비추어 보아 도저히 승복할 수 없거나 최고의 상위법인 헌법에 비추어 보아 명백하게 잘못된 법률일 때, 법률에 대한 복종 의무를 철회하고 공개적으로 위법을 저지르면서 저항해야 한다. 이것이 바로 '시민 불복종'이다.

〈보기〉

㉠ 국민이라면 부당한 법이라 하더라도 국가의 사회와 안정을 위해 이를 지키는 것이 바람직하다는 견해는 이 글의 논지를 약화한다.
㉡ 명백하게 잘못된 법률에 복종하는 사회보다 이에 불복종하는 사회가 더 높은 수준의 민주주의를 구현하고 있다는 기사는 이 글의 논지를 강화한다.
㉢ 사람은 법률을 해석할 때 개인적인 경험이나 가치관에 따라 판단하므로 법률의 적정성이나 정의를 판단하는 데 오류를 범할 가능성이 높다는 주장은 이 글의 논지를 강화한다.

① ㉠
② ㉡
③ ㉠, ㉡
④ ㉡, ㉢

[06~07] 다음 글을 읽고 물음에 답하시오.

> 현대 사회에서 반복되는 화재 사고는 단순한 인재를 넘어 구조적 문제로 여겨지고 있다. 이를 해결하기 위해 노후 건축물의 소방 설비를 강화하고, 소방 인력 및 장비를 ㉠확충하는 방안이 꾸준히 제기되어 실행되고 있다. 그러나 이러한 대책들은 사고 발생 이후의 '대응'에 초점을 맞추고 있으며, 여전히 화재를 근본적으로 예방하는 데에는 한계가 존재한다. 이제는 '소방'을 단순한 긴급 대응이 아닌, 도시 설계와 정책 전반에 통합된 안전 인프라로 바라보아야 한다. 예를 들어 신도시 계획 단계에서부터 화재에 강한 도시 구조를 설계하고, 건축법상 일정 규모 이상의 건물에는 의무적으로 화재 시뮬레이션 시스템을 ㉡탑재하는 등의 사전적 접근이 필요하다. 나아가 소방을 '시민 참여형 안전 문화'로 ㉢전환해, 지역 사회가 ㉣자발적으로 안전 점검과 교육을 수행할 수 있도록 하는 구조도 마련해야 한다. 이는 기존 대응 중심의 소방 정책이 가지는 한계를 보완하며, 보다 지속 가능한 예방 중심의 소방 전략으로 이어질 수 있다.

06 이 글의 논지를 강화하는 것으로 가장 적절한 것은?

① 기술 발전으로 인해 사후 대응 체계의 효율성과 신속성이 과거보다 크게 향상되었다.
② 화재는 언제, 어떤 방식으로 발생할지 예측하기 어렵다는 점에서 완전한 예방은 불가능에 가깝다.
③ 화재 시뮬레이션을 도입한 덕분에 화재가 발생했어도 주민 전원이 안전하게 대피한 아파트가 있다는 사례가 보고되었다.
④ 예방 중심의 정책은 장기적이고 추상적인 접근이 필요한 반면 대응 중심의 정책은 즉각적이고 가시적인 효과를 낳을 수 있다.

07 ㉠~㉣과 바꾸어 쓸 수 있는 유사한 표현으로 적절하지 않은 것은?

① ㉠: 늘리는
② ㉡: 끌어 들이는
③ ㉢: 바꾸어
④ ㉣: 스스로

08~09 다음 글을 읽고 물음에 답하시오.

　　원시 시대 사람들은 동굴의 벽에 그림을 그려서 자신의 의사를 표현하곤 했는데, 시간이 흐름에 따라 이런 그림들이 지닌 회화성이 기호화·부호화됨으로써 문자의 체제를 갖추게 되었다. 그런데 문자 문명이 극도로 발전한 오늘날에도 대중교통을 타는 곳, 화장실 등을 간단한 그림으로 표현하고 있다. 우리의 의사 표현 방법이 원시 시대의 그것으로 돌아가는 것일까?
　　문자와 그림은 모두 메시지를 전달할 수 있다. 하지만 까다로운 규약과 관습을 익혀야만 사용할 수 있는 ⊙ 전자에 비해 ⊙ 후자의 메시지 전달력이 더 강하다. 이는 ⊙ 전자에 비해 ⊙ 후자가 어떤 의미를 읽을 때, 시각적 효과를 통한 내용 전달로 인해 강한 인상을 심어 줄 수 있기 때문이다. 게다가 그림은 글자를 모르는 사람이나 다른 언어를 사용하는 사람들에게도 전달할 수 있다는 이점이 있다. 그림이 가지는 또 다른 이점도 있다. 후기 산업 사회에 접어든 현대인의 삶은 빠른 속도와 기계화에 젖어 있다. 이처럼 변화된 사회에서, 우리는 문자 대신 그림을 사용함으로써 시간을 절약할 수 있다. 예를 들어 '이 지역에는 함부로 들어오지 마세요.'를 더 줄여서 표현하면 '출입 금지', 이를 더 줄이면 '×'라는 그림만으로도 의사 표현이 가능한 것이다.
　　그렇다면 앞으로 우리 생활에서 의사소통의 기능을 수행하는 문자와 그림 중 그림이 더 늘어나고 다양화될 수 있을까? 아무리 ⊙ 후자가 정교하더라도 ⊙ 전자와 같이 관념적이거나 추상적인 내용까지 모두 나타낼 수는 없으므로, 그림이 차지할 수 있는 영역에는 한계가 있다. 원시 시대 동굴에 새겨진 벽화의 그림이 문자가 없던 시절에 사람들의 뜻을 전달하는 수단이었다면, 오늘날 우리가 다시 그림을 이용하여 의사를 전달하는 것은 정확한 의사소통보다 편의성을 고려한 것이다.

08 이 글에 대한 평가로 적절한 것만을 〈보기〉에서 모두 고르면?

― 보기 ―

㉮ 똑같은 내용의 광고를 하더라도 문자로 설명하는 것보다는 이미지나 영상이 광고 효과를 높일 수 있다는 보고가 많다면, 이 글의 논지는 강화된다.
㉯ 국제공항에서 '세관, 출입국 심사' 등을 표시하는 그림이 'customs, immigration'을 보는 것보다 그 의미를 유추하는 데 시간이 걸린다면, 이 글의 논지는 강화된다.
㉰ '민주주의', '사회 계약론', '양자 역학' 같은 개념을 그림만으로 설명하는 것이 불가능하다면, 이 글의 논지는 강화된다.

① ㉮　　　　　　　　　　② ㉮, ㉯
③ ㉮, ㉰　　　　　　　　④ ㉯, ㉰

09 문맥상 ⊙~⊎ 중 지시하는 바가 동일한 것으로만 묶인 것은?

① ㉠, ㉢, ㉥　　　　　　② ㉠, ㉣, ㉤
③ ㉡, ㉢, ㉤　　　　　　④ ㉡, ㉣, ㉥

10 다음 글을 읽고 이해한 내용으로 적절하지 않은 것은?

> '마침표(.)'는 아라비아 숫자만으로 연월일을 표시할 때 쓴다. 글자 대신 마침표로 연월일을 나타낼 수 있는 것인데, 예를 들어 '1919년 3월 1일'에서 한글로 쓰인 '년, 월, 일'은 각각 마침표로 대신하여 '1919. 3. 1.'과 같이 쓸 수 있다.
>
> '소괄호(( ))'는 '2014. 12. 19.(금)'과 같이 주석이나 보충적인 내용을 덧붙일 때 쓰거나 '대한민국(大韓民國), 크레용(crayon)'과 같이 우리말 표기와 원어 표기를 아울러 보일 때 쓴다. '嗜好(기호), 姿勢(자세)'와 같이 원어에 대응하는 한글 표기를 아울러 보일 때에도 이 규정을 준용하여 소괄호를 쓴다.
>
> '대괄호([ ])'는 '이번 회의에는 두 명[이혜정(실장), 박철용(과장)]만 빼고 모두 참석했다.'와 같이 괄호 안에 또 괄호를 쓸 필요가 있을 때 바깥쪽의 괄호로 쓴다. 또한 '할아버지[祖父], 나이[연세]'와 같이 고유어에 대응하는 한자어임을 나타낼 때에도 대괄호를 쓴다. '낱말[word]'과 같이 고유어나 한자어에 대응하는 외래어나 외국어 표기임을 나타낼 때에도 이 규정을 준용하여 대괄호를 쓴다.

① '일'을 나타내는 마침표를 생략해서는 안 되므로 '20○○. 9. 7'은 '20○○. 9. 7.'로 수정한다.

② '남녀(男女) 나이[年齡] 제한 없음.'에서 '남녀(男女)'와 '나이[年齡]'는 문장 부호가 모두 적절하게 쓰였다.

③ 괄호 안에 또 괄호를 쓸 필요가 있을 때에는 '이번 시험 기간[5월 13일(화)~5월 16일(금)]에는 도서관을 24시간 개방할 예정입니다.'와 같이 쓴다.

④ 한자어나 외래어의 원어를 나타낼 때에는 '세계 보건 기구(WHO)에서는 미세 먼지를 1급 발암 물질로 분류하였다.'와 같이 소괄호를 쓴다.

실력 확인 모의고사 19~20회

맞힌 개수 /20
풀이 시간   분   초

01 〈공공 언어 바로 쓰기 원칙〉에 따라 다음 안내문의 ㉠~㉣을 수정한 것으로 적절하지 않은 것은?

┌─ 공공 언어 바로 쓰기 원칙 ─┐
• 필요한 문장 성분이 생략되지 않도록 할 것
• 의미에 맞는 정확한 단어와 조사를 사용할 것
• 대등한 것끼리 접속할 때는 구조가 같은 표현을 사용할 것

○○도 ○○교육 지원청 직원 채용 공고

1. 근무 조건
   - 신분: 교육 공무원이 아닌 ㉠1년 미만 계약직 신분으로서 계약 기간 만료 후 고용 관계 소멸
   - 응시 자격: 남자인 경우 ㉡병역 의무에서 면제되었거나 마친 사람
2. 원서 접수
   - 방법: ㉢방문 접수
3. 유의 사항
   - ㉣시험에 관한 규정 위반과 응시 원서의 기재 내용이 사실과 다른 사람은 합격을 취소합니다.

① ㉠: 1년 미만 계약직 신분으로써
② ㉡: 병역 의무에서 면제되었거나 병역 의무를 마친 사람
③ ㉢: 방문 제출
④ ㉣: 시험에 관한 규정을 위반하고 응시 원서의 기재 내용이 사실과 다른

02 다음 개요를 수정 및 보완하기 위한 의견으로 적절하지 않은 것은?

Ⅰ. 서론: 청소년 학교 폭력의 실태와 심각성

Ⅱ. 본론
  1. 청소년 학교 폭력의 문제점 ·············· ㉠
    가. 입시 위주의 교육 체제로 인한 학업 스트레스의 만연
    나. 자녀의 인성 교육을 담당하는 가정의 기능 약화
    다. 폭력 사건에 대한 소년법상의 경미한 처벌 제도
    라. 충동, 분노 등 감정 조절 능력의 중요성 ········ ㉡
  2. 청소년 학교 폭력에 대한 대처 방안
    가. 학업 스트레스에 대한 전문 심리 상담의 진행 및 강화
    나. [　　　㉢　　　]
    다. 피해자 중심의 정신적 회복 모색 ·············· ㉣

Ⅲ. 결론: 청소년 학교 폭력의 심각성에 대한 인식 제고 및 해결을 위한 노력 촉구

① ㉠은 하위 항목을 고려하여 '청소년 학교 폭력 심화의 원인'으로 수정한다.
② ㉡은 글의 통일성을 해치므로 삭제한다.
③ ㉢에는 'Ⅱ-1-나'를 고려하여 '공감적 대화를 통한 부부 간 갈등 해소'를 넣는다.
④ ㉣은 'Ⅱ-1-다'를 고려하여 '가해 정도에 따른 엄격한 처벌을 위한 소년법 개정'으로 수정한다.

03~04 다음 글을 읽고 물음에 답하시오.

　10구체 향가는 대체로 첫째~넷째 줄, 다섯째~여덟째 줄, 아홉째~열째 줄의 세 부분으로 시상이 나뉘는 것이 일반적이다. 그러나 충담사의 〈찬기파랑가〉는 다른 10구체 향가들과는 다소 색다른 변형을 보인다.
　이 작품은 기파랑이라고 하는 화랑을 추모하는 내용이다. 이 노래의 정서적 발단은 화랑인 기파랑이 죽어서 곁에 없다는 아쉬움에서 비롯되고 있는데, 기파랑을 하늘에 뜬 달과 물가의 수풀로 형상화하면서 화자 자신은 자갈 벌에서 기파랑이 지녔던 마음의 끝을 좇는 것으로 그리고 있다. 처음의 첫째~다섯째 줄에서는 ㉠달의 광명과 정결함, ㉡물가 수풀의 정정함과 우뚝함을 통하여 그리는 대상의 고결함과 드높은 기상을 나타내었다. 그리고 이어지는 여섯째~여덟째 줄에서는 하잘것없고 산만하여 근심이 많은 화자 자신을 형상화하여 시적 대상인 기파랑의 고결한 모습과 대비시킴으로써 추모와 찬미의 대상을 한껏 높이는 기법을 보여 준다.
　마지막 아홉째~열째 줄에서는 '아아'라는 감탄사로 정서적 고양과 전환을 이루면서 작품 전체를 총괄하는데, 드높은 ㉢잣가지를 ㉣눈이라도 덮지 못할 화랑이라고 확신하고 있다. 이와 같이 땅에 굳건히 뿌리를 내리고 서서 하늘을 찌를 듯한 잣나무의 이미지로 기파랑을 총괄한 것은 앞에서 제시한 두 부분의 시상과 관련된다. 첫째~다섯째 줄이 천상적인 숭고함을 노래한 것이고, 여섯째~여덟째 줄이 지상적 번뇌를 드러낸 것이라면, 아홉째~열째 줄은 그 천상적 숭고와 지상적 번뇌를 아우름으로써 인간적 숭고함의 극치를 시적으로 이루어 내어 시적 완결성을 보여 준 것이다.

03 이 글에서 이해한 내용으로 가장 적절한 것은?

① 〈찬기파랑가〉는 다른 10구체 향가들과 달리 세 부분으로 나눌 수 있다.
② 〈찬기파랑가〉는 살아 있는 기파랑의 아름다운 모습을 형상화한 작품이다.
③ 〈찬기파랑가〉에서 화자는 자신을 낮춤으로써 시적 대상을 예찬하고 있다.
④ 〈찬기파랑가〉에서는 시적 대상의 긍정적이고 부정적인 면을 고르게 서술하여 시적 완결성을 드러낸다.

04 ㉠~㉣ 중 문맥상 의미가 가장 다른 하나는?

① ㉠ 달
② ㉡ 물가 수풀
③ ㉢ 잣가지
④ ㉣ 눈

05 ㉮~㉰를 전제로 결론을 이끌어 낼 때, 빈칸에 들어갈 말로 가장 적절한 것은?

> ㉮ 제구력이 좋은 어떤 투수는 상황 판단력이 좋다.
> ㉯ 책임감이 강한 투수는 모두 체력이 좋다.
> ㉰ 상황 판단력이 좋은 투수는 모두 책임감이 강하다.
> 따라서 _____.

① 제구력이 좋은 어떤 투수는 체력이 좋다
② 제구력이 좋은 투수는 모두 책임감이 강하다
③ 체력이 좋은 투수는 모두 상황 판단력이 좋다
④ 상황 판단력이 좋지 않은 어떤 투수는 제구력이 좋지 않다

06 ㉠~㉣을 적절하게 수정하지 않은 것은?

영국에 있는 한 자선 구호 단체[CAF]의 조사에 따르면, 우리나라의 2015년 기부 지수[WGI]는 35점으로 조사 대상 145개국 중 64위를 차지했다. 2013년 45위, 2014년에 60위였던 점을 고려하면 그나마 ㉠<u>계속해서 올라가고 있는 것은 다행이다</u>. 미국, 영국 등 영미권 경제 선진국들이 기부 지수 상위권에 자리 잡고 있는 것은 예상 가능한 일이지만, 기부 지수 1위 국가가 미얀마라는 사실은 매우 놀랍다. 미얀마는 경제적으로 그리 풍족한 나라가 아님에도 기부를 많이 하는 것을 보면 기부는 ㉡<u>단순히 잘 살아야 많이 하는 것이다</u>.

기부 문화가 발전하기 위해서는 제도적인 여건 조성이 중요하다. 올해 세제 개편으로 다소 개선됐지만, 우리나라의 기부금에 대한 세액 공제율은 15%에 불과하고, 2,000만 원 이상 고액 기부금의 세액 공제율도 30% 수준에 머물고 있어, 미국 등에 비해 세제 유인이 약하다 할 수 있다.

㉢<u>또한 기부처에 대한 불신 해소도 중요하다</u>. 기부하는 사람이 기부할 곳을 정할 수 있는 지정 기탁제가 운영되고 있지만, 기부 단체의 투명성을 더욱 강화해 기부하는 마음에 상처를 주지 않도록 해야 한다.

최근에는 ㉣<u>기부 방법이 단일화되는 추세이다</u>. 어려운 이웃에게 식품을 기부하는 푸드 뱅크는 자칫하면 낭비될 수 있는 식품 자원의 효용성 증대 측면에서도 의미가 크다고 할 수 있다. 또, 거리의 구세군 자선냄비부터 인터넷이나 휴대 전화로 간단히 할 수 있는 기부까지, 마음만 먹으면 할 수 있는 다양한 형태의 기부가 있다.

① ㉠: 계속해서 떨어지고 있는 것도 문제다
② ㉡: 단순히 잘 살아야 많이 하는 게 아니다
③ ㉢: 그런데 기부처에 대한 신뢰도는 높은 편이다
④ ㉣: 기부 방법도 더욱 다양화되는 추세이다

07 ㉮~㉰를 가장 문맥에 맞게 배열한 것은?

정부나 지자체에서는 이른바 출산 축하금 지급, 출산 관련 의료비의 보험 적용 확대, 불임 부부의 시험관 아기 시술 지원 등을 하고 있다.

㉮ 출산 장려 정책은 분만을 전후한 수개월의 짧은 기간에 혜택을 집중시키는데, 그 이유는 가족과 모성의 생애 주기를 고려한 종합적 건강 증진보다는 건강한 신생아를 얻는 것 자체를 목적으로 하기 때문이다. 그런데 신생아 수만 늘어나면 저출산·고령화 문제가 해결되는가?

㉯ '잘 키우는 사회'란 보살핌과 양육의 사회적 기반이 잘 갖춰지고, 성별이나 경제적 계층에 상관없이 양육과 경제 활동을 조화롭게 영위할 수 있는 사회다. 행복한 미래를 위해서는 우리도 잘 키우는 사회를 지향해야 하며, 무엇보다 인식의 전환이 급선무다.

㉰ 출산 후에는 이들을 어떻게 키우고 가르칠 것인가 하는 더 큰 문제가 기다리고 있다. 결국 최선의 방안은 '많이 낳는 사회'가 아니라 '잘 키우는 사회'를 만드는 것이다.

㉱ 그런데 건강하고 안전한 출산을 보장하는 정책과 출산의 증대만을 목표로 하는 출산 장려 정책에는 분명한 차이가 있다.

① ㉮ - ㉰ - ㉱ - ㉯
② ㉰ - ㉯ - ㉱ - ㉮
③ ㉱ - ㉮ - ㉰ - ㉯
④ ㉱ - ㉮ - ㉯ - ㉰

[08~09] 다음 글을 읽고 물음에 답하시오.

　예로부터 헤로도토스는 '역사학의 아버지'라고 불렸다. 그러나 과학적 역사가 대두하면서 헤로도토스는 '거짓말쟁이의 아버지'로 비하된 한편 투키디데스야말로 '진정한 역사학의 아버지'로 추앙받기에 이르렀다. 헤로도토스는 페르시아 전쟁의 역사를 서술하면서 그 거대한 원인을 추적하기보다는 날씨, 지리, 일화 등 사소하고 일상적인 것을 잡다하게 기록한 반면 투키디데스는 펠로폰네소스 전쟁의 원인을 인간적 계기와 인과율의 법칙에 의존하여 웅장하게 설명하였다. 그 결과 ㉠그들에 대한 평가는 역전되기에 이르렀다. 이 사례는 과학적 역사가 대두한 이래 일상의 역사를 무시하던 역사학계의 모습을 단적으로 보여 준다.

　그러나 오늘날 일상의 역사는 여러 면에서 역사학의 기존 명제를 새롭게 만들고 있다. 일상의 역사는 기존의 역사에서 서술 대상으로 여기지 않았던 사람이나 사물을 주제로 삼는다. 즉 기존의 역사에서 말하듯 왕후장상이나 학문과 예술에 뛰어난 천재만이 역사를 만든 것이 아니라, 우리 주위에서 흔히 마주치는 사람들도 역사 속에서 나름대로 역할을 하여 왔다는 인식에 근거하여 ㉡그들의 일상적 삶을 복원하려는 시도를 한 것이다. 밑으로부터의 역사인 셈이다.

　일상의 역사는 문화사, 생활사, 미시사 등 요즈음 각광을 받고 있는 역사학의 분야와 많은 공통점을 나눈다. 이들의 지향점이 같기 때문일 것이다. 그 지향점이란 지금까지 역사학을 은밀하게 지배하여 왔던 근본적인 가정을 다시 설정하자는 것이다. 종래의 역사학은 승리자 중심으로 과거를 구성하고 ㉢그들을 기준으로 삼아 다른 사람과 사물에 억압을 가해 왔다. 우리 주변에서 늘 마주칠 수 있는 사람들의 삶의 방식, 문화, 사고방식 등을 담은 일상의 역사는 ㉣그들의 이야기를 통해 변방에 억압을 가하는 중심 자체를 해체하려고 한 것이다.

08 이 글에서 추론한 내용으로 가장 적절한 것은?

① 헤로도토스와 투키디데스는 동일한 전쟁을 일으킨 원인을 서로 다르게 서술하였다.
② 기존의 역사와 마찬가지로 문화사, 생활사에서는 승리자 중심으로 과거를 구성한다.
③ 일상의 역사는 기존의 역사학이 다루지 않았던 대상에 주목함으로써 아래로부터의 역사를 구현하고자 한다.
④ 일상의 역사에서 헤로도토스는 '거짓말쟁이의 아버지'이고, 투키디데스는 '진정한 역사학의 아버지'라고 평가할 것이다.

09 문맥상 ㉠~㉣ 중 지시 대상이 동일한 것만으로 묶인 것은?

① ㉠, ㉡
② ㉠, ㉢
③ ㉡, ㉢
④ ㉡, ㉣

10 다음 글의 ㉣에 추가해야 할 전제는?

　선재네 과일 가게는 들여놓는 과일의 종류가 매일 달라진다. 다음은 내일 들여놓을 과일 종류에 대한 정보이다.
㉠ 포도를 들여놓지 않으면 사과는 들여놓는다.
㉡ 망고를 들여놓으면 딸기도 들여놓는다.
㉢ 포도와 딸기를 둘 다 들여놓지는 않는다.
㉣ _____.
따라서 망고를 들여놓지 않는 것은 확실하다.

① 딸기를 들여놓는다
② 사과는 들여놓지 않는다
③ 포도는 들여놓지 않는다
④ 포도를 들여놓거나 딸기를 들여놓는다

11 다음 글에서 알 수 있는 내용으로 적절하지 않은 것은?

명목 금리는 우리가 접할 수 있는 표면상의 금리이며, 각종 금융 기관이 제시하는 일반적인 예금과 대출의 금리가 여기에 해당한다. 실질 금리는 명목 금리에서 물가 상승률을 차감한 값이다.

명목 금리는 물가 상승률과 실질 금리의 합과 같으므로, 두 지표의 변동을 알 수 있다면 명목 금리의 흐름도 예측해 볼 수 있게 된다. 명목 금리의 흐름을 파악하기 위해서는 먼저 물가 변동을 예상할 수 있어야 한다. 물가 상승률이 높아지면 명목 금리도 오르는데, 이는 화폐 가치가 떨어진 만큼 금리를 올려 보상받으려는 경향이 있기 때문이다.

실질 금리는 사전에 관측되기 어려우므로 이를 간접적으로라도 알려 줄 지표가 필요하다. 화폐가 없던 시절의 상황을 가정해 보자. 씨앗이나 농기구와 같은 실물을 빌리고 나중에 생산물 일부를 이자로 지급한다면, 어느 정도의 이자를 지급하는 것이 좋겠는가? 아마도 실물을 투자해서 얻게 될 추가적 생산물의 양 이내에서 이자를 지급할 것이다. 즉 실물 투자에 따라 늘어나는 추가적 생산물이 많으면 실질 금리는 높아진다. 이와 마찬가지로 경제가 잘 돌아가 경제 성장률이 높아지면 일반적으로 기업의 투자 성과도 높아진다. 따라서 실질 금리는 경제 성장률이 높으면 오른다.

① 명목 금리가 오르는 것은 물가 상승률이 오르기 위한 필요조건이다.
② 기업의 투자 성과가 높아지면 경제 성장률은 상승한다.
③ 실질 금리가 상승하지 않았으면 경제 성장률이 상승하지 않은 것이다.
④ 실물 투자에 따라 늘어나는 추가적 생산물이 많은 것은 실질 금리가 상승하기에 충분한 조건이다.

12 다음 글을 읽고 추론할 수 있는 바로 가장 적절한 것은?

60개의 탄소 원자로 이루어진 풀러렌은 독립적이고 완전한 구조를 가지고 있다. 축구공 모양을 하고 있으며 흑연, 다이아몬드처럼 탄소 원자만으로 이루어진 안정된 물질이다. 풀러렌은 대칭 구조로 이루어져 있어 다이아몬드를 능가하는 단단함을 가지고 있을 뿐만 아니라 고온과 고압에도 견딜 수 있다.

또한 특이한 전기적 반응을 일으키는데, 다른 물질과 어떻게 결합했는가에 따라 도체·반도체·초전도체의 기능을 한다. 텅 비어 있는 풀러렌 내부에 약 성분을 넣어 인체 내의 특정 기관으로 전달하는 것도 가능하다. 이러한 풀러렌의 특징은 나노 기술의 불을 지피는 계기가 되었다. 앞으로는 풀러렌에 방사성 원자를 다져 넣어 암도 치료하고 질병도 진단할 수 있을 것으로 예상하고 있다. 그 밖에도 풀러렌은 응용 가능성이 매우 넓기 때문에 다양한 분야에서 연구되고 있다. 스몰리 등은 풀러렌을 발견한 공로로 1996년 노벨 화학상을 받았다.

① 풀러렌 구조는 강한 압력을 받으면 무너진다.
② 스몰리 등은 풀러렌 구조를 개발한 공로로 노벨상을 수상했다.
③ 풀러렌은 텅 빈 구조 때문에 의료계에서 활용될 가능성이 있다.
④ 풀러렌은 다른 물질과 결합하지 않아도 반도체나 초전도체의 기능을 한다.

13~14 다음 글을 읽고 물음에 답하시오.

> 감기란 독감 바이러스 외의 다른 바이러스로 생기는 호흡기 염증성 질환을 통칭하는 질병이다. 예전에는 콧물, 기침, 재채기 같은 증상을 포괄적으로 감기라고 불렀지만 의학이 발달하면서 원인이 확실한 것들은 따로 부르고 있다. 현재까지 아데노바이러스를 비롯해 최소 100가지 이상의 바이러스가 감기를 일으킨다고 알려져 있다.
> 콧물, 기침, 재채기가 나고 목이 아프면 무조건 감기라고 생각하기 쉽지만 꼭 그렇지는 않다. 증상은 감기와 비슷하지만 실제는 다른 '사이비 감기'가 있다는 얘기이다. 병이 다르니 치료법도 당연히 달라져야 한다. 감기와 비슷하나 실제는 다른 사이비 감기를 살펴보자.
> 감기와 가장 혼동하는 질병에는 '독감'이 있다. 독감은 종종 '감기가 악화된 것' 또는 '감기 중에 독한 것'이라고 오해를 받는다. 감기와 독감 모두 콧물, 기침이 나는데, 며칠이 지나면 낫는 감기와 달리 독감은 심할 경우 기관지염이나 폐렴으로 발전하고, 오한, 고열, 근육통이 먼저 나타난다. 또 감기가 시기를 타지 않는 것과 달리 독감은 유행하는 시기가 정해져 있다.
> 독감은 유행성 감기 바이러스 때문에 생긴다. 감기는 백신을 만들 수 없지만 독감은 백신을 만들 수 있다. 왜냐하면 감기를 일으키는 바이러스는 워낙 다양하지만 독감을 일으키는 바이러스는 한 종류이기 때문이다. 단, 유행성 감기 바이러스는 변이가 심하게 일어나기 때문에 매년 백신을 새로 만들어야 한다. 노약자는 그 해에 유행하는 독감 백신을 미리 맞되, 백신으로 항체가 만들어지기까지는 시간이 걸리므로 독감이 유행하기 3~4개월 전에 맞아야 한다.

13 이 글의 설명 방식으로 적절하지 않은 것은?

① 독감 증상이 발현하는 순서에 따른 치료 과정을 제시하고 있다.
② 매년 독감 백신을 접종해야 하는 이유를 설명하고 있다.
③ 감기와 독감을 대비하여 각각의 특성을 설명하고 있다.
④ 사이비 감기의 예를 들어 잘못된 통념을 깨고 있다.

14 이 글을 이해한 내용으로 가장 적절한 것은?

① 감기 증상이 심각해지면 독감에 걸릴 수 있다.
② 독감은 유행 시기가 정해져 있지 않아 위험도가 높다.
③ 의학의 발달로 인해 같은 치료법으로 감기와 독감을 치료할 수 있다.
④ 감기 백신이 존재하지 않는 이유는 감기를 일으키는 바이러스가 다양하기 때문이다.

15 문맥상 ⊙의 의미와 가장 가까운 것은?

> 허리 디스크를 막으려면 생활 속 나쁜 습관을 ⊙ 고치는 게 좋다. 오랫동안 같은 자세로 서 있거나 다리를 꼬고 앉는 잘못된 자세는 가급적 피해야 한다. 의자 끝에 걸터앉거나 등받이 없는 의자에 앉기, 맨바닥에 앉는 좌식 생활 등은 허리를 비롯 고관절, 무릎에도 모두 악영향을 준다. 구부정한 자세에서 허리에 힘을 가하는 것도 척추나 디스크가 압력을 받아 허리 디스크 위험이 커진다.

① 글의 내용을 조금 고쳤더니 훨씬 재미있다.
② 그는 성실치 못한 태도를 고치고 제법 진지해졌다.
③ 이 병원은 병을 잘 고친다고 소문이 자자하다.
④ 아버지는 장마철이 오기 전에 지붕을 고치라고 말씀하셨다.

16 다음 글에서 말하고자 하는 바로 가장 적절한 것은?

동물이 같은 종의 구성원에게서 행동을 배우는 것은 비교적 흔한 일이다. 연구에 따르면, 땅벌은 무리의 다른 구성원에게서 퍼즐 상자를 여는 법을 배울 수 있다. 아기 미어캣은 부모에게서 전갈을 안전하게 먹는 법을 배운다. 연구자들은 이러한 종류의 사회적 학습을 일종의 '문화'라고 부르는데, 특정 동물 집단 간에 특정한 행동 추세를 만들어 내기 때문이다. 그런데 푸른 일본 섬 야쿠시마에서 독특한 현상이 발견되었다. 이곳에 서식하는 일본원숭이들은 사슴들의 등에 기수처럼 올라타 섬을 돌아다니며 부드러운 털을 손질한다. 그러면 사슴들은 원숭이들이 버린 과일을 먹고 밤에 원숭이의 잠자리로 가서 원숭이의 똥을 먹고 효과적으로 원숭이의 집을 청소해 준다. 이에 대해 스트라스부르 대학교의 동물 행동 복잡성 전문가인 세드릭 쉬어 교수는 "그들에게는 일종의 관찰, 사고 또는 통찰력이 있습니다. 저는 그들이 정말로 상호 작용을 하고 서로와의 교류를 통해 이익을 얻으려고 노력하고 있다고 생각합니다."라고 말했다. 쉬어 교수와 그의 동료들은 사회적 학습이 종간에만 국한되지 않고 다른 종간에서도 발생할 수 있음을 시사한다고 이론화했다. 그들은 이를 '공동 문화'의 부상이라고 부른다. 그들은 이를 뒷받침하는 다양한 사례를 발견할 수 있었다. 가령 겨울철 옐로스톤 공원에서 까마귀는 숲에서 먹을 사체를 찾기 위해 회색 늑대를 따라다닌다. 코스타리카의 열대 우림에서는 다양한 종의 박쥐가 둥지를 공유하고 함께 먹이를 찾고 팀을 이루어 포식자로부터 둥지를 방어한다.

① 모든 동물이 공유하는 단 하나의 문화가 존재한다.
② 동물들의 의사소통은 사회적 학습을 통해 이루어진다.
③ 동물들의 문화적 관행은 종 경계를 넘어 발전할 수 있다.
④ 동물들은 같은 종의 개체가 수행하는 행동을 보고 그 행동을 학습한다.

17 다음 〈조건〉에 따를 때, 반드시 진행될 사업을 모두 고르면?

/ 조건 /
- 도로 정비 사업과 도시 재생 사업 중 한 개의 사업만 진행된다.
- 도로 정비 사업이 진행되거나 공원 조성 사업이 진행되지 않으면, 도시 개발 사업은 진행되지 않는다.
- 공원 조성 사업과 도시 재생 사업이 모두 진행되지 않으면, 도시 개발 사업이 진행된다.
- 공원 조성 사업은 진행되지 않는다.

① 도로 정비 사업
② 도시 재생 사업
③ 도로 정비 사업, 도시 재생 사업
④ 도시 재생 사업, 도시 개발 사업

18 다음 글에 대한 평가로 적절한 것만을 〈보기〉에서 모두 고르면?

> 요한 하위징아는 1938년에 출간한 《호모 루덴스》에서 놀이는 문화의 한 요소가 아니라 문화 그 자체라고 역설한 바 있습니다. 그는 합리주의와 낙관론을 숭상했던 18세기에 우리는 우리 종족을 '생각하는 인간(Homo Sapiens)'이라고 칭했지만 그것은 이성을 숭배하던 시절의 정의라고 못 박고, 인간을 다른 동물들과 확연히 구별할 수 있는 특징은 '놀이하는 것' 그리고 그것을 예술과 문화로 승화시킨 능력이라고 설명했습니다.
>
> 미국 놀이 연구소 소장 스튜어트 브라운에 따르면, 놀이는 인간의 창의성을 높여 주는 가장 창조적인 행위라고 합니다. 그는 도널드 헵의 '가소성 이론'을 빌려서 '인간은 놀이를 통해서 정상적인 어른으로 성장할 수 있다.'라고 주장합니다.
>
> 미국의 행동주의 심리학자인 헵은 자극이 많은 환경에 놓인 쥐들의 뇌에서 신경 세포들이 더 많은 수상 돌기와 축삭 돌기를 뻗고, 그들 사이의 시냅스 연결도 증가한다는 것을 보여 주었습니다. 쥐가 살고 있는 상자에 놀이 기구를 많이 들여놓았더니 시냅스 연결이 현저히 늘어난 반면, 아무것도 넣어 주지 않은 상자에서 자란 쥐들은 신경 세포들이 제대로 발달하지 못했다는 사실을 관찰한 거죠. 신경 세포들 간의 연결도 많이 진행되지 않았고요. 그 결과 그는 시냅스 연결의 활성화가 기억 형성, 학습 능력 향상에 중요한 역할을 한다고 강조했습니다. 이를 토대로, 브라운은 아이들이 놀이를 통해서 생존에 필요한 다양한 삶의 지혜를 배우고 의사 결정 과정을 제대로 익힌다고 주장합니다. 특히 인간은 그 어떤 동물보다 유년기가 길기 때문에 그 시절 놀이를 통해서 다양한 행동 양식을 학습하고 성장하는 거죠.

〈보기〉

㉠ 이성이 인간과 동물을 나누는 유일한 기준이라면, 하위징아의 주장은 약화된다.
㉡ 시냅스 연결의 증가가 동물 인지 발달의 핵심 조건이라면, 헵의 주장은 강화된다.
㉢ 아이들이 놀이를 통해 역할 분담, 규칙 생성 등을 통해 민주적 의사 결정 과정을 익힌다면, 브라운의 주장은 강화된다.

① ㉠, ㉡
② ㉠, ㉢
③ ㉡, ㉢
④ ㉠, ㉡, ㉢

19 다음 대화를 분석한 내용으로 적절하지 않은 것은?

> 갑: 자율 주행차가 주행 중 보행자를 피하면 탑승자가 가드레일에 충돌해 죽고, 그렇지 않으면 탑승자는 살지만 보행자는 죽게 되는 '자율 주행차의 윤리적 딜레마' 상황을 가정해 보자. 이럴 경우 자율 주행차는 누구를 보호하도록 설계되어야 할까?
>
> 을: 자율 주행차는 공공 도로 위에서 운행되는 기계잖아. 그러니까 공공의 안전이 우선되는 게 사회적 정의에 부합해. 만약 자율 주행차가 탑승자만 보호하려고 한다면, 보행자 입장에선 로봇차가 다니는 거리 자체가 위협이 되겠지. 기술이 신뢰를 유지하려면 공공의 안전을 책임져야 해.
>
> 갑: 탑승자가 희생되는 구조라면 누가 그런 차를 타겠어? 자율 주행차는 운전자가 직접 선택하고 돈을 주고 산 상품이야. 탑승자는 그 기술을 신뢰하고 자신의 안전을 맡긴 것이니까 그 책임을 시스템이 져야지. 소비자의 기대를 저버린 기술은 시장에서 살아남을 수 없어.
>
> 병: 그러면 시장에서 장기적으로 성공하기는 어려워. 보행자는 상황을 통제할 수 없는 위치에 있기 때문에 도로에서 가장 약자야. 자율 주행차는 이런 약자를 우선 고려해야 시장에서 장기적으로 살아남을 수 있어. 게다가 법적으로도 보행자 보호는 교통의 가장 기본 원칙이야.
>
> 정: 생명을 다루는 다른 교통수단들, 특히 항공이나 해양 운송 분야를 보면, '먼저 선내 생명부터 보호한다.'라는 국제적 안전 원칙이 있어. 비상 상황에서 객실 내 승객을 먼저 구하고, 이후 주변 피해를 줄이려는 조치를 취하잖아. 이건 통제 범위가 명확한 쪽부터 우선 보호하는 게 원칙이기 때문이야. 자율 주행차도 마찬가지야.

① 자율 주행 시스템이 보호할 대상으로 갑은 탑승자를, 병은 보행자를 주장한다.
② 보행자보다 탑승자가 우선인 자율 주행 시스템에 대한 을과 정의 주장은 서로 대립한다.
③ 자율 주행차 기술을 향한 신뢰를 기준으로 자율 주행차가 보호해야 할 대상을 설명하는 사람은 갑과 을이다.
④ 자율 주행차의 윤리적 딜레마 상황에서 병은 자율 주행차가 통제할 수 있는 자를, 정은 통제할 수 없는 자를 보호해야 한다고 주장한다.

20 다음 글에서 추론한 내용으로 적절하지 않은 것은?

> 관형사는 체언인 명사, 대명사, 수사 앞에서 해당 체언을 꾸며 주는 품사이고, 관형어는 체언을 꾸며 주는 문장 성분이므로, 서로 문법 단위가 다르다.
>
> 관형사는 단어의 성질 자체가 체언의 수식에 있고, 문장 성분으로는 관형어의 기능을 한다. 하지만 관형어는 관형사로만 실현되는 것은 아니다. 관형사 이외에도 체언과 관형격 조사의 결합, 용언의 어간과 관형사형 어미의 결합, 체언 자체로도 관형어로 쓰일 수 있다. 예를 들어, '헌 집을 고쳐서 예쁜 집으로 만들었다.'라는 문장에서 '헌'은 '집'을 꾸며 주는 관형사이다. 이때 '헌'은 조사와 결합하지 않으며, '헌'이라는 고정된 형태로만 쓰인다. 한편 '예쁜'은 형용사인데, 어간 '예쁘-'에 관형사형 어미 '-(으)ㄴ'이 결합하여 '집'을 꾸미는 관형어로 쓰인다. 이 경우, '예쁜'은 활용을 하며 서술성을 지니게 된다.

① '그는 마음이 아름다운 사람이다.'에서 '아름다운'은 서술성을 지닌 형용사이다.
② '아기는 새 옷을 입었다.'에서 '새'는 조사와 결합할 수 없는 관형사이다.
③ '태풍에 큰 나무가 쓰러졌다.'에서 '큰'은 어간 '크-'에 관형사형 어미가 결합한 관형사이다.
④ 관형어와 관형사는 모두 체언을 꾸며 주는 기능을 하지만 모든 관형어가 관형사인 것은 아니다.

공무원 국어의 독보적 기준
선재국어가 제시하는 매일 학습 전략!

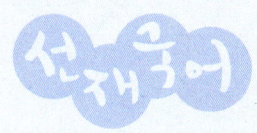

공무원 국어의 독보적 기준
선재국어가 제시하는 매일 학습 전략!

공무원 국어의 독보적 기준
선재국어가 제시하는 매일 학습 전략!

선재국어가 제시하는 매일 학습 전략

정답과 해설

2026 선재국어

신유형
매일 국어

이선재·선재국어연구소 편저

수비니겨

1위

가장 많은 수험생들이
선택하는 공무원 국어

공단기 국어 과목 패스 수강생 기준

선재국어가 제시하는 매일 학습 전략

정답과 해설

2026 선재국어

신유형
매일 국어

이선재·선재국어연구소 편저

수비니겨

공무원 국어의 독보적 기준 선재국어가 제시하는 매일 학습 전략!

ANSWER 정답과 해설

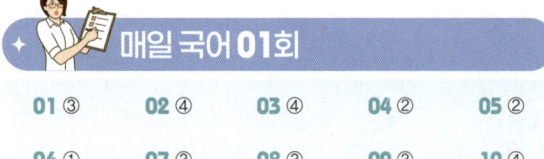

매일 국어 01회

| 01 ③ | 02 ④ | 03 ④ | 04 ② | 05 ② |
| 06 ① | 07 ③ | 08 ③ | 09 ③ | 10 ④ |

01　정답 ③

출전　국립국어원, 〈'점사랑'으로 대용량 문서 점역도 빠르게〉, 수정

해설
문맥상 '개선한 점'은 주목을 받는 대상이므로, 능동과 피동의 관계가 명확하도록 ㉢의 '주목된다'는 고치지 않고 그대로 두어야 한다.

오답 풀이
① ㉠의 '제작에'는 뒤에 오는 명사인 '편의성'을 수식하므로 관형어의 형태인 '제작의'로 수정한 것은 적절하다. '제작에'는 '제작'에 부사격 조사 '에'가 붙은 부사어이므로 '제작에 있어서'와 같이 뒤에 수식할 수 있는 용언이 와야 한다.
② ㉡은 '점역 처리 속도의 향상'과 '점역 정확도'가 모두 '높였다'와 호응하고 있는데, '점역 처리 속도의 향상을 높이다'는 어색하다. 대등한 것끼리 접속할 때는 구조가 같은 표현을 사용해야 하므로, ㉡을 '점역 처리 속도를 향상하고 점역 정확도를 높였다'와 같이 앞뒤의 문장 구조를 맞추어 수정한 것은 적절하다.
④ '제공하다'는 '…에/에게 …을 제공하다'의 형태로 쓰이므로, ㉣에는 '점자 문서를'과 같은 적절한 목적어를 넣어 주어야 한다.

02　정답 ④

해설
전제의 참이 결론의 참을 반드시 보장하는 논증은 연역 논증이다. ④를 기호화하면 다음과 같다.

1. ~장학금 → 아르바이트
2. ~아르바이트
∴ 장학금

2로 인해 1의 후건이 부정되어 전건 부정인 [장학금]이 도출된다. 따라서 전제가 참일 때, 결론도 반드시 참인 연역 논증이다.

오답 풀이
① 지금까지 탄 지하철이 모두 5분 안에 도착했다고 해서, 오늘도 그러리라는 보장은 없다. 따라서 결론이 참일 가능성은 있지만, 반드시 참이라고는 할 수 없는 귀납 논증이다.
② 똑똑한 사람들 가운데 수학적 능력이 뛰어난 사람이 많다고 해서, 갑돌이가 똑똑하니까 반드시 수학적 능력이 뛰어날 것이라고 확신할 수는 없다. 많은 것이지 전부는 아니기 때문이다.
③ 일란성 쌍둥이와 복제 인간의 유사성을 근거로 다른 속성도 유사할 것이라고 추론하는 귀납 논증이다. 둘은 유사하지만 동일한 대상은 아니므로, 이 논증의 결론이 반드시 참이라고 할 수는 없다.

03　정답 ④

해설
독서 모임 회원은 13명이고, 일 년은 12달이다. 따라서 독서 모임 회원 중 같은 달에 태어난 사람은 적어도 두 명이다. 전제가 모두 참일 때, 결론이 필연적으로 참이므로 이는 연역 논증이다. ④의 첫 번째 문장은 '최고 실력자 → 지역 대회 입상'으로 기호화할 수 있다. 여기에 대우 규칙을 적용한 '~지역 대회 입상 → ~최고 실력자'는 반드시 참이므로, ④는 제시된 논증과 같은 연역 논증이다.

오답 풀이
① 지금까지 겨울에 벚꽃이 피지 않았다고 해서 올해 겨울도 그러할 것인지는 확신할 수 없다. 올해 겨울에도 벚꽃이 피지 않을 것이라는 결론은 참일 개연성이 높은 것이지, 필연적으로 참이라고 할 수 없는 것이다.
② '닮았다'는 '똑같다'가 아니므로, 민정과 엄마가 닮고, 엄마가 외할머니와 닮았다고 해서 민정과 외할머니가 닮았을지는 알 수 없다. 즉 결론이 필연적으로 참이라고 할 수 없다.
③ B 도서관이 A 도서관처럼 우수한 도서관이라고 해서 B 도서관에도 과학책 코너가 반드시 있을 것이라고 확신할 수는 없다.

04　정답 ②

출전　윤상석, 〈인간은 왜 잠을 자야만 할까?〉, 《The Science Times》 (2021. 5. 21.), 수정

해설
1문단에서 시냅스로 연결된 우리 뇌의 특성을 설명한 뒤, 이 시냅스의 항상성을 유지하기 위해 수면이 필요하다는 점을 설명하고 있다. 2문단에서는 쥐 실험을 통해 뇌의 노폐물과 독소를 배출하는 데 수면이 중요한 기능을 한다는 점을 설명하고 있다. 이러한 내용을 고려할 때, '수면이 인간의 뇌에 미치는 중요성'이 중심 내용으로 가장 적절하다.

오답 풀이
① 1문단에만 일부 제시된 내용이다.
③ 제시문에서는 '뇌'의 항상성 유지 방법으로 수면의 중요성을 설명하고 있다. '인체의 항상성 유지 비법'은 제시문의 범위를 벗어난 내용이다.
④ 인간의 뇌에 수면이 필요하다는 사실을 뒷받침하기 위해 제시된 근거의 일부에 해당한다.

05 정답 ②

[출전] 임지룡 외, 《학교 문법과 문법 교육》

[해설]
언어에는 옛말의 자취가 남아 있어서 국어의 역사를 연구하는 데 도움이 되고, 방언은 문학 작품의 의미나 정서 등을 이해하는 데 도움을 준다는 내용이다. 따라서 '방언은 국어의 역사나 문학 작품을 이해하는 중요한 자산이므로 아끼고 잘 연구해야 한다'가 주장하는 바로 가장 적절하다.

[오답 풀이]
③ 문학 작품을 이해하는 데 방언이 중요한 역할을 할 수 있으며, 이러한 아름다운 방언의 경우 표준어로 채택한다면 국어의 어휘가 풍부해질 수 있다는 것이지, 방언을 모두 표준어로 채택해야 한다고 주장한 것은 아니다.

06 정답 ①

[해설]
㉠ '거두다'는 '좋은 결과나 성과 따위를 얻다'의 뜻으로 쓰였다. 이와 가장 가까운 의미로 쓰인 것은 ①이다.

[오답 풀이]
② 웃음을 거두다: 말, 웃음 따위를 그치거나 그만두다.
③ 회비를 거두다: 여러 사람에게서 돈이나 물건 따위를 받아들이다.
④ 노여움을 거두다: 어떤 대상에 대한 감정, 염려 따위를 접거나 놓아두다.

07 정답 ③

[출전] 윌리엄 맥어크킬, 〈냉정한 이타주의자〉, 수정

[해설]
1문단에서 특정 부분에만 주목하게 되는 공감 능력의 한계를 제시한 뒤, 2문단에서 올바른 도덕적 판단을 하려면 이성을 사용해야 함을 주장하고 있다. 따라서 올바른 도덕적 판단의 조건으로 공감이 아닌 합리적 이성을 강조한 ③이 글쓴이가 궁극적으로 말하고자 하는 바로 가장 적절하다.

[오답 풀이]
① 2문단에서, 공감 능력은 올바른 도덕적 판단을 방해하는 편견으로 작용할 가능성이 높다고 하였으나, 이는 글쓴이의 주장을 뒷받침하는 근거에 해당한다.
② 글쓴이는 공감 능력이 올바른 도덕적 판단을 방해한다고 보고 있으므로 글쓴이의 입장과 배치되는 주장이다.
④ 공감의 방법은 제시문에 나오지 않는 내용이다.

08 정답 ③

[출전] 한지현, 〈반어법의 성격과 작가의 시선 – 〈치숙〉과 〈날개〉를 중심으로〉, 수정

[해설]
반어법의 개념을 설명한 뒤, 1인칭 소설에서 반어법에의 의존성이 특히 높은 이유를 설명하고 있다. 즉 화자인 '나'와 작가가 동일하지 않은 1인칭 소설의 특성으로 인해, 화자인 '나'의 말을 독자가 제대로 판단할 수 있도록 하는 데 반어법이 사용된다는 것이다. 따라서 ③이 중심 내용으로 가장 적절하다.

[오답 풀이]
①·④ 제시문에서는 소설 중에서도 '1인칭 소설'에 한정하여 반어법의 기능을 설명하고 있으므로 '소설'에 대한 내용은 범위가 너무 넓게 설정된 것이다. 또한 반어법으로 등장인물을 비판적으로 평가한다는 것은 중심 내용으로 적절하지 않다.
② 제시문에 나오지 않는 내용이다. 1인칭 소설에서 '나'는 허구의 '나'이며, 때로는 작가 자신과는 전혀 거리가 먼 '나'라는 내용과 반대된다.

09 정답 ③

[해설]
㉠·㉡·㉣은 모두 1인칭 소설의 지문에서 '나'라고 지칭되는, 작품 속 허구의 인물을 의미한다. 반면 ㉢은 허구의 '나'와 구분되면서 글을 쓰고 있는 '나', 즉 '작가'를 의미한다. 따라서 의미가 다른 하나는 ㉢이다.

10 정답 ④

[출전] 임지룡 외, 《학교 문법과 문법 교육》, 수정

[해설]
제시문에 따르면, 자연 현상은 특별한 경계선이 없이 연속적으로 존재하지만 언어가 이를 구분하여 표현하는 것을 분절성이라고 한다. 따라서 실제로는 연속적으로 이어져 있는 바다를 '동해, 남해, 서해'로 구분하는 것은 언어의 추상성이 아니라 분절성의 사례에 해당한다.

[오답 풀이]
① 자의성은 형태와 의미의 관계가 필연적이지 않다는 것이다. '메아리'와 '산울림'이라는 유의어가 공존한다는 것은 이를 뒷받침하므로, 언어의 자의성을 보여 주는 사례로 적절하다.
② 사회성은 어떠한 말소리에 어떠한 의미가 맞붙어서 그것이 그 언어 사회 구성원들에게 인정을 받고 통용되면 그 사회의 모든 사람은 이에 따라야 한다는 것이다. '책상'을 사회 구성원들이 '의자'로 바꾸어 부를 수 없다는 것은 이를 뒷받침하므로, 언어의 사회성을 보여 주는 사례로 적절하다.

③ 역사성은 언어 기호가 시간의 흐름에 따라 변화하기도 한다는 것이다. '세수하다'가 '손을 씻다'의 뜻으로만 쓰이다가 현재는 '손이나 얼굴을 씻다'의 뜻으로 쓰이는 것은 이를 뒷받침하므로. 언어의 역사성을 보여 주는 사례로 적절하다.

보충 자료 3

1. 음성과 의미 중 하나가 변하면 → 자의성
2. 사회적 약속으로 고정되면 → 사회성
3. 시간이 흘러 변하면 → 역사성
4. 연속된 것을 끊어서 표현하면 → 분절성
5. 공통점을 찾아 하나의 개념으로 묶어 주면 → 추상성

매일 국어 02회

| 01 ④ | 02 ② | 03 ① | 04 ③ | 05 ④ |
| 06 ④ | 07 ③ | 08 ② | 09 ④ | 10 ② |

01　정답 ④

출전 국토 교통부, 〈미래 국토 전략 논의…국토·교통·환경 전문가 한 자리에〉, 수성

해설
앞말이 직접 인용 되는 말임을 나타내는 격 조사는 '라고'이므로 ㉣ '노력하겠다."라고'는 고치지 않고 그대로 두어야 한다. '고'는 앞말이 간접 인용 되는 말임을 나타낸다.

오답 풀이
① ㉠에는 '발전'과 '위한'이 중복되어 있다. 따라서 ㉠을 '국토의 지속 가능한 발전 전략을 모색하기 위한'과 같이 간결하게 수정한 것은 적절하다.
② ㉡은 '주요 이슈의 논의'와 '각 분야 계획 간의 연계성'이 모두 '높이기'와 호응하고 있는데, '주요 이슈의 논의를 높이다'는 어색하다. 대등한 것끼리 접속할 때는 구조가 같은 표현을 사용해야 하므로, ㉡을 '주요 이슈를 논의하고 각 분야 계획 간의 연계성을 높이기'와 같이 앞뒤의 문장 구조를 맞추어 수정한 것은 적절하다.
③ '마련되어지다(×)'는 피동 표현을 중복하여 사용한 것이므로 ㉢을 '마련되는'으로 수정한 것은 적절하다.

02　정답 ②

해설
조건문의 전건이 거짓이면, 후건의 참·거짓과 관계없이 조건문의 진릿값은 반드시 참이 된다. 따라서 을의 진술인 '비가 오면 카페가 문을 연다'는 전건이 거짓이므로 참이 된다.

오답 풀이
① 갑: 선언지가 하나라도 참이면 선언문의 진릿값은 참이 된다.
③ 병: 연언지가 하나라도 거짓이면 연언문의 진릿값은 거짓이 된다.
④ 정: 조건문의 전건이 참이고 후건이 거짓이면, 조건문의 진릿값은 거짓이 된다.

03　정답 ①

해설
㉠ '세금을 인상한다'가 참이고 '복지 예산을 인상한다'도 참일 때, '~세금 인상 → 복지 인상'은 반드시 참이다. 조건문의 전건이 거짓일 경우 조건문의 진릿값은 항상 참이 되기 때문이다.

ⓒ '노동조합이 파업을 한다'가 참이고 '노사가 합의를 본다'는 거짓일 때, '파업 ∨ 합의'는 반드시 참이다. 선언문은 명제들 중 하나만 참이어도 그 진릿값이 참이기 때문이다.
ⓒ '환경 오염이 심해진다'가 거짓이고 '환경 정책이 강화된다'도 거짓일 때, '~환경 오염 → ~환경 정책'은 반드시 참이다. 왜냐하면 조건문의 전건이 참, 후건이 참인 경우 조건문의 진릿값은 참이 되기 때문이다.

보충 자료 1

단순 명제		복합 명제				
P	Q	P∧Q	P∨Q	P→Q	P≡Q	~P
T	T	T	T	T	T	F
T	F	F	T	F	F	F
F	T	F	T	T	F	T
F	F	F	F	T	T	T

1. A가 참이고 B의 진릿값을 알지 못할 때, 'A ∧ B'는 **알 수 없음**이다.
2. A의 진릿값을 알지 못하고 B가 참일 때, 'A ∨ B'는 **참**이다.
3. A가 참이고 B가 거짓일 때, 'A → B'는 **거짓**이다.

04 정답 ③

출전 이정은, 〈"딱 2분만 보려 했는데 2시간…" 마약 같은 '숏 폼' 중독〉, 《동아일보》(2023. 3. 2.)

해설
쇼트 폼의 특성과 유해성을 설명한 글이다. 대표적 쇼트 폼 플랫폼인 '틱톡'이 청소년의 사용 시간을 1시간으로 제한하겠다는 내용이 제시되어 있지만, 이것이 1시간 이하로 사용 시간을 줄이면 중독성에서 벗어날 수 있다는 것은 아니다.

오답 풀이
① 1문단의, 쇼트 폼의 대다수 콘텐츠의 길이는 15~60초에 불과하며 시청이 끝나면 자동으로 다음 영상이 연결된다는 내용에서 알 수 있다.
② 2문단에 따르면, 팝콘 브레인 증상은 두뇌가 즉각적인 자극에 반복 노출될 경우 나타날 수 있는 현상이다. 쇼트 폼은 짧은 영상이 무한 재생되어 이를 본 시청자는 반복적인 자극에 노출되므로 쇼트 폼 시청자는 팝콘 브레인 증상을 일으킬 수 있다.
④ 2문단의, 쇼트 폼이 기억력과 집중력 저하는 물론 일상의 지루함과 같은 문제들에 대한 위기의식을 일으켰다는 내용에서 알 수 있다.

05 정답 ④

출전 제레미 다이아몬드, 《총, 균, 쇠》

해설
마지막 문단에 따르면, 인도네시아인들은 오래전부터 말라리아를 비롯한 열대성 질병을 경험했으므로, 뉴기니에 정착하려고 했던 유럽인들처럼 심각한 어려움을 겪지는 않았다. 이를 통해 유럽인들이 뉴기니 정착에 어려움을 겪은 이유 중 하나가 말라리아와 같은 열대성 질병임을 알 수 있다.

오답 풀이
① 2문단의, 파푸아 뉴기니는 영국의 제도를 모방한 민주주의적 정치 체제 속에서 살고 있다는 내용과 배치된다.
② 2문단에 따르면, 뉴기니섬 동반부는 파푸아 뉴기니이고 서반부는 인도네시아의 이리안자야주이다.
③ 마지막 문단에 따르면, 인도네시아인들은 질병이나 식생활 면에서 큰 어려움 없이 이리안자야주에 잘 적응할 수 있었다. 그러나 지형적 특성이 유사해 잘 정착할 수 있었다는 내용은 나오지 않는다.

06 정답 ④

출전 케네스 뉴튼, 《사회적 자본과 민주주의》

해설
마지막 문단의, 추상적 신뢰는 교육뿐 아니라 대중 매체를 통해 만들어진다는 내용과 배치된다.

오답 풀이
① 1문단의, 두터운 신뢰가 일차적 관계 속에서 발견된다는 내용에서 알 수 있다. 또한 2문단의, 얇은 신뢰는 느슨한 이차적 관계로 형성된 이익 사회 또는 유기적 연대와 짝 지어질 수 있다는 내용에서 알 수 있다.
② 1문단의, 두터운 신뢰는 직접적인 정치 참여를 포함하는 단순한 형태로, 이러한 형태의 민주주의적 참여는 현대 사회에서 거의 찾아볼 수 없다는 내용에서 알 수 있다.
③ 2문단의, 자발적인 공식 조직 내에서의 상호 작용은 민주적 규범을 발생시키는 데 필수적이라는 내용에서 알 수 있다.

07 정답 ③

해설
'중첩(重疊)되다'는 '거듭 겹쳐지거나 포개어지다'의 의미이다. 따라서 ⓒ '중첩되어'를 '엇갈리어'로 바꾸어 쓰는 것은 적절하지 않다.

오답 풀이
① '기반(基盤)하다'는 '바탕이나 토대를 두다'의 의미이다. 따라서 ㉠ '기반하고'를 '바탕을 두고'로 바꾸어 쓸 수 있다.
② '형성(形成)되다'는 '어떤 형상이 이루어지다'의 의미이다. 따라서 ㉡ '형성된'을 '이루어진'으로 바꾸어 쓸 수 있다.

④ '기여(寄與)하다'는 '도움이 되도록 이바지하다'의 의미이다. 따라서 ②의 '기여할'을 '이바지할'로 바꾸어 쓸 수 있다.

08 정답 ②

출전 김중태, 〈IT 기술 발전으로 무의식 속 욕망 측정〉,《IT문화원칼럼》

해설
2문단에 따르면, 프로그레시브 보험사는 고객의 위치 정보를 수집하여 고객의 욕망을 측정한 후 이에 따라 보험료를 달리 책정하여 수익률을 개선했다. 그런데 고객의 무의식 속에 내재한 욕망을 파악하여 이를 보험료 적용에 활용한 것이지, 고객의 무의식(내적 욕망)을 직접 통제한 것은 아니다.

오답 풀이
① 2문단의, 프로그레시브 보험사는 위치 정보가 욕망 정보임을 알았다는 내용에서 알 수 있다.
③ 2문단의, 욕망을 측정하는 데 IT가 도입된 것을 뉴로마케팅이라고 말한다는 내용에서 알 수 있다.
④ 1문단의, 소비자의 욕망이 무의식 속에 가려져 있고, 구매 욕구의 95% 이상이 무의식 영역에 있다는 내용에서 알 수 있다.

09 정답 ④

해설
IT로 위치 추적을 하여 욕망을 측정하고 이를 마케팅에 응용한 것이 '뉴로마케팅'이라는 문맥이다. 따라서 ②은 '마케팅'을 의미한다.

10 정답 ②

출전 조현설 외, 고등학교《국어 Ⅰ》교과서, 해냄에듀

해설
마지막 문단에 따르면, 입을 조금만 벌리고 소리를 내어 혀의 위치가 높은 것을 고모음, 입을 크게 벌려 혀의 위치가 낮은 것을 저모음이라고 한다. 따라서 단모음을 발음할 때 혀의 높이가 높을수록 입을 더 크게 벌리게 된다는 설명은 적절하지 않다.

오답 풀이
① 1문단의, 단모음을 발음할 때 입의 모양이 바뀌지 않고, 이중 모음은 입술이나 혀가 움직여 입의 모양이 바뀐다는 데서 알 수 있다.
③ '생선'에는 모음 'ㅐ, ㅓ'가 들어 있는데, 2문단에 따르면 'ㅐ, ㅓ'는 입술의 모양을 둥글게 하지 않는 평순 모음이다.
④ 2~3문단에 따르면, 'ㅟ, ㅚ, ㅜ, ㅗ'는 입술을 둥글게 하는 원순 모음이지만, 혀의 최고점에 따라 분류하면 'ㅟ, ㅚ'는 전설 모음, 'ㅜ, ㅗ'는 후설 모음이다.

매일 국어 03회

01 ③ 02 ② 03 ① 04 ① 05 ③
06 ② 07 ① 08 ③ 09 ② 10 ④

01 정답 ③

출전 행정 안전부, 〈악성 민원 대응 공무원 보호를 위한 현장 조치 차질 없이 안착〉, 수정

해설
'통과되다'는 '…에 통과되다 / …에서 통과되다'의 형태로 쓰인다. 따라서 ㉢에는 생략된 부사어를 넣어 주어야 하는데, 수정한 문장의 부사어 '빠르게'는 이 문장에 필요한 부사어로 볼 수 없다. ㉢에는 '〈민원 처리법〉 개정안이 국회에서 통과될 수 있도록'과 같이 적절한 부사어를 넣어 주어야 한다.

오답 풀이
① ㉠이 포함된 문장의 주어는 '행정 안전부는'이므로, 주술 호응이 맞도록 ㉠을 '이행 실태 조사 결과를 공개하였다'로 수정한 것은 적절하다.
② ㉡은 '신속한 행정 서비스의 제공'과 '장시간 민원으로 인한 업무의 과부하'가 모두 '줄이기'와 호응하고 있는데, 이는 '신속한 행정 서비스의 제공을 줄이다'로 잘못 이해될 수 있다. 대등한 것끼리 접속할 때는 구조가 같은 표현을 사용해야 하므로, ㉡을 '신속한 행정 서비스를 제공하고 장시간 민원으로 인한 업무의 과부하를 줄이기'와 같이 앞뒤의 문장 구조를 맞추어 수정한 것은 적절하다.
④ 체언인 '지속'이 용언인 '추진하겠다'를 수식하는 것은 어색하다. 따라서 부사어가 용언을 수식하는 자연스러운 구조가 될 수 있도록 ㉣을 '제도 개선을 지속적으로 추진하겠다'로 수정한 것은 적절하다.

02 정답 ②

해설

㉠
| 1. 논리학 → 2학년 |
| 2. ~철학 → ~2학년 |
| ∴ 논리학 → 철학 |

1과, 2의 대우인 '2학년 → 철학'에서 가언 삼단 논법에 의해 '논리학 → 철학'이 참으로 도출된다.

㉡
| 1. ~승무원 ∨ 가이드 |
| 2. 작가 ∨ 승무원 |
| 3. ~작가 |
| ∴ 승무원 ∧ 가이드 |

3으로 인해 2에서 선언지가 제거되어 [승무원]이 도출된다. 그러면 1에서도 선언지가 제거되어 [가이드]가 도출된다. 따라서 둘을 연언화한 '승무원 ∧ 가이드'는 반드시 참으로 도출된다.

오답 풀이

ⓒ
1. 갑 사기꾼 → (~을 사기꾼 ∨ ~병 사기꾼)
2. 을 사기꾼
∴ ~갑 사기꾼

1의 대우는 '(을 사기꾼 ∧ 병 사기꾼) → ~갑 사기꾼'이다. 명제의 전건이 연언문이므로 전건을 긍정하려면 [을 사기꾼]과 [병 사기꾼] 모두가 참이어야 한다. 즉 [을 사기꾼]만으로는 전건이 긍정되지 않으므로, [~갑 사기꾼]이라는 결론을 반드시 참이라고 확정할 수 없다.

03   정답 ①

해설

①을 기호화하면 다음과 같다.

1. 집수리 ∨ 청소
2. 청소
∴ ~집수리

선언지 중 하나를 긍정하였다고 나머지를 부정하는 선언지 긍정의 오류를 범한 것이다. 따라서 타당하지 않다.

오답 풀이

②
1. 갑 일찍 → 갑 자동차
2. ~갑 자동차
∴ ~갑 일찍

후건 부정식이 사용된 타당한 논증이다.

③
1. ~을 햄버거 → (병 샌드위치 ∧ 정 체리 파이)
2. ~을 햄버거
∴ 병 샌드위치

전건 긍정식을 사용하여 1에서 후건의 연언문을 도출한 뒤, 연언지 단순화를 통해 결론인 [병 샌드위치]를 타당하게 도출한 논증이다.

④
1. 공무원 시험 → 공무원
2. 회계사 시험 → 회계사
3. 공무원 시험 ∨ 회계사 시험
∴ 공무원 ∨ 회계사

구성적 양도 논법이 사용된 타당한 논증이다.

보충 자료 1

1. 전건 긍정식

p → q	만약 비가 온다면, 땅이 젖을 것이다.
p	비가 온다.
∴ q	∴ 땅이 젖을 것이다.

2. 후건 부정식

p → q	만약 비가 온다면, 땅이 젖을 것이다.
~q	땅이 젖지 않았다.
∴ ~p	∴ 비가 오지 않았을 것이다.

3. 가언 삼단 논법

p → q	만약 비가 온다면, 땅이 젖을 것이다.
q → r	만약 땅이 젖는다면, 길이 미끄러울 것이다.
∴ p → r	∴ 만약 비가 온다면, 길이 미끄러울 것이다.

4. 선언적 삼단 논법(선언지 제거법)

p ∨ q	철수는 국어를 공부하거나 영어를 공부할 것이다.
~p	철수는 국어를 공부하지 않았다.
∴ q	∴ 철수는 영어를 공부할 것이다.

04   정답 ①

출전 로리 윙클리스, 《도시를 움직이는 모든 것들의 과학》

해설

2문단에 따르면, 빌딩의 고유 진동수와 바람이 만든 와류의 진동수가 일치하면, 즉 공진 현상이 발생하면 건물의 좌우 동요가 증폭된다. 건물 고유의 진동수와 와류의 진동수가 어긋나는 것이 아니라 일치할수록 건물의 좌우 흔들림이 커지는 것이다.

오답 풀이

② 제시문에 따르면, 대개의 건물은 불규칙한 바람에 의한 진동은 견디지만, 문제는 규칙적이고 반복적인 패턴으로 거듭 발생하는 와류이다. 이 와류로 인한 공진 현상을 제때 조치하지 않으면 최악의 경우 참사로 이어진다.
③ 바람에 의한 공진 현상은 건물의 좌우 동요를 증폭하므로, 건물에 가해지는 수평 방향의 힘을 증가시키는 요인이라는 것을 추론할 수 있다.
④ 2문단의, 마천루의 외형 자체도 와류가 형성되기 어려운 모양으로 짓는다는 내용에서 추론할 수 있다.

05 정답 ③

출전 김승권, 〈우리나라 노인 문제의 교환 이론적 접근〉

해설
SNS 게시물에 '좋아요'를 받을수록 게시물을 더 자주, 더 많이 올리고 싶은 욕구는 어떤 행위에 대한 보상의 빈도가 높을수록 그 행위를 할 가능성이 커진다는 '성공 명제'와 '과거의 어떤 자극들로 인해 보상을 받게 되었을 경우, 현재의 자극이 과거의 것과 비슷할수록 유사한 행위를 할 가능성이 커진다'는 '자극 명제' 등으로 설명될 수 있다.

오답 풀이
① 1문단의, "이 이론에서는 ~ 기본적인 가정으로 삼고 있다"에서 추론할 수 있다.
② 2문단의 '박탈-만족 명제'는, 특정 행위로 특수한 보상을 자주 받을수록 그 보상의 가치는 점차 작아진다는 것이다. 이는 특정 행위로 인해 보상을 받는 빈도(횟수)가 많아지면 보상의 주관적 가치(만족감)가 줄어든다는 것이므로 반비례 관계라고 추론할 수 있다.
④ 자극 명제는 과거의 어떤 자극들로 인해 보상을 받으면 현재의 자극이 과거의 것과 비슷할수록 유사한 행위를 할 가능성이 커진다는 것이다. 이에 따르면, 특정 브랜드의 제품을 구매하고 만족한 경험이 있는 사람은 이 경험으로 인해 유사한 행위, 즉 같은 브랜드의 제품을 구매할 가능성이 커질 수 있다.

06 정답 ②

출전 김미령, 〈〈토끼전〉, 〈심청전〉에 나타나는 '물'에 대한 인식〉, 수정

해설
2~마지막 문단에 따르면, 〈토끼전〉에서 '수궁'은 '산 자의 세계'이다. 반면 〈심청전〉에서 '수궁'은 '죽은 자의 세계'이다. 따라서 두 작품에서 '수궁'이 모두 죽음의 공간으로 나타난다고 볼 수 없다.

오답 풀이
① 〈토끼전〉과 〈심청전〉의 주인공은 '육지 → 수궁 → 육지'로의 순환 이동을 한다는 데에서 추론할 수 있다. 즉 이 두 작품에서 주인공은 육지와 수궁이라는 다양한 공간을 체험한 것이다.
③ 2~마지막 문단에 따르면, 〈토끼전〉의 '수궁'은 당대인들의 수평적 공간 인식 체계를, 〈심청전〉의 공간은 당대인들의 이원적이고 수직적인 사유 체계를 담아냈다. 즉 두 작품에서 공간에 대한 당대인들의 세계관을 확인할 수 있는 것이다.
④ 1문단의, 〈토끼전〉과 〈심청전〉의 '수중(수궁)'은 상상 속 화려하고 풍요로운 공간이라는 데에서 추론할 수 있다.

07 정답 ①

해설
㉠ '빠지다'는 '물이나 구덩이 따위 속으로 떨어져 잠기거나 잠겨 들어가다'의 뜻으로 쓰였다. 이와 가장 가까운 의미로 쓰인 것은 ①이다.

오답 풀이
② 살이 빠지다: 살이 여위다.
③ 함정에 빠지다: 그럴듯한 말이나 꾐에 속아 넘어가다.
④ 수업을 빠지다: 어떤 일이나 모임에 참여하지 아니하다.

08 정답 ③

출전 이용욱, 〈포스트휴먼시대, '지식'과 '지식화' 담론 연구〉, 수정

해설
2문단에 따르면, 개인의 기억은 집단적 기억으로, 집단적 기억은 사회적 기억이 된다. 또한 사회적 기억은 편집되어 개인의 기억으로 활성화된다. 따라서 개인의 기억은 사회적 기억으로, 사회적 기억은 다시 개인의 기억이 될 수 있는 것이다.

오답 풀이
① 2문단에 따르면, 개인의 기억에서부터 시작해 이것이 기록이 되어 그 사건을 역사로 배우게 된다. 그러나 어떤 사건이 역사가 되기 위해 기억과 기록 중 무엇이 더 중요한지는 추론할 수 없다.
② 1문단에 따르면, 기억의 한계를 극복하기 위해 문자가 탄생하였다. 기억의 한계가 극복되어 문자가 탄생했다는 것은 인과 관계를 거꾸로 말한 것이다.
④ 개인의 기억이 집단의 기억으로 공유되려면 기록이 전제되어야 한다. 또한 사회적 기억이 책, 영화, 문서 등으로 기록되어야 역사가 될 수 있다. 따라서 '개인의 기억 → 집단적 기억', '사회적 기억 → 역사'의 과정에서 모두 기록이 필요한 것이다.

09 정답 ②

해설
㉠~㉢이 의미하는 바는 바로 앞 문장에서 확인할 수 있다. ㉠은 앞에 나온 '개인의 기억'을 의미하고, ㉡은 '집단적 기억'을 의미한다. ㉢은 '사회적 기억'을 의미하고, ㉣은 전쟁을 체험한 사람들 각자의 기억, 즉 '개인의 기억'을 의미한다. 따라서 문맥상 의미하는 바가 같은 것은 ㉠과 ㉣이다.

10
정답 ④

출전 임지룡 외, 《학교 문법과 문법 교육》, 수정

해설
달나라: [달라라](유음화 – 교체). 교체가 한 번 일어나 음운의 개수는 변하지 않는다.

오답 풀이
① 2문단에 따르면, 음절의 끝소리 규칙에 따라 음절의 종성 자리에는 'ㄱ, ㄴ, ㄷ, ㄹ, ㅁ, ㅂ, ㅇ'의 7개 자음만 올 수 있다. 또한 자음군 단순화에 따라 음절의 종성 자리에 두 자음이 오면 그중 하나가 탈락한다. 따라서 음절의 종성 자리에 올 수 있는 음운이 한정되어 있음을 알 수 있다.
② 뜻하다: [뜯하다](음절의 끝소리 규칙 – 교체) → [뜨타다](자음 축약 – 축약). 두 개의 음운이 합쳐져서 하나로 되는 현상인 자음 축약이 나타난다.
③ 훑는다: [훑는다](자음군 단순화 – 탈락) → [훌른다](유음화 – 교체). 탈락과 교체가 한 번씩 일어나며 음운의 개수가 1개 줄어든다.

보충 자료 2
① ㄱ, ㄴ, ㄷ, ㄹ, ㅁ, ㅂ, ㅇ   ② 7   ③ 자음군 단순화

매일 국어 04회

| 01 ② | 02 ④ | 03 ② | 04 ③ | 05 ② |
| 06 ④ | 07 ③ | 08 ① | 09 ④ | 10 ① |

01
정답 ②

출전 국립국어원, 《한눈에 알아보는 공공 언어 바로 쓰기》, 수정

해설
대등한 것끼리 접속할 때는 구조가 같은 표현을 사용해야 한다. 그러나 ⓒ을 수정한 문장 역시 이러한 문제점이 해결되지 않았다. '교장 임용 방식을 다양화하고 학교 단위의 교원 채용을 확대함' 정도로 수정하는 것이 적절하다.

오답 풀이
① '~을 필요로 하다'는 영어 번역 투 표현이다. 따라서 ㉠을 '현장에서 필요한'으로 우리말답게 수정한 것은 적절하다.
③ '제고(提高)'는 '수준이나 정도 따위를 끌어올림'이라는 뜻이고, '구축(構築)'은 '체제, 체계 따위의 기초를 닦아 세움'이라는 뜻이다. 또한 '시스템(system)'은 '체제, 조직, 방식, 체계' 정도로 다듬어 쓸 수 있다. 따라서 ㉢을 '교육의 질을 높이도록 '마이스터고' 인증 체계 마련'으로 수정한 것은 적절하다.
④ '추진하다'는 추진하는 대상이 필요하고, '추진되다'는 추진되는 주체가 필요하다. 따라서 주어와 서술어의 호응을 고려하여 ㉣을 '대학 입시 3단계 자율화 방안이 차질 없이 추진되는 중임'으로 수정한 것은 적절하다. '대학 입시 3단계 자율화 방안을 차질 없이 추진하는 중임'으로 수정할 수도 있다.

02
정답 ④

해설
<보기>는 '유정 결백 → 호수 결백'으로 기호화되는 조건문이다. 조건문이 거짓인 경우는, 전건이 참이고 후건이 거짓인 경우밖에 없다. 따라서 [유정 결백]은 참이고 [호수 결백]은 거짓이다.

㉠ | 유정 결백 ∨ 호수 결백 |

선언문은 선언지 중 하나만 참이어도 참이 된다. [유정 결백]이 참이므로 ㉠은 반드시 참이다.

㉡ | ~호수 결백 ∧ 유정 결백 |

연언문은 연언지 모두가 참이어야 참이 된다. [~호수 결백]은 참이고 [유정 결백]도 참이므로 ㉡은 반드시 참이다.

ⓒ 호수 결백 → 유정 결백

전건인 [호수 결백]이 거짓인데, 전건이 거짓이면 조건문의 진릿값은 반드시 참이다. 따라서 ⓒ은 반드시 참이다.

03 정답 ②

해설
㉠~㉣을 기호화하면 다음과 같다.

㉠ ~바다 → 계곡
㉡ 바다 → 캠핑
ⓒ 캠핑 → ~글램핑
㉣ 글램핑

㉣로 인해 ⓒ의 후건이 부정되어 [~캠핑]이 도출된다. 이로 인해 ㉡의 후건이 부정되어 [~바다]가 도출되고, 이로 인해 ㉠의 전건이 긍정되어 [계곡]이 도출된다.
따라서 [글램핑], [계곡], [~캠핑], [~바다]이므로, '바다에 간다'는 참이 아니다.

오답 풀이
④ ㉠의 대우인 '~계곡 → 바다'와 ㉡에서 가언 삼단 논법에 따라 '~계곡 → 캠핑'이 타당하게 도출된다.

04 정답 ③

해설
2문단에 따르면, 하루 가공육 권장량은 50g 미만인데 한국인이 하루 섭취하는 가공육은 50g의 5분의 1보다 적은 수준이므로 크게 문제가 되지 않는다. 따라서 권장량보다 많이 먹는 미국인이 한국인보다 암 발생률이 높다는 것은 가공육에 발암 물질이 있어 가공육을 권장량 이상으로 섭취하지 말아야 한다는 이 글의 논지를 뒷받침하므로, 이 글의 논지를 강화한다.

오답 풀이
① 마지막 문단에 따르면, 발암 물질인 벤조피렌은 삶거나 찌는 조리법보다 굽거나 튀기는 조리법에서 더 많이 발생한다. 삶은 고기인 수육과 구운 고기의 벤조피렌 검출량이 큰 차이가 없다는 것은 이 글의 논지를 반박하는 것이므로, 이 글의 논지를 강화하지 않는다.
② 마지막 문단에 따르면, 고온에서 조리한 고기에서 벤조피렌이 검출된다. 숯불로 직화하는 것 역시 고온에서 조리하는 것이므로, 이 글의 논지는 약화되지 않는다.
④ 1문단에 따르면, 아질산 나트륨은 발암 물질을 만들어 낼 수 있다. 아질산 나트륨을 섭취한 생쥐가 섭취하지 않은 생쥐와 달리 암에 걸렸다는 것은 이 글의 논지에 부합하는 실험 결과이므로, 이 글의 논지를 약화하지 않는다.

05 정답 ②

해설
㉠ '타다'는 '뜨거운 열을 받아 검은색으로 변할 정도로 지나치게 익다'의 뜻으로 쓰였다. 이와 가장 가까운 의미로 쓰인 것은 ②이다.

오답 풀이
① 책값을 **타다**: 몫으로 주는 돈이나 물건 따위를 받다.
③ 부동산 경기를 **타다**: 어떤 조건이나 시간, 기회 등을 이용하다.
④ 장작이 **타다**: 불씨나 높은 열로 불이 붙어 번지거나 불꽃이 일어나다.

06 정답 ④

출전 서경숙, 〈AI 창작 기술에 따른 인공 지능 소설의 유형 분석〉

해설
㉠ 제시문에서는, AI 기술로 제작된 문학 작품을 문학의 범주로 인정하고 있으며 이로 인해 인간 작가가 위기를 맞는 일은 일어나지 않는다고 주장한다. 이는 AI가 생성한 문학 작품과 인간이 창작한 문학 작품이 서로 공존할 수 있다는 것이다. 따라서 이 둘이 대립하지 않는다는 견해는 이 글의 논지를 강화한다.
㉡ 인간 작가가 기획, 구성 등의 중요 부분을 담당하고, AI가 일부를 담당한 문학 작품은 AI 기술을 인간의 보조 작가로 활용할 수 있다는 이 글의 논지를 뒷받침한다. 따라서 이 글의 논지가 강화된다.
ⓒ AI 기술을 문학 창작에 적용했을 때 발생하는 윤리적 문제들은 작가 개인이 아닌 사회 전체가 모색하여 풀어 나가야 한다는 것이 이 글의 논지이다. 따라서 사회보다 작가 개인의 책임과 태도를 강조하는 견해는 이 글의 논지를 반박하므로 이 글의 논지는 약화된다.

07 정답 ③

출전 2023학년도 대학수학능력시험 6월 모의평가

해설
㉡ 1문단에 따르면, 비타민 K의 기능 중 하나는 혈액이 응고되도록 돕는 것이며 녹색 채소는 K_1을 많이 함유하고 있다. 따라서 녹색 채소를 많이 먹고 지혈이 안 되는 증상이 개선되었다는 것은 이 글의 논지를 입증하는 사례이므로, 이 글의 논지를 강화한다.
ⓒ 2문단에 따르면, 칼슘 보충제를 섭취하면 골밀도는 높아지지 않고, 혈관 석회화가 진행되어 동맥 경화 및 혈관 질환이 발생하는 경우가 생긴다. ⓒ은 이를 반박하는 내용이므로, 이 글의 논지는 약화된다.

오답 풀이
㉠ 2문단에 따르면, 혈관 석회화는 MGP라는 단백질에 의해 억제되는데, 비타민 K가 부족하면 MGP 단백질이 활성화되지 못해 혈관 석회화가 유발된다. 그리고 혈관 석회화가 진행되면 혈관 질환이 발생할 수 있다. 따라서 혈관 질환인 혈관 경화가 진행된 사람에게 비타민 K가 일반인보다

현저히 부족했다면 이 글의 논지를 뒷받침하므로, 이 글의 논지는 약화되지 않는다.

08
정답 ①

출전 김난도 외, 〈매너 소비자〉, 《트렌드 코리아 2019》

해설
마지막 문단에 따르면, 소비자의 갑질 심리에는 자신이 갑질을 하지 않으면 오히려 불이익을 당하지 않을까 걱정하기도 하고 자신이 먼저 배려하고 예의 바르게 행동하면 '호갱'으로 무시당할 수도 있다는 불안 심리가 관여한다. 따라서 손해 보거나 무시당하기 싫어하는 개인의 심리에서도 갑질 현상이 기인한다면, 이 글의 논지는 강화된다.

오답 풀이
② 3문단에 따르면, 우리나라에서 갑질이 유독 만연한 이유는 우리의 의식 구조에 위계적·차별적인 문화적 경향이 일상화되어 있기 때문이다. 따라서 이의 원인과 결과를 뒤바꾸어 말한 것은 이 글의 논지를 강화하지 않는다.
③ 2문단에 따르면, 현실에서는 을의 위치에서 고통을 겪었던 사람들조차도 갑의 위치가 되면 또 다른 을에게 갑질을 행하기도 한다. 따라서 갑질의 가해자가 피해자가 될 수 있다면 이 글의 논지는 약화되지 않는다.
④ 1문단에 따르면, 《뉴욕타임스》에서는 '갑질'을 중세 시대 영주처럼 업주나 임원들이 부하 직원이나 하도급 업자에게 권력을 남용하는 행위를 뜻한다고 소개했다. 서구 사회에서 갑질을 시대착오적인 현상으로 분석한 것은 이에 부합하므로, 이 글의 논지를 약화하지 않는다.

09
정답 ④

해설
〈보기〉 앞 문장의 '이러한 사례들'과 이어질 수 있도록 〈보기〉의 앞에는 갑질이 만연하도록 만든 사례들이 나와야 한다. 또한 〈보기〉 뒤 문장에는 큰 목소리를 통한 갑질이 제시되어 있으므로 〈보기〉의 뒤에는 '큰 목소리'와 관련된 내용이 나와야 한다. ㉣의 앞부분에는 갑질을 하지 않았을 때 고객이 느끼는 불안 심리(불이익, 호갱 취급 등)가, ㉣의 뒷부분에는 '막무가내로 고함치고 떼쓰는 사람들'의 문제점이 나오므로 ㉣이 〈보기〉가 들어갈 위치로 가장 적절하다.

10
정답 ①

해설
'아이들의 키가 ~ 큰다'에서 '크다'는 '동식물이 몸의 길이가 자라다'의 의미로, 주체의 움직임이나 변화를 나타내는 동사이다. 또한 현재 시제를 나타내는 어미인 '-ㄴ다'가 결합된 것으로도 동사임을 알 수 있다.

오답 풀이
② '늙는'은 '늙다'의 어간에 현재 시제 관형사형 어미 '-는'이 결합된 것이므로 동사이다.
③ '난다'는 '나다'의 어간에 현재 시제 선어말 어미 '-ㄴ-'이 결합된 것이므로 동사이다.
④ 2문단에 따르면, 형용사는 청유형 어미와 결합할 수 없다. 따라서 형용사 '건강하다'에 청유형 어미 '-자'가 결합한 '건강하자(×)'라는 표현은 바른 표현이 아니다.

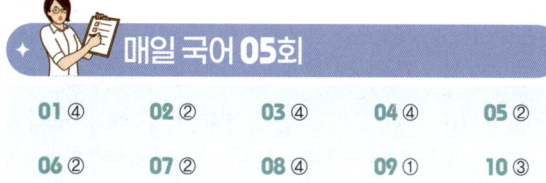

매일 국어 05회

| 01 ④ | 02 ② | 03 ④ | 04 ④ | 05 ② |
| 06 ② | 07 ② | 08 ④ | 09 ① | 10 ③ |

01 정답 ④

[출전] 행정 안전부, 〈이상 기후 대응을 위해 한발 빠른 여름철 사전 대비 돌입〉, 수정

[해설]
'-시키다'는 서술성을 가진 명사 뒤에 붙어 '사동'의 뜻을 더하고 동사를 만드는 접미사이다. '-시키다'를 '-하다'로 바꾸어도 의미의 변화가 없으면 과도한 사동 표현으로 본다. 그러나 ㉢은 지역 주민을 대피하게 하는 것이므로 '대피시킨다'는 고치지 않고 그대로 두어야 한다.

[오답 풀이]
① '이상 기후로 인해'가 뒤에 오는 체언 '피해'를 수식하는 것은 적절하지 않다. ㉠을 '이상 기후로 인한 피해를 최소화하기 위해'와 같이 관형어의 형태로 수정한 것은 적절하다.
② 어렵고 상투적인 한자 표현을 피하고 쉬운 우리말 표현을 사용하여, ㉡을 '최선을 다하고 있다'로 수정한 것은 적절하다. '만전(萬全)'은 '조금도 허술함이 없이 아주 완전함 / 조금의 위험도 없이 아주 안전함'이라는 뜻이고, '기(期)하다'는 '이루어지도록 노력하다'라는 뜻이다.
③ ㉢은 '관리 지역의 선정'과 '안전 관리 대책'이 모두 '마련한다'와 호응하고 있는데, '관리 지역의 선정을 마련하다'는 어색하다. 대등한 것끼리 접속할 때는 구조가 같은 표현을 사용해야 하므로, ㉢을 '관리 지역을 선정하고 안전 관리 대책을 마련한다'와 같이 앞뒤의 문장 구조를 맞추어 수정한 것은 적절하다.

02 정답 ②

[해설]
㉠은 전칭 긍정 명제이다.
㉡은 특칭 긍정 명제이므로, ㉠과 ㉡은 함축 관계이다. 함축 관계에서는 전칭이 참일 때 특칭도 참이다.
㉢은 전칭 부정 명제이므로, ㉠과 ㉢은 반대 관계이다. 반대 관계에서는 둘이 동시에 참일 수 없다. 따라서 ㉠이 참일 때 ㉢은 거짓이다.

03 정답 ④

[해설]
㉠ 반대 관계에 대한 설명으로, 전칭 긍정 명제와 전칭 부정 명제가 반대 관계에 있다. ㉣의 첫 번째 문장은 전칭 긍정 명제이고, 두 번째 문장은 전칭 부정 명제이므로 두 명제는 반대 관계에 있다.
㉡ 진릿값이 항상 반대인 모순 관계에 대한 설명이다. ㉮의 첫 번째 문장은 특칭 부정 명제이고, 두 번째 문장은 전칭 긍정 명제이므로 두 명제는 모순 관계에 있다.

[오답 풀이]
㉰의 첫 번째 문장은 전칭 긍정 명제이고, 두 번째 문장은 특칭 긍정 명제이므로, 두 명제는 함축 관계에 있다. 함축 관계에서는 전칭이 참이면 특칭도 참이고 특칭이 거짓이면 전칭도 거짓이다. 반면 전칭이 거짓일 때 특칭의 진릿값은 알 수 없고, 특칭이 참일 때 전칭의 진릿값은 알 수 없다.

보충 자료

1. ① 반대 ② 소반대 ③ 함축 ④ 모순
2. ① 거짓 ② 거짓 ③ 참 ④ 알 수 없음

04 정답 ④

[출전] 하상복, 《푸코 & 하버마스: 광기의 시대, 소통의 이성》

[해설]
2문단에 따르면, 프랑크푸르트학파는, 계몽주의의 이성에 대한 과신이 자연과 인간이 지니는 고유한 의미와 가치를 망각하게 했다고 비판했다. ④는 이 진술의 원인과 결과를 뒤바꾸어 말한 것이므로 적절하지 않다.

[오답 풀이]
① 1문단의, 계몽주의가 종교적 세계관을 극복하고 합리적 사유에 근거한 인간 해방을 추구했다는 내용에서 알 수 있다.
② 1문단의, 계몽주의의 합리적 사고는 자연 과학의 성립으로 이어졌고, 과학 기술의 발전은 인류에게 그 어느 때보다 풍요로운 물질적 부를 가져왔다는 내용에서 알 수 있다.
③ 1문단의, 계몽주의의 합리적 사고는 과학 기술의 발전을 가져왔지만, 이 같은 문명의 이면에는 환경 파괴와 물질 만능주의, 인간 소외와 같은 근대화의 병폐가 숨어 있었다는 내용에서 알 수 있다.

05
정답 ②

해설
헤겔 철학에서 정의한 민족의 의미와, 민족의 목적인 민족정신의 실현에 대하여 설명한 글이다.

> 민족 개념은 헤겔 철학의 근본 개념이다. → ㉡ 헤겔은 민족을 문화 공동체로 규정한다. → ㉠ 민족의 목적은 민족정신의 실현이다. → ㉢ 민족정신을 실현해 나갈 때 고유의 역사가 성립된다.

06
정답 ②

출전 마이클 폴라니, 《개인적 지식》

해설
기술 습득을 위한 개인적 지식의 필요성을 '자전거 타기' 사례를 들어 설명한 글이다.

> ㉠ 기술을 습득하려면 개인의 규칙을 따라야만 하는 경우가 있다. → ㉢ 가령 자전거의 균형을 잡을 때 '속도의 제곱에 반비례한다'라는 과학적 원리가 사용될까? → ㉡ 그 과학적 원리는 자전거를 탈 때 사용되지 않는다. 그렇게 하면 우리는 기계로 전락하게 된다. → ㉣ 이처럼 우리는 기계와 달리 과학적으로 계산하지 않더라도 자전거 타는 방법을 습득한다.

07
정답 ②

출전 이하나, 〈역사 영상물을 바라보는 두 가지 시각〉

해설
역사 대중화에서 커져 가는 역사가의 전문성과 역할을 설명한 글이다.

> ㉡ 대중이 역사적으로 사유할 수 있는 힘을 기르는 것이 역사 교육과 역사 대중화의 본래 목적이다. → ㉢ 그런데 역사 대중화는 대중문화 생산자에 의해서도 얼마든지 일어날 수 있다. 더구나 근래에는 사료에 대한 접근성이 높아지면서 누구나 사료를 쉽게 접할 수 있는 시대가 되었다. → ㉣ 누구나 '역사하기'를 할 수 있다. (부연) 그러나 누구나 역사를 해석하고 서술할 수 있다고 해서 전문 역사가의 역할이 사라지는 것은 아니다. → ㉠ 오히려 역사가의 전문성은 더욱 중요해질 것이며, 역사가의 역할이 점차 커질 것이다.

08
정답 ④

출전 2014학년도 중앙대학교 수시 논술

해설
인간은 선천적으로 불평등한 자질과 부를 타고나므로 공정으로서의 정의가 필요하다고 주장한 글이다.

> 인간이 타고난 자연적인 자질은 불평등을 초래할 수밖에 없다. → ㉣ 또한 개인은 타고난 사회적 여건 속에서 서로 다른 부의 분배를 배정받게 된다. 개인은 주어진 상황에 대한 책임도 없다. → ㉠ 이러한 조건에 따라 부여되는 경제적 배분이 과연 윤리적으로 정당한 것일까. → ㉡ 그래서 불평등을 어느 정도 감소시키고자 노력하는 것은 정의로운 사회 구현의 일환이다. → ㉢ 그러한 점에서 본다면, 롤스의 '공정으로서의 정의'는 윤리적으로 의미가 있다.

09
정답 ①

출전 임지룡 외, 《학교 문법과 문법 교육》, 수정

해설
마지막 문단에 따르면, 단어는 의미를 기준으로 나눌 수도 있는데, 이때 의미는 개별 단어의 어휘적 의미가 아닌 형식적 의미를 뜻한다.

오답풀이
② 2문단에 따르면, 관계언인 조사는 체언 뒤에 붙어서 체언이 문장 속에서 하는 역할을 나타내는 기능을 한다.
③ 2~3문단에 따르면, 문장 내에서 주어를 서술하는 기능을 하는 것은 용언이며, 용언은 형태가 변하는 가변어이다.
④ 2문단에 따르면, 관형사는 체언의 앞에서 그 체언을 수식하는 기능을 한다. 또한 3문단에 따르면, 관형사를 포함하는 수식언은 불변어이다. '온갖 정성을 기울이다'에서 '온갖'은 뒤에 오는 체언인 '정성'을 꾸미고 있으므로, 관형사이면서 불변어임을 추론할 수 있다.

10
정답 ③

해설
㉠ '나누다'는 '여러 가지가 섞인 것을 구분하여 분류하다'의 뜻으로 쓰였다. 이와 가장 가까운 의미로 쓰인 것은 ③이다.

오답풀이
① 기쁨을 나누다: 즐거움이나 고통, 고생 따위를 함께하다.
② 이야기를 나누다: 말이나 이야기, 인사 따위를 주고받다.
④ 이익금을 나누다: 몫을 분배하다.

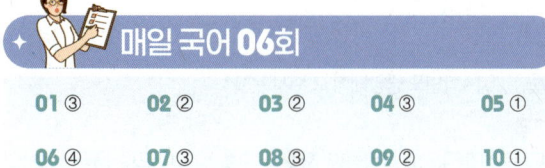

매일 국어 06회

| 01 ③ | 02 ② | 03 ② | 04 ③ | 05 ① |
| 06 ④ | 07 ③ | 08 ② | 09 ② | 10 ① |

01 정답 ③

해설

'조장(助長)'은 '바람직하지 않은 일을 더 심해지도록 부추김'의 의미이므로 문맥에 맞지 않는다. 따라서 ⓒ에는 '무엇을 만들어서 이룸 / 분위기나 정세 따위를 만듦'의 의미인 '조성(造成)'을 고치지 않고 그대로 두어야 한다.

오답 풀이
① ⓐ의 '가정에'는 명사 '가정'에 부사격 조사 '에'가 결합한 부사어이다. 문맥상 '가정에'는 뒤에 오는 명사인 '평안'을 수식하므로 부사격 조사 '에'를 관형격 조사 '의'로 고치는 것은 적절하다.
② ⓑ은 '근무자의 격려'와 '현장의 목소리'가 모두 '청취할'과 호응하고 있는데, 문맥상 '근무자의 격려를 청취하다'는 어색하다. 대등한 것끼리 접속할 때는 구조가 같은 표현을 사용해야 하므로, ⓑ의 '근무자의 격려와 현장의 목소리를 청취할'을 '근무자를 격려하고 현장의 목소리를 청취할'과 같이 앞뒤의 문장 구조를 맞추어 고치는 것은 적절하다.
④ ⓓ의 주어 '분리수거 시 유의할 점은'과 서술어 '어렵다'는 호응이 맞지 않으므로, '분리수거 시 유의할 점은 ~ 어렵다는 것이다'와 같이 고치는 것은 적절하다. 주어가 '관형어+체언'으로 이루어진 경우, 서술어도 이에 맞추는 것이 좋다.

보충 문제 정답 ①

해설

주어진 진술을 기호화하면 다음과 같다.

1. (친구 ∨ 선생님) → 커피
2. 친구 ∨ 선배
3. ~커피

3으로 인해 1의 후건이 부정되어 '~(친구 ∨ 선생님)'이 도출된다. 이는 드모르간 법칙에 의해 '~친구 ∧ ~선생님'과 동치이고, 여기서 연언지 단순화에 따라 [~친구], [~선생님]이 도출된다. [~친구]로 인해 2의 선언지가 제거되어 [선배]가 도출된다. 따라서 '영희는 선배를 만났다'가 반드시 참이다.

02 정답 ②

해설

⊙~㉣을 기호화하면 다음과 같다.

⊙ 갑 ∨ ~을
ⓒ 갑 → ~정
ⓒ 병 → 정
㉣ 병

㉣로 인해 ⓒ의 전건이 긍정되어 [정]이 도출된다. 이로 인해 ⓒ의 후건이 부정되어 [~갑]이 도출되고, 이로 인해 ⊙에서 선언지가 제거되어 [~을]이 도출된다.
따라서 [~갑], [~을], [병], [정]이므로 연수를 가는 공무원은 '2명'이다.

03 정답 ②

해설

⊙~㉣을 기호화하면 다음과 같다.

⊙ 프랑스 → 독일
ⓒ ~핀란드 ∨ ~스위스
ⓒ 핀란드 ∨ 프랑스
㉣ 스위스

㉣로 인해 ⓒ에서 선언지가 제거되어 [~핀란드]가 도출된다. 이로 인해 ⓒ에서도 선언지가 제거되어 [프랑스]가 도출되고, 이로 인해 ⊙의 전건이 긍정되어 [독일]이 도출된다.
따라서 [스위스], [~핀란드], [프랑스], [독일]이므로 연수지는 '스위스, 프랑스, 독일'로 결정됨을 알 수 있다.

보충 자료 1

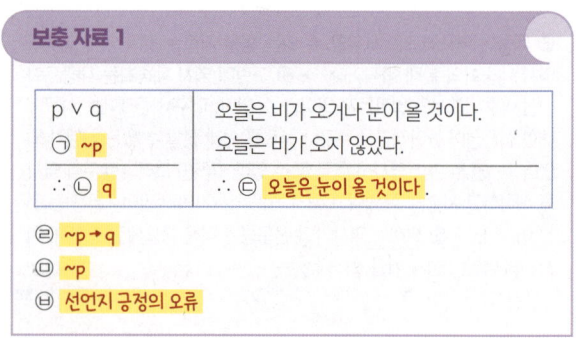

04 정답 ③

출전 유현준, 《공간이 만든 공간》

해설 건조한 수메르 지방의 벽 중심의 건축 양식을 장마철에 집중 호우가 내리는 동쪽에 그대로 적용해서는 안 된다는 문맥이다. 따라서 ⓒ을 '그대로 적용하기 어렵게 된다'로 수정한 방안은 옳다.

오답 풀이
① 벽돌이나 흙을 이용한 건축 양식은 건조한 수메르 기후에 맞는 양식인데, 이 건축 양식이 유럽의 밀농사 지역에 계승되었다는 문맥이다. 따라서 ⓒ '비가 적게 내리는'은 고치지 말고 그대로 두어야 한다.
② 유럽은 수메르 지방보다는 비가 더 내렸기 때문에 지붕에 약간의 기울기를 두어서 빗물이 흐르게 했다는 문맥이다. 따라서 ⓒ '비가 더 많이 내렸을 테니'는 고치지 말고 그대로 두어야 한다.
④ 나무 기둥이 비에 젖는 것을 막을 수 있도록 처마를 설계했다는 문맥이다. 따라서 ⓒ '처마를 길게 뽑아서'는 고치지 말고 그대로 두어야 한다.

05 정답 ①

출전 이철희, 〈인구 문제, 치료제도 백신도 없는 만성 질환〉, 《한국일보》(2020. 2. 25.), 수정

해설 제시문의 논지는 감염병에 대한 정부의 대응은 신속하고 적극적인 편이지만, 여러 가지 특성 때문에 인구 변화에 대한 정부의 대응은 느리고 신속하지 않다는 것이다. 따라서 ⓒ은 수정하지 말고 그대로 두어야 한다.

오답 풀이
② 세계적으로 가장 빠른 우리나라의 출생아 수 감소도 해가 바뀌어야 체감된다는 내용으로 보아, ⓒ을 '인구 변화의 속도는 상대적으로 느리다'로 수정하는 것은 적절하다.
③ 인구 변화를 부정적으로 받아들이는 사람도 있고 긍정적으로 받아들이는 사람도 있다는 내용으로 보아, ⓒ을 '인식과 태도는 사람마다 다르다'로 수정하는 것은 적절하다.
④ 사람들이 인구 변화를 감지하는 속도의 특성 때문에 정책 당국자의 신속하고 적극적인 대응이 어렵고, 당국자가 시행한 정책의 공과를 명확하게 평가하기 어렵다는 문맥이다. 따라서 ⓒ을 '정책 당국자의 임기보다 길어서'로 수정하는 것은 적절하다.

06 정답 ④

해설 '관철(貫徹)하다'는 '어려움을 뚫고 나아가 목적을 기어이 이루다'라는 뜻이다. 따라서 ㉣ '관철하려는'을 '합치려는'으로 바꾸어 쓰는 것은 적절하지 않다.

오답 풀이
① '초래(招來)하다'는 '일의 결과로서 어떤 현상을 생겨나게 하다 / 불러서 오게 하다'라는 뜻이다. 따라서 ㉠ '초래할'은 '불러올'로 바꾸어 쓸 수 있다.
② '체감(體感)되다'는 '몸을 통해 어떤 감각이 느껴지다'라는 뜻이다. 따라서 ㉡ '체감된다'는 '느껴진다'로 바꾸어 쓸 수 있다.
③ '개선(改善)되다'는 '잘못된 것이나 부족한 것, 나쁜 것 따위가 고쳐져 더 좋게 되다'라는 뜻이다. 따라서 ㉢ '개선되리라는'은 '나아지리라는'으로 바꾸어 쓸 수 있다.

07 정답 ③

출전 윤현주, 〈나노 세계의 전투 생명체 바이러스〉

해설 바이러스를 숙주 세포에 따라 분류하며, 바이러스가 감염할 수 있는 숙주 세포가 정해진다는 내용이 나온다. 따라서 ⓒ을 '바이러스마다 숙주 세포의 종류가 정해져 있다'로 고치는 것은 적절하다.

오답 풀이
① 생명체 밖과 달리 생명체 안에서는 왕성한 생명 활동을 보여 준다는 내용으로 보아, 생명체 밖에서는 생명 활동을 하지 못한다는 ㉠은 그대로 두어야 한다.
② 세균은 광학 현미경으로 볼 수 있지만, 바이러스는 광학 현미경보다 성능이 더 뛰어난 전자 현미경으로 봐야 그 모양을 확인할 수 있다는 내용으로 보아, 바이러스가 세균보다 훨씬 작다는 ⓒ은 그대로 두어야 한다.
④ '껍질 벗기'라고 부르는 이 과정으로 바이러스의 핵산이 숙주 세포의 세포질에 완전히 노출된다는 내용으로 보아, 바이러스가 자신의 핵산을 둘러싼 단백질 껍질을 제거한다는 ㉣은 그대로 두어야 한다.

08 정답 ③

출전 김준원, 〈수요 곡선의 이동〉, 수정

해설 2문단에 따르면, 열등재는 소득이 증가함에 따라 수요가 감소하는 상품이다. 소득이 높아짐에 따라 라면보다는 건강식을 챙겼다는 것은, 소득이 높아짐에 따라 라면의 수요가 감소했다는 의미이다. 따라서 라면은 열등재에 해당한다.

오답 풀이
① 마지막 문단에 따르면, 대체 관계의 경우, 한 상품의 가격이 오르면 다른 상품의 수요가 증가한다. 하지만 대체 관계인 두 상품의 가격이 함께 움직인다는 내용은 제시문에 나오지 않는다.
② 2문단에 따르면, 정상재는 소득이 증가함에 따라 수요가 증가하는 상품이다. 가격이 오를수록 수요도 함께 증가하는지는 알 수 없다. 1문단에서, 일반적으로 상품의 가격이 오르면 수요량은 감소한다는 사실만 알 수 있다.
④ 1문단의, 다른 조건이 동일할 때 상품의 가격이 하락하면 수요량은 늘어나고, 가격이 상승하면 수요량은 감소한다는 내용과 배치된다.

09   정답 ②

해설
1문단에 따르면, 수요가 증가하면 수요 곡선은 오른쪽으로, 수요가 감소하면 수요 곡선은 왼쪽으로 이동한다. 정상재는 소득이 증가함에 따라 수요가 증가하는 상품이므로 수요 곡선의 이동을 설명하는 ⓒ은 '오른쪽으로 이동'으로 수정하는 것이 적절하다.

오답 풀이
① ㉠에는 형편이 좋아지면서 돼지고기만 먹던 사람이 쇠고기를 소비하는 경우와 관련된 내용이 들어가야 한다. 소득이 증가하면서 돼지고기 수요가 줄어든 것이므로 ㉠은 수정하지 말고 그대로 두어야 한다.
③ 열등재는 소득이 증가함에 따라 수요가 감소하는 상품이며, 수요가 감소하면 수요 곡선은 왼쪽으로 이동한다. 따라서 ⓒ은 수정하지 말고 그대로 두어야 한다.
④ 대체재인 배의 가격이 오르면 사람들은 상대적으로 값이 싼 사과를 더 찾게 된다. 즉 사과의 수요가 증가한다. 수요가 증가하면 수요 곡선은 오른쪽으로 이동한다. 따라서 ㉣은 수정하지 말고 그대로 두어야 한다.

10   정답 ①

출전 구본관 외, 《한국어 문법 총론 Ⅰ》, 수정

해설
2문단에 따르면, '쌀밥'과 같은 '명사+명사' 구성은 한국어 문장에서 흔히 나타나는 단어 배열법이므로 통사적 합성어에 해당한다. 즉 명사와 명사가 결합하여 정상적인 단어 배열법에 어긋난 단어를 만드는 것은 아니다.

오답 풀이
② 2문단에 따르면, '덮밥'과 같이 용언의 어간에 명사가 결합하거나, '높푸르다'와 같이 용언의 어간과 용언의 어간이 결합하는 것은 한국어의 문장 구성에서는 나타나지 않는 구성이다. 따라서 용언의 어간이 연결 어미 없이 다른 성분과 결합하는 것은 비통사적 합성어에 해당한다.
③ 2문단에 따르면, '용언의 관형사형+명사'의 구성은 통사적 합성어에 해당한다. 즉 '큰형'과 같이 용언의 관형사형인 관형어 '큰'이 명사 '형'을 수식하는 구성은 통사적 합성어에 해당한다.
④ 마지막 문단에 따르면, 앞의 성분이 뒤의 성분을 수식하면 종속 합성어, 두 성분이 대등한 관계를 이루면 대등 합성어이다. '손수건'은 앞의 성분이 뒤의 성분을 수식하고 있으므로 종속 합성어이고, '손발'은 두 성분이 대등한 관계를 이루고 있으므로 대등 합성어이다.

보충 자료 2

1. 통사적 합성어   2. 비통사적 합성어

매일 국어 07회

| 01 ④ | 02 ④ | 03 ① | 04 ④ | 05 ④ |
| 06 ③ | 07 ① | 08 ④ | 09 ② | 10 ② |

01
정답 ④

출전 신형철, 〈공무원 갑질 논란에 칼 빼든 김부겸 장관〉, 《서울신문》 (2018. 9. 17.), 수정

해설
문장의 주어는 '○○부는'이므로, 능동과 피동의 관계가 명확하도록 ㉣은 '개선 방안을 마련할'로 수정해야 한다.

오답 풀이
① ㉠은 '고강도 대책'과 호응할 수 있는 서술어가 생략되었으므로 ㉠에는 '고강도 대책을 마련하고 사태 수습에 나섰다'와 같이 적절한 서술어를 넣어 주어야 한다.
② '근절(根絶)'은 '다시 살아날 수 없도록 아주 뿌리째 없애 버림'의 뜻으로 '완전히'의 의미를 포함하고 있다. 따라서 불필요하게 중복되는 내용이 없도록 ㉡을 '갑질 문화를 근절하겠다고'로 수정한 것은 적절하다.
③ 불미스런(×) → 불미스러운(○): '불미스럽다'는 '불미스러워 – 불미스러우니' 등으로 활용하는 'ㅂ' 불규칙 용언이다. 'ㅂ' 불규칙 용언은 모음으로 시작하는 어미가 결합할 때에는 음이 탈락하지 않는다. 따라서 ㉢을 '불미스러운'으로 수정한 것은 적절하다.

02
정답 ④

해설
㉠~㉣을 기호화하면 다음과 같다.

- ㉠ 이 주무관 ∨ 문 주무관
- ㉡ 이 주무관 → 전 주무관
- ㉢ ~구 주무관 → 유 주무관
- ㉣ 문 주무관 → ~유 주무관

[~이 주무관]이면 ㉠에서 선언지가 제거되어 [문 주무관]이 도출된다. 그러면 ㉣의 전건이 긍정되어 [~유 주무관]이 도출되고, 이로 인해 ㉢의 후건이 부정되어 [구 주무관]이 도출된다.
따라서 '이 주무관이 출장을 가지 않으면 구 주무관이 출장을 간다'는 반드시 참이다.

오답 풀이
① [유 주무관]이면 ㉣의 후건이 부정되어 [~문 주무관]이 도출되고, 그러면 ㉠에서 선언지가 제거되어 [이 주무관]이 도출된다.

② ㉢의 대우와 ㉣로부터 가언 삼단 논법에 의해 '문 주무관 → 구 주무관'이 도출된다. 이 사실과 ㉠, ㉡으로부터 양도 논법에 의해 '전 주무관 ∨ 구 주무관'이 도출된다. 이 선언문이 참이라고 해서 연언문인 '전 주무관 ∧ 구 주무관'이 참인지는 알 수 없다.
③ [전 주무관]이 참일 때 도출할 수 있는 정보가 없다.

03
정답 ①

해설
㉠~㉣을 기호화하면 다음과 같다.

- ㉠ 설렁탕
- ㉡ 수제비 → ~설렁탕
- ㉢ (칼국수 ∧ 설렁탕) → 수제비
- ㉣ 만둣국 → 칼국수

㉠으로 인해 ㉡의 후건이 부정되어 [~수제비]가 도출된다. 그러면 ㉢의 후건도 부정되어 '~칼국수 ∨ ~설렁탕'이 도출되고, 여기서 ㉠으로 인해 선언지가 제거되어 [~칼국수]가 도출된다. 그러면 ㉣의 후건도 부정되어 [~만둣국]이 도출된다.
따라서 [설렁탕], [~수제비], [~칼국수], [~만둣국]이므로, 점심 식사로 결정되는 것은 '설렁탕'뿐이다.

04
정답 ④

해설
영민은 불가피한 선택 상황에서 '죽는 사람의 수를 최소화'하는 것이 기준이라고 주장한다. 또한 소현도 '한 명이 죽더라도 다섯 명을 살리는 선택'을 한다고 주장한다. 이는 소현도 영민과 같이 죽는 사람의 수를 최소화하는 선택을 한 것이다.

오답 풀이
① 은주는 스위치를 눌러서 사람을 '죽이는 것'이 살인에 해당하므로 아무 것도 하지 않고 '죽게 내버려 두는 것'보다 나쁘다고 주장한다. 보은 또한 여기에 동의하며, 스위치를 누르면 살인이라고 주장한다.
② 보은이 '생명의 가치는 수량화할 수 없으니 ~'라고 한 데에 영민이 "생명의 가치를 수량화할 수 없다는 데 ~ 나도 동의해"라고 말한 데에서 알 수 있다.
③ 선로 위의 다섯 명을 구하는 것과 스위치를 눌러 다른 선로의 한 사람을 죽이는 선택적 딜레마 상황에서 소현은 '행위에 따른 결과가 선택의 기준이 된다'라고 말하고 있다. 반면 은주는 '행위 자체의 도덕성을 기준에 두어야' 옳다고 말하고 있다.

05
정답 ④

출전 이주행 외, 고등학교 《화법과 작문》 교과서, 금성출판사

해설
상대의 주장을 일부 인정하는 사람은 없다.

오답 풀이
① 병이 근거를 나열하여 흡연의 문제점에 대한 정부 차원의 대응이 필요하다고 주장하는 데서 알 수 있다.
② 담배가 몸에 해롭다는 갑의 주장에 을이 80년을 흡연해도 100세까지 장수하시는 어른들을 소재로 한 다큐도 있다고 말하는 데서 알 수 있다.
③ 흡연권을 인정해 주어야 한다는 을의 견해에 병이 "흡연은 다른 사람에게 피해를 주는데 그것을 권리라고 인정해야 합니까?"라고 질문하는 데서 알 수 있다.

06
정답 ③

출전 2018학년도 10월 고3 전국연합학력평가, 수정

해설
A가 공연 결과가 예년과 동일할 수 있다는 문제를 제기하며 SNS에 홍보하자는 의견을 제시하자 C가 "작품 제목, 공연 일시와 ~ 글을 쓰자"라며 SNS 홍보 방안을 구체화하는 데서 알 수 있다.

오답 풀이
① "나도 그랬으면 좋겠어"에서 A는 올해 공연 결과는 기존 공연과 다를 것이라는 B와 C의 말에 반응하고 있다. 그러나 '공연 준비를 잘 마무리하지 못하면 결과가 예년과 같을 수 있을 거야'에서 관람객 수가 줄어들 수도 있다는 자신의 견해를 유지하고 있다.
② B가 상대방의 말을 반복하면서 의도를 파악하는 내용은 나오지 않는다.
④ A는 관람객 수의 감소를 걱정하고 있고 B는 기존 공연과 다른 결과(관람객 수 증가)를 예측하고 있다. C는 "기획한 대로 준비를 잘했으니까 많은 사람들이 관람할 거야"라고 하면서 B의 견해를 지지했으므로, C가 A와 B의 견해를 모두 반박한 것은 아니다.

07
정답 ①

출전 2013년도 법학적성시험, 지문 발췌 및 수정

해설
A는 강한 네트워크가 취업 등과 같은 경우에 실질적인 도움이 된다고 말하고 있다. 그러나 B는 취업 동아리와 같은 강한 네트워크에서 만난 사람들이 서로 정서적으로 의존하는 사이가 된다고 했을 뿐, 취업에 실질적인 도움을 준다고 하지는 않았다.

오답 풀이
② A는 강한 네트워크가 취업에 실질적 도움을 준다는 입장이지만, D는 친한 친구와 같은 강한 네트워크와 취업의 상황에서는 더 이상 실질적인 도움을 주고받지 못한다는 입장이라는 데서 알 수 있다.
③ B는 취업 동아리의 장점만을 언급하고 있다. 이에 반해 C는 취업 동아리 회원들 간에 친밀한 관계가 형성된다는 장점을 언급하고 있지만, 실질적으로 도움이 될 정보를 얻지 못한다는 한계도 언급하고 있다.
④ C가 약한 네트워크의 하나인 취업 지원 센터가 취업에 도움이 된다고 말하고, D가 강한 네트워크보다 약한 네트워크가 취업에 도움이 된다고 말하는 데서 알 수 있다.

08
정답 ④

출전 조승환, 〈플라스틱 漁具 수거 중요성과 민관 협력〉, 《문화일보》(2023. 2. 3.)

해설
2문단에 따르면, 폐어구가 된 플라스틱 어구는 자연 분해되는 데 수백 년이 걸려 해양 생태계를 오염시킨다. 따라서 ④가 제시문에 부합하는 내용이다.

오답 풀이
① 1문단에 따르면, 1950년대 이후 어구의 재료가 나일론 소재로 대체되었다. 그러나 산업 혁명에 대한 내용은 제시문에 나오지 않는다.
② 1문단에 따르면, 나일론을 사용하면서 어구의 대량 생산이 가능해졌고, 어업인은 어획량을 늘리기 위해 많은 양의 어구를 사용하였다. 어구의 양을 줄인 것이 아니다.
③ 2문단에 따르면, 유령 어업을 통해 어업 생산량의 10%를 얻고 있는 것이 아니라, 어업 생산량의 10%에 이르는 손실을 보고 있다.

09
정답 ②

해설
㉠ '잡다'는 '붙들어 손에 넣다'의 뜻으로 쓰였다. 이와 가장 가까운 의미로 쓰인 것은 ②이다.

오답 풀이
① 집을 담보로 **잡다**: 담보로 맡다.
③ 불길을 **잡다**: 기세를 누그러뜨리다.
④ 날짜를 **잡다**: 자리, 방향, 날짜 따위를 정하다.

10 정답 ②

출전 이관규 외, 고등학교 《언어와 매체》 교과서, 비상교육 / 임지룡 외, 《학교 문법과 문법 교육》

해설
1·마지막 문단에 따르면, '물이 얼음으로 되었다'에서 '얼음으로'는 부사격 조사 '으로'가 결합한 부사어이며, 부사어는 다른 것을 꾸미는 부속 성분이다. '꿈이 물거품으로 되었다'의 '물거품으로' 또한 부사격 조사 '으로'가 결합한 부사어이므로 다른 것을 꾸미는 문장 성분이다.

오답 풀이
① 2문단에 따르면, '무엇이다'는 체언에 서술격 조사가 결합한 형태로 서술어에 해당한다. 이러한 서술어는 주어의 동작이나 상태를 풀이하는 기능을 한다. 동작 또는 상태의 주체가 되는 것은 '무엇이 무엇이다'에서 '무엇이'에 해당하는 주어이다.
③ 2문단에 따르면, '는'이 주어 자리에 나타나더라도 주격 조사가 아니다. 따라서 '나는 밥을 먹고 도서관에 갔다'에서 주어는 '나는'이지만, 이때의 '는'은 주격 조사가 아니라 보조사이다.
④ 1문단에 따르면, 다른 문장 성분과 직접적인 관련이 없는 것은 독립 성분, 즉 독립어이다. 또한 마지막 문단에 따르면, 체언에 목적격 조사 '을/를'이 붙어서 만들어진 문장 성분은 목적어이고 이는 서술어의 동작 대상이므로 다른 성분과 직접적인 관련이 없는 것은 아니다.

보충 자료 2

① 주격 조사(이/가, 께서)	② 단체 무정 명사+에서
③ 동사	④ 형용사
⑤ 서술격 조사 '이다'	⑥ 보격 조사(이/가)
⑦ 의	⑧ -는, -(으)ㄴ, -던, -(으)ㄹ

매일 국어 08회

| 01 ④ | 02 ② | 03 ③ | 04 ① | 05 ④ |
| 06 ③ | 07 ① | 08 ④ | 09 ② | 10 ② |

01 정답 ④

출전 문화 체육 관광부, 〈따뜻한 봄, 일상 속 즐겁고 설레는 도서관으로 가요〉, 수정

해설
대등한 것끼리 접속할 때는 구조가 같은 표현을 사용해야 하는데 ②은 '와' 앞뒤의 문장 구조가 같지 않다. 그러나 이를 수정한 문장 또한 이러한 문제가 해결되지 않았다. ②은 '도서관 이용을 활성화하고 영향력을 확산하기 위해' 또는 '도서관 이용의 활성화와 영향력의 확산을 위해' 정도로 수정해야 한다.

오답 풀이
① 설레이는(×) → 설레는(○): '설레다'가 바른 표기이므로 ㉠을 '설레는'으로 수정한 것은 적절하다. '설레이다(×)'는 비표준어이다.
② 주어가 '문화 체육 관광부'이므로 능동과 피동의 관계를 명확히 하여 ㉡을 '도서관 방문 인증 행사를 진행한다고'로 수정한 것은 적절하다.
③ 유정 명사 뒤에는 조사 '에게'를, 무정 명사 뒤에는 조사 '에'를 쓴다. 정확한 조사를 사용하여 ㉢을 '참여자에게는'으로 수정한 것은 적절하다.

02 정답 ②

해설
제시문을 기호화하면 다음과 같다.

| 1. 채용 개편 ∨ ~선발 증가 |
| 2. 채용 개편 → 주식 상승 |
| 3. 지원금 증가 → 선발 증가 |

㉠ [지원금 증가]이면 3에서 전건이 긍정되어 [선발 증가]가 도출된다. 그러면 1에서 선언지도 제거되어 [채용 개편]이 도출된다. 이로 인해 2의 전건도 긍정되므로 [주식 상승]까지 도출된다. 따라서 '지원금 증가 → 주식 상승'은 반드시 참이다.
㉢ [~채용 개편]이면 1에서 선언지가 제거되어 [~선발 증가]가 도출된다. 이로 인해 3의 후건이 부정되므로 [~지원금 증가]가 도출된다. 따라서 '~채용 개편 → ~지원금 증가'는 반드시 참이다.

오답 풀이
㉡ [~선발 증가]이면 3에서 후건이 부정되어 [~지원금 증가]만 도출될 뿐이다. 이외에 알 수 있는 사실은 없으므로 '~선발 증가 → ~주식 상승'이 참인지는 알 수 없다.

03 정답 ③

해설

㉠~㉣을 기호화하면 다음과 같다.

```
㉠ ~갑 → ~정
㉡ 을 → ~정
㉢ 병 ∧ 무
㉣ 무 → (정 ∨ ~병)
```

㉢에서 연언지 단순화로 [병], [무]가 도출된다. [무]로 인해 ㉣의 전건이 긍정되어 '정 ∨ ~병'이 도출된다. [병]에 의해 선언지가 제거되어 [정]이 도출된다. 그러면 ㉡의 후건이 부정되어 [~을]이 도출된다. 또한 ㉠의 후건도 부정되어 [갑]이 도출된다.

따라서 [갑], [~을], [병], [정], [무]이므로, '을'만 빼고 모두 참석한다.

04 정답 ①

출전 이재경, 〈한국 언론, '단순 전달자'에서 벗어난 '진실의 검증자'여야〉, 《신문과 방송》(2020. 7. 6.), 재구성

해설

'He said, she said 저널리즘'의 문제는, 진실과 거짓을 말하는 양측의 의견을 공평하게 전달하는 것이 객관적 보도라고 생각하여 독자가 진실을 가려내기 어렵게 만든다는 것이다. 여기에는 저널리즘이라면 독자가 진실을 가려낼 수 있도록 도와야 한다는 생각이 전제되어 있다. 따라서 저널리즘은 진실과 거짓을 공평하게 전달하는 것이 아니라, 독자가 진실을 가려낼 수 있도록 진실과 거짓을 가려 정보를 제공해야 한다는 내용이 빈칸에 들어가야 적절하다.

오답 풀이

② 마지막 문단에 따르면, 저널리즘은 '독자가 진실을 가려내'는 데 도움을 주어야 한다. 따라서 진실과 거짓의 입장 중 하나의 입장을 '임의로' 전달하는 것은 '거짓의 입장'도 전달할 수 있다는 것이므로 이는 독자가 진실을 가려내는 데 도움이 되지 못한다.

④ 로젠 교수는 'He said, she said 저널리즘'이 객관적 태도를 유지하여 극단적인 두 주장을 공평하게 전달했기 때문에 문제가 발생했다고 지적하고 있다. 따라서 '중립적 태도의 유지'가 저널리즘의 의무라고 보기는 어렵다.

05 정답 ④

해설

'실천(實踐)하다'는 '생각한 바를 실제로 행하다'라는 뜻이다. 따라서 ㉣ '실천하고'를 '보이고'로 바꾸어 쓰는 것은 적절하지 않다.

오답 풀이

① '지칭(指稱)하다'는 '어떤 대상을 가리켜 이르다'라는 뜻이다. 따라서 ㉠ '지칭한다'는 '가리킨다'로 바꾸어 쓸 수 있다.

② '왜곡(歪曲)되다'는 '사실과 다르게 해석되거나 그릇되게 되다'라는 뜻이다. 따라서 ㉡ '왜곡된'은 '그릇된'으로 바꾸어 쓸 수 있다.

③ '공평(公平)하다'는 '어느 쪽으로도 치우치지 않고 고르다'라는 뜻이다. 따라서 ㉢ '공평하게'는 '고르게'로 바꾸어 쓸 수 있다.

06 정답 ③

출전 김세직, 《모방과 창조》

해설

〈보기〉는 '그러나'로 시작하면서, 경제학자들이 유토피아의 실현 가능성을 현실적이고 냉철하게 분석한다는 점을 근거로 들어 유토피아 사상가들과 다르다고 강조하였다. 따라서 〈보기〉 앞에는 유토피아의 실현 가능성을 살펴본 경제학자들에 관한 내용이, 뒤에는 현실적이고 냉철한 분석을 하는 경제학자들에 관한 내용이 나와야 한다. ㉢ 앞에는 유토피아의 가장 중요한 조건인 '물질적 행복'을 지속적으로 탐구한 경제학자들이, ㉢ 뒤에는 경제학자들이 '냉철한 이성'을 가졌음을 강조한 마셜의 말이 나오므로 〈보기〉는 ㉢에 들어가야 적절하다.

07 정답 ①

해설

2문단에 따르면, 젖산 발효가 일어나면 김치를 오래 저장할 수 있다. 또한 젖산 발효가 일어나면 김치에 좋은 맛과 향이 난다. 하지만 김치를 오래 저장하는 것과 김치에 좋은 맛과 향을 내는 것 사이의 관계는 알 수 없다.

오답 풀이

② 2문단에 따르면, 적당한 소금 농도로 배추를 절이면 젖산 발효가 일어난다. 이는 '적당한 소금 농도 → 젖산 발효'로 기호화되므로, [적당한 소금 농도]는 [젖산 발효]의 충분조건이 된다.

③ 2문단에 따르면, 적당한 소금 농도로 배추를 절여 김치를 만들면 젖산 발효가 일어나고, 그러면 김치에 좋은 맛과 향이 난다. 즉 '적당한 소금 농도 배추 절임 → 김치 좋은 맛과 향'이다. 따라서 ③은 후건을 부정하여 전건을 부정한 추론이므로 적절하다.

④ 2문단에 따르면, 김치에 젖산 발효가 일어나면 김치를 오래 저장할 수 있으며, 김치에 좋은 맛과 향이 난다. 따라서 김치에 젖산 발효가 일어나면, 김치를 오래 저장하는 것과 김치에 좋은 맛과 향을 내는 것이 가능하다.

08 정답 ④

해설

1문단에 따르면, 분자는 큰 엔트로피(무질서도) 상태를 좋아하고, 물 분자만 있는 것보다 소금물 쪽이 더 무질서다. 이를 고려할 때, 배추의 물 분자는 더 무질서한 소금물 쪽으로 이동할 것이다. 따라서 물 분자가 이동하는 ㉣ '이쪽'은 '소금물 쪽'을 의미한다.

보충 자료 2

① 대등하게   ② 종속적으로
③ 주어/목적어/관형어/부사어   ④ 주어+(주어+서술어)
⑤ 관계   ⑥ 동격

---

09 정답 ②

출전 이현정, 〈교양 교육에서 객관적 상관물을 활용한 시 텍스트 연구〉

해설

엘리엇은 작가의 감정을 과잉 표출해서는 독자에게 감동을 줄 수 없기 때문에 사물, 사건, 상황 등으로 작가의 감정을 간접적으로 형상화하는 객관적 상관물 개념을 창안하였다. 따라서 엘리엇이 객관적 상관물로 시인의 감정을 '직접적'으로 표현해야 한다고 주장한 것은 아니다.

오답 풀이

① 2문단의, 엘리엇이 활동했던 낭만주의 시대에서 작가들은 감정에 치우친 작품들을 주로 썼다는 내용에서 추론할 수 있다.
③ 1문단에 따르면, 김소월의 〈길〉에서 '까마귀'는 화자의 감정을 대변하는 객관적 상관물이다. 이는 '까마귀'의 감정과 화자의 감정이 같다는 의미이다.
④ 자유롭게 날아다니는 '새'로 자유를 뺏긴 화자의 심정을 강조한 것은, 화자의 감정과 일치하지 않는 대상을 통해 화자의 정서를 간접적으로 표현한 것이다. 따라서 '새'는 객관적 상관물에 해당한다.

10 정답 ②

출전 서혁 외, 고등학교 《화법과 언어》 교과서, 지학사, 수정

해설

마지막 문단에 따르면, 앞 절과 뒤 절의 의미 관계가 대등하지 않은 것은 종속적으로 이어진 문장이며, 앞 절과 뒤 절의 위치를 바꾸게 되면 문장의 의미가 완전히 달라져서 수용하기 어려운 문장이 된다. 따라서 이어진문장은 앞 절과 뒤 절의 의미 관계가 대등하지 않아도 위치를 바꿀 수 있다는 설명은 적절하지 않다.

오답 풀이

① 1문단에 따르면, 겹문장은 이어진문장과 안은문장으로 나뉘며, 문장이 다른 문장 속의 한 문장 성분이 되면 안은문장이라고 한다.
③ 2문단의, 대등하게 이어진 문장은 앞 절과 뒤 절이 대조적 연결 어미 '-지만'으로 인해 대조의 의미 관계를 이룬다는 데서 알 수 있다.
④ 마지막 문단의, 종속적으로 이어진 문장은 종속적 연결 어미 '-려고'로 인해 의도의 의미 관계를 이룬다는 데서 알 수 있다.

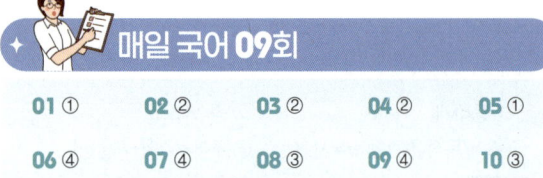

매일 국어 09회

01 ①　02 ②　03 ②　04 ②　05 ①
06 ④　07 ④　08 ③　09 ④　10 ③

01　정답 ①

[출전] 국립국어원, 《한눈에 알아보는 공공 언어 바로 쓰기》, 수정

해설
'-시키다'는 서술성을 가진 명사 뒤에 붙어 '사동'의 뜻을 더하고 동사를 만드는 접미사인데, '-시키다'를 '-하다'로 바꾸어도 의미의 변화가 없으면 과도한 사동 표현으로 본다. 따라서 '강화하다'와 같이 '-하다'를 쓸 수 있는 말에 무리하게 '-시키다'를 결합하지 않으므로 ㉠은 고치지 않고 그대로 두어야 한다.

오답 풀이
② '접수'는 '신청이나 신고 따위를 구두(口頭)나 문서로 받음'의 의미인데 이어지는 내용은 신청을 하는 사람의 행위이므로 ㉡의 '접수'를 '신청'으로 고쳐 쓴 것은 적절하다.
③ ㉢은 '가능한'이 '대중교통'을 수식하는 것인지, '(대중교통의) 이용'을 수식하는 것인지 명확하지 않다. 문맥상 대중교통의 이용을 부탁하는 것이므로, 명사 '한'을 넣어 '가능한 한'의 형태로 고쳐 쓴 것은 적절하다.
④ 대등한 것끼리 접속할 때는 구조가 같은 표현을 사용해야 한다. ㉣을 '열린 문화 공간을 조성하고 근무 환경을 개선하기 위해'와 같이 앞뒤의 문장 구조를 맞추어 고쳐 쓴 것은 적절하다.

02　정답 ②

해설
〈조건〉을 기호화하면 다음과 같다.

㉠ 토성 ∨ 목성
㉡ 토성 → 금성
㉢ ~(화성 ∧ 목성)
㉣ ~금성

㉣로 인해 ㉡의 후건이 부정되어 [~토성]이 도출된다. 이로 인해 ㉠의 선언지가 제거되어 [목성]이 도출된다. 또한 ㉢은 드모르간 법칙에 의해 '~화성 ∨ ~목성'과 동치이므로, [목성]으로 인해 선언지가 제거되어 [~화성]이 도출된다.
따라서 [~금성], [~토성], [목성], [~화성]이므로, 탐사할 행성은 '목성'이다.

03　정답 ②

해설
제시문을 기호화하면 다음과 같다.

1. (백화점 북적 ∧ 카페 만석) → 미술관 휴관
2. (~백화점 북적 ∧ 카페 만석) → 영화관 만석
3. 카페 만석

㉢ [~영화관 만석]이라면 2에서 후건이 부정되어 '백화점 북적 ∨ ~카페 만석'이 도출된다. 여기서 3에 의해 선언지가 제거되어 [백화점 북적]이 도출된다. 3과 [백화점 북적]을 연언화한 '백화점 북적 ∧ 카페 만석'으로 인해 1의 전건이 긍정되어 [미술관 휴관]까지 도출된다. 그러므로 '~영화관 만석 → 미술관 휴관'은 반드시 참이다.

오답 풀이
㉠ [미술관 휴관]으로 도출될 수 있는 정보는 없다. [미술관 휴관]으로 인해 1에서 [백화점 북적]이 도출된다고 본다면 후건 긍정의 오류를 범한 것이다.
㉡ [카페 만석]이 확정된 상황에서 [백화점 북적]이라면, '백화점 북적 ∧ 카페 만석'인 것이다. 그러면 1의 전건이 긍정되므로 [미술관 휴관]이 도출될 뿐이다. [~영화관 만석]이 참인지는 알 수 없다.

보충 자료 1

1. ① ~p ∨ ~q　② ~p ∧ ~q
2. p ∧ q

04　정답 ②

[출전] 고등학교 《통합사회》 교과서, 비상교육

해설
베버는 프로테스탄트의 세속적 금욕주의와 직업 윤리가 현세의 직업 활동에 대한 인식을 바꾸었다고 보았다. 그 과정에서 개인의 이익 추구가 당연시되고 자본이 축적될 수 있는 등 근대 자본주의 정신의 형성과 발전에 영향을 미쳤다고 보고 있다.

오답 풀이
① 베버에 따르면, 종교 개혁으로 개인의 이익 추구가 당연시된 것이지, 그 욕망이 신과 동일한 위치로 격상된 것은 아니다.
③ 2문단에 따르면, 베버는 개신교의 세속적 금욕주의가 확산됨에 따라 개인의 이익 추구가 당연시되었다고 주장하였다.
④ 베버는 프로테스탄트의 직업 윤리가 현세의 직업 활동을 도덕적이고 윤리적 행위로 인식하게 하였다고 보았다.

05 정답 ①

해설

'절제(節制)하다'는 '정도에 넘지 아니하도록 알맞게 조절하여 제한하다'의 의미이다. 따라서 ㉠ '절제하고'를 '보살피고'로 바꾸어 쓰는 것은 적절하지 않다.

오답 풀이

② '분리(分離)되다'는 '서로 나뉘어 떨어지다'의 의미이다. 따라서 ㉡ '분리되어'를 '떨어져'로 바꾸어 쓰는 것은 적절하다.
③ '확산(擴散)되다'는 '흩어져 널리 퍼지게 되다'의 의미이다. 따라서 ㉢ '확산되면서'를 '퍼지면서'로 바꾸어 쓰는 것은 적절하다.
④ '축적(蓄積)되다'는 '지식, 경험, 자금 따위가 모여서 쌓이다'의 의미이다. 따라서 ㉣ '축적될'을 '쌓일'로 바꾸어 쓰는 것은 적절하다.

06 정답 ④

해설

제시된 개요는 실태와 원인의 하위 항목들이 인과 관계로 연결되어 있다. 즉 Ⅰ-1~3과 Ⅱ-1~3은 각 하위 항목이 일대일로 대응하고 있다. 그러나 '청소년 고용 업체 규모 축소를 위한 정부의 감독과 단속'을 개선 방안으로 이끌어 낼 수 있는 실태와 문제 발생 원인은 제시문에 나오지 않는다.

오답 풀이

① '청소년 아르바이트의 실태'는 청소년 아르바이트의 노동 문제에 해당한다. 이러한 노동 문제를 발생시키는 원인을 해소하는 방안이 빈칸에 들어가야 한다. 따라서 노동 환경 개선을 위한 제도 정비는 Ⅱ-1을 개선할 방안이므로 적절하다.
② 청소년 고용 업주에 대한 노동 관계법 교육과 지도를 확대하는 것은 Ⅱ-2를 개선할 방안이므로 적절하다.
③ 청소년 노동자의 인권을 보호하기 위한 사회적 교육 기관을 설립하는 것은 Ⅱ-3을 개선할 방안이므로 적절하다.

07 정답 ④

해설

Ⅰ과 Ⅱ의 하위 항목은 각각 대응한다. 즉 Ⅰ의 농촌 일손 부족 문제는 Ⅱ의 원인 때문에 발생한 것이므로, 빈칸에는 문제의 원인을 해결하는 방안이 들어가면 된다. 그런데 '외국인 노동자 유치를 위한 정부의 적극 지원'은 Ⅰ-2에 제시된 '외국인 노동자 의존도 심화'를 더욱 강화할 수 있으므로 문제 해결 방안이라고 볼 수 없다.

오답 풀이

① 후계 노동인을 육성하고 농촌에 유입하는 것은 고령화로 인해 감소된 노동 인구를 늘릴 수 있는 방안이므로 빈칸에 들어갈 내용으로 적절하다.
② 농업 노동 환경과 사회적 인식의 개선은 열악한 근무 환경으로 인해 농업 노동을 회피하는 청년층을 농촌으로 유인할 수 있다. 따라서 빈칸에 들어갈 내용으로 적절하다.
③ 작업 시기가 분산된 작물을 재배하는 것은 농작업의 계절적 편중으로 인해 신체적·정신적으로 과로하는 농업인의 상황을 개선할 수 있다. 따라서 빈칸에 들어갈 내용으로 적절하다.

08 정답 ③

출전 구민주, 〈스토킹 범죄, 60번 찾아오고 가족 위협해도 결국 용서 택했다〉, 《시사저널》(2022. 5. 17.), 참조

해설

'Ⅱ-3-가'에서 '스토킹 범죄에 대한 양형 기준 마련'을 스토킹 처벌법이 지닌 한계의 개선 방안으로 제시했으므로 이에 대응하는 ㉢에는 스토킹 범죄에 대한 양형 기준이 현재 없다 혹은 불명확하다는 등의 내용이 들어가야 한다. 따라서 ㉢ '재판부 재량에 따른 고무줄 감경과 형 결정'을 수정하지 않고 그대로 두는 것이 적절하다.

오답 풀이

① 서론에 대한 〈지침〉에 따라 ㉠을 '스토킹 처벌법의 개념'으로 바꾸는 것이 적절하다.
② 스토킹 처벌법 시행 이전과 이후의 모습을 대조할 경우 스토킹 처벌법 시행 이후에 발생한 긍정적 변화, 즉 'Ⅱ-1'을 부각할 수 있으므로 보완 방안으로 적절하다.
④ 'Ⅱ-2-다'에서 스토킹 가해자에 대한 조치가 빠르게 이루어지지 않는다는 점을 지적하고 있으므로 ㉣에는 '제도 개선(시간적 공백 제거)을 통한 신속한 피해자 보호 시행'을 넣는 것이 적절하다.

09 정답 ④

해설

'Ⅳ-1'에 기대 효과가 나왔으므로 ㉣에는 향후 과제가 들어가야 한다. '현지인의 한국어 학습 관심 증대를 위한 대책 마련'이 향후 과제라는 것은, 한국어 학습에 대한 현지인의 관심이 부족하다는 것을 전제한다. 하지만 이는 Ⅰ의 내용과 모순된다. ㉣에는 '한국어 국외 교육에 대한 정부 및 관련 기업의 투자 확대 요청, 표준화된 교육 및 교육 과정 개발' 등이 들어가야 적절하다.

오답 풀이

① 한국어 학습에 대한 관심과 수요가 증가하고, 한국 기업에 취업을 원하는 외국인이 증가한 것은 한국어 국외 교육이 나타난 이유에 해당한다. 따라서 '한국어 국외 교육의 등장 배경'은 ㉠에 들어갈 내용으로 적절하다.

② 'Ⅲ-1'에서 교원 양성 프로그램 신설 및 기관 설립을 개선 방안으로 제시했다는 것은 한국어를 가르치는 교원에 어떠한 문제점이 있음을 의미한다. 따라서 '한국어 비전문가의 수업 진행으로 인한 교육의 질 저하'는 ㉡에 들어갈 내용으로 적절하다.
③ ㉢에는 '문법·독해 중심의 수업으로 인한 실용적 언어 교육 부족' 문제를 개선할 방안이 들어가야 한다. 따라서 '회화 및 실생활 중심의 교육 강화'는 ㉢에 들어갈 내용으로 적절하다.

10 정답 ③

출전 이관규 외, 고등학교 《언어와 매체》 교과서, 비상교육

해설
마지막 문단에 따르면, 객체 높임법은 '모시다', '드리다', '여쭈다', '뵈다'와 같은 특수 어휘를 사용하여 표현하며 조사 '에게' 대신 '께'를 사용하기도 한다. '주다' 대신 객체를 높이는 특수 어휘인 '드리다'를 써서 '나는 할아버지께 과일을 <u>드렸다</u>'로 표현하는 것이 올바른 표현이다.

오답 풀이
① 3문단에 따르면, 주체 높임법은 선어말 어미 '-(으)시-'가 붙어 실현되나, 부수적으로 주격 조사 '께서'가 쓰이기도 한다. 따라서 주격 조사 '께서'가 쓰이지 않아도 서술의 주체를 높일 수 있음을 알 수 있다.
② 2문단에 따르면, 상대 높임법은 화자가 청자에 대하여 높이거나 낮추어 말하는 방법으로, 종결 표현으로 실현된다. 따라서 화자보다 청자의 지위가 낮을 경우 종결 표현을 통해 이를 드러낼 수 있다.
④ 3문단에 따르면, 주체와 밀접한 관련이 있는 대상을 높임으로써 주체를 간접적으로 높이는 것을 간접 높임이라고 한다. 따라서 '선생님의 넥타이가 멋있으시다'는 넥타이를 높임으로써 선생님을 간접적으로 높이고 있다.

보충 자료 2

1. ① 간접 높임   ② 직접 높임   ③ 주어
2. 부사어
3. 청자

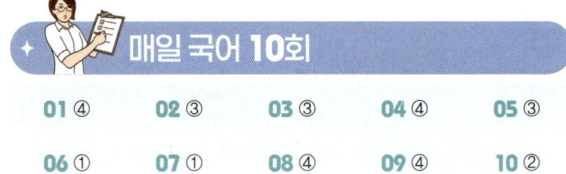

| 01 ④ | 02 ③ | 03 ③ | 04 ④ | 05 ③ |
| 06 ① | 07 ① | 08 ④ | 09 ④ | 10 ② |

01 정답 ④

해설
'접촉(接觸)되다'는 '서로 맞닿게 되다 / 가까이 대하여지고 사귀어지다'의 의미로 문맥에 맞지 않는다. ④에서는 '법률이나 규칙 따위에 위반되거나 어긋나다'를 뜻하는 '저촉(抵觸)되다'를 고치지 않고 그대로 두어야 한다.

오답 풀이
① 문장 전체의 주어인 '벌초 시 주의할 점은'과 서술어가 호응하도록, '대비해야 합니다'를 '대비해야 한다는 <u>것입니다</u>'로 수정한 것은 적절하다. 주어가 '관형어+체언'으로 이루어진 경우, 서술어도 이에 맞추는 것이 좋다.
② '최고 2,000만 원의 범칙금 부과'와 '외국인의 고용'이 모두 '제한받습니다'와 호응하고 있는데, 문맥상 '범칙금 부과를 제한받다'는 어색하다. 대등한 것끼리 접속할 때에는 구조가 같은 표현을 사용해야 하므로, '~ 최고 2,000만 원의 범칙금을 <u>부과하거나</u> 외국인의 고용을 제한받습니다'와 같이 앞뒤의 문장 구조를 맞추어 수정한 것은 적절하다.
③ '열다'는 '…을 열다'의 형태로 쓰이므로 '문을'과 같은 적절한 목적어를 넣어 주어야 한다.

02 정답 ③

해설
갑의 계획표를 기호화하면 다음과 같다.

1. ~(북한산 ∨ ~설악산)
2. 설악산 → (북한산 ∨ 치악산)
3. 지리산 → ~치악산

1은 드모르간 법칙에 의해 '~북한산 ∧ 설악산'과 동치이고, 여기서 연언지 단순화에 의해 [~북한산], [설악산]이 도출된다. [설악산]으로 인해 2의 전건이 긍정되어 '북한산 ∨ 치악산'이 도출되고, [~북한산]으로 인해 선언지가 제거되어 [치악산]이 도출된다. 이로 인해 3의 후건이 부정되어 [~지리산]이 도출된다.
따라서 [~북한산], [설악산], [치악산], [~지리산]이므로, 갑이 오를 산은 '설악산, 치악산'이다.

03 정답 ③

해설

㉠~㉣을 기호화하면 다음과 같다.

> ㉠ 디퓨저 → 우산
> ㉡ ~디퓨저 → ~천일염
> ㉢ ~손 세정제 → 천일염
> ㉣ 우산 → ~천일염

1, 4로부터 가언 삼단 논법에 의해 '디퓨저 → ~천일염'이 도출된다. 이 사실과 2에 따르면 [디퓨저]이든 [~디퓨저]이든 [~천일염]이 도출된다. 그러면 3의 후건이 부정되어 [손 세정제]까지 도출된다.
[디퓨저]와 [우산]의 참·거짓은 알 수 없고, [~천일염]이므로, 반드시 선택될 답례품은 '손 세정제'이다.

04 정답 ④

출전 2009학년도 대학수학능력시험 9월 모의평가

해설

2문단에 따르면, 열세자 효과는 열세에 있는 후보에게 유리할 수 있다. 그러나 사표 방지 심리가 작용하는 것은 밴드 왜건 효과이다.

오답 풀이

① 2문단의, 찬성론자들은 선거일 직전에 여론 조사 결과가 공표되면 밴드 왜건 효과와 열세자 효과 등으로 표심이 이동하는 현상이 일어난다고 주장한다는 내용에서 알 수 있다.
② 마지막 문단의, ㉡은 후보자의 지지도나 당선 가능성 등에 관한 여론의 동향 등은 알권리의 대상에 포함되므로 여론 조사 결과를 공표해야 한다고 주장했다는 데서 알 수 있다.
③ 마지막 문단의, ㉡이 국민의 알권리는 정보에 대한 언론의 접근이 보장되어야 충족되는데, 여론 조사 결과의 공표를 금지하는 것은 결국 위헌이라고 말한다는 데서 알 수 있다.

05 정답 ③

해설

㉠ 갑은 SNS가 누구나 의견을 자유롭게 표현하는 데 도움을 주어 결과적으로 민주주의 발전에 기여하고 있다고 주장한다. 반면 을은 SNS에서 모든 의견이 동등하게 다루어지는 것이 아니므로 SNS가 곧 민주주의 발전에 기여하는 것은 아니라고 주장한다. 따라서 갑과 을의 주장은 대립한다.
㉡ 갑은 누구나 SNS를 통해 의견을 자유롭게 표현할 수 있다고 주장하고, 병은 특정한 힘을 가진 주체들이 SNS를 통해 여론을 주도한다고 주장한다. 따라서 갑과 병의 주장은 대립한다.

오답 풀이

㉢ 을과 병은 모두 모든 의견이 SNS를 통해 동등하게 공유되는 것은 아니라고 주장한다. 따라서 을과 병의 주장은 대립하지 않는다.

06 정답 ①

출전 2023 국가공무원 5급 PSAT, 지문 발췌 및 수정

해설

㉠ 갑은 인간이든 동물이든 자연을 변화시켰다면 기술이기 때문에 비버가 만든 댐은 기술이라고 주장한다. 또한 본성을 따르는 것 여부로 기술인가의 여부를 결정할 수 없다고 본다. 반면 을은 인간이 만든 인공물만이 기술이기 때문에 본성에 따라 비버가 만든 댐은 기술이 아니라고 주장한다. 따라서 갑과 을의 주장은 양립 불가능하다.
㉡ 갑은 자연을 변화시키고 자연과 맞서기 위해 만들어진 것이기 때문에 비버가 만든 댐이 기술이라고 주장한다. 반면 병은 어떠한 원리를 이해하지 못한 채 본능에 따라 만들어진 것이므로 비버가 만든 댐은 기술이 아니라고 주장한다. 따라서 갑과 병의 주장은 양립 불가능하다.

오답 풀이

㉢ 을은 비버가 본성에 따라 만든 댐은 자연의 일부로 작용하여 부자연스러움을 낳지 않으므로 비버가 만든 댐이 기술이 아니라고 주장한다. 또한 병은 비버가 본능에 따라 댐을 만든 것이며, 어떤 원리를 이해한 것은 아니기 때문에 비버가 만든 댐은 기술이 아니라고 주장한다. 따라서 을의 주장과 병의 주장은 양립 가능하다.

07 정답 ①

출전 백세희, 〈챗GPT의 '지브리 그림체' 유행이 씁쓸한 이유〉, 《이코노미스트》(2025. 4. 4.), 수정

해설

㉠ 갑은 AI가 내 사진을 특정 화풍으로 변환시킬 때 특유의 분위기나 스타일만을 흉내 내므로 이것을 저작권 침해로 보기 어렵다고 주장한다. 또한 을도 특정 화풍이나 스타일은 아이디어에 해당하고, 아이디어는 저작권법이 보호하는 구체적 표현에 해당하지 않으므로 AI가 내 사진을 특정 화풍으로 변환시키는 것 또한 저작권 침해로 볼 수 없다는 입장이다. 따라서 갑과 을의 주장은 대립하지 않는다.

오답 풀이

㉡ 갑은 AI가 내 사진을 특정 화풍으로 변환시키는 것이 저작권 침해가 아니라고 본다. 반면 병은 특정 화풍을 구현하는 AI가 생성한 이미지에는 원작의 구체적 표현 요소를 포함할 가능성이 매우 높다고 본다. 이는 AI로 내 사진을 특정 화풍으로 변환시키는 것이 저작권 침해에 해당한다고 본 것이다. 따라서 갑과 병의 주장은 대립한다.

ⓒ AI가 내 사진을 특정 화풍으로 변환시키는 것에 대해 을은 저작권 침해가 아니라고 보고, 병은 저작권 침해라고 보므로 둘의 주장은 대립한다.

08 정답 ④

[출전] 이현구 외, 《박물관에서 꺼내 온 철학 이야기》

[해설]
관념론에서 세계는 초월적인 존재가 창조했고, 그 초월자만이 실제 세계의 모습을 안다고 생각한다는 내용이 나온다. 따라서 ⓔ을 '세계가 어떻게 변화하는지도 모르며, 그것의 발생 원인도 알 수 없다고'로 고치는 것은 적절하다.

[오답 풀이]
① 실재론에서는 대상이 미리 외부에 있다고 본다는 내용이 나온다. 따라서 실재론에서 대상이 객관적으로 존재한다고 주장한다는 ㉠은 그대로 두어야 한다.
② 실재론의 주장에 따라, 우리가 알고 있는 지식은 대상 세계의 모습과 일치한다는 내용이 나온다. 따라서 실재론에 의하면 인간의 인식 능력은 대상 세계를 정확히 반영한다는 ㉡은 그대로 두어야 한다.
③ 관념론을 대표하는 철학자 칸트에 의하면, 우리가 알고 있는 세계는 인식 능력인 인식 주관에 의해 모양이 갖추어진다는 내용이 나온다. 따라서 대상은 인식 주관이 인식함으로써만 존재한다는 ㉢은 그대로 두어야 한다.

09 정답 ④

[출전] 이관규 외, 고등학교 《언어와 매체》 교과서, 비상교육, 수정

[해설]
2문단에 따르면, 파생적 피동문을 만드는 접미사로는 '-이-, -히-, -리-, -기-'와 '-되다'가 있다. '-시키다'는 파생적 사동문을 만드는 접미사이다.

[오답 풀이]
① 1문단에 따르면, 피동문은 주어가 다른 대상에 의해서 동작을 당하게 된다. 또한 2문단에 따르면, 능동문이 피동문으로 바뀔 때 능동문의 목적어는 피동문의 주어가 된다. 따라서 능동문의 목적어는 피동문에서 동작을 당하는 대상인 주어가 된다.
② 마지막 문단에 따르면, 주동문이 사동문으로 바뀔 때 주동문의 목적어는 그대로 목적어가 된다. 따라서 주동문 '아기가 밥을 먹다'가 사동문 '엄마가 아기에게 밥을 먹이다'로 바뀔 때에도 '밥을'은 형태가 변하지 않는다.
③ 마지막 문단에 따르면, 주동문이 사동문으로 바뀔 때 사동문의 주어는 새로 도입된다. 또한 1문단에 따르면, 주어가 남에게 동작을 하도록 시키는 것이 사동문이다.

10 정답 ②

[해설]
㉠ '물리다'는 '윗니와 아랫니 사이에 끼인 상태로 상처가 날 만큼 세게 눌리다'의 뜻으로 쓰였다. 이와 가장 가까운 의미로 쓰인 것은 ②이다.

[오답 풀이]
① 한 수를 물리다: 이미 행한 일을 그 전의 상태로 돌리게 하다.
③ 국수에 물리다: 다시 대하기 싫을 만큼 몹시 싫증이 나다.
④ 부과금을 물리다: 갚아야 할 것을 치르게 하다.

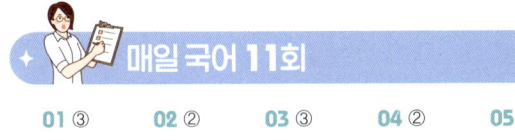

매일 국어 11회

| 01 ③ | 02 ② | 03 ③ | 04 ② | 05 ④ |
| 06 ② | 07 ① | 08 ② | 09 ① | 10 ④ |

01 정답 ③

해설
'으로써'는 (주로 '-ㅁ/음' 뒤에 붙어) 어떤 일의 이유를 나타내는 격 조사이므로, ⓒ의 '않음으로써'는 고치지 않고 그대로 두어야 한다. '-므로써(✗)'는 잘못된 표기이다.

오답 풀이
① 낯선 외래어나 외국어는 친숙한 우리말로 표현해야 하므로, ⓗ의 '로드 맵'을 '단계별 이행안'으로 수정한 것은 적절하다. '로드 맵'은 '청사진, 밑그림, 길잡이, 단계별 이행안' 정도로 다듬어 쓸 수 있다.
② '필요하다'는 '반드시 요구되는 바가 있다'의 의미이므로 앞에 나오는 '반드시'와 의미가 중복된다. 따라서 ⓒ의 '반드시 필요합니다'를 '필요합니다'로 수정한 것은 적절하다.
④ 대등한 것끼리 접속할 때는 구조가 같은 표현을 사용해야 하므로, ⓔ의 '경영 의욕 고취와 사기를 북돋우기'를 '경영 의욕을 고취하고 사기를 북돋우기'와 같이 앞뒤의 문장 구조를 맞추어 수정한 것은 적절하다.

02 정답 ②

해설
주어진 〈조건〉을 기호화하면 다음과 같다.

1. (~부산 ∧ ~여수) → 전주
2. ~전주
3. ~서울 → 전주
4. 서울 ∨ 부산(배타적 선언)

4는 [서울]과 [부산] 중 정확히 하나만 참이어야 한다는, 배타적 선언 관계를 의미한다.
일단 2로 인해 3의 후건이 부정되어 [서울]이 도출된다. 그러면 배타적 선언 관계에 따라 [~부산]이 도출된다. 또한 2로 인해 1의 후건도 부정되어 '부산 ∨ 여수'가 도출된다. 여기서, 앞에서 도출된 [~부산]으로 인해 선언지가 제거되어 [여수]가 도출된다.
따라서 책자가 배포되는 곳은 '서울, 여수'이다.

03 정답 ③

해설
ⓗ~ⓔ을 기호화하면 다음과 같다.

ⓗ 베이글
ⓒ (베이글 ∧ 바게트) → 크루아상
ⓒ 바게트 → ~크루아상
ⓔ ~머핀 → 바게트

ⓗ에서 [베이글]이 참임을 알 수 있고, [바게트]도 참이라고 가정하면 ⓒ에서 전건이 긍정되어 [크루아상]이 도출된다. 그러면 ⓒ에서 후건이 부정되어 [~바게트]가 도출된다. 이는 모순이므로 귀류법에 의해 처음에 가정했던 [바게트]가 거짓임을 알 수 있다. 즉 [~바게트]인 것이다. 그러면 ⓔ에서 후건이 부정되어 [머핀]이 도출된다.
따라서 '머핀을 판다'가 반드시 참이다.

오답 풀이
② [크루아상]의 참·거짓 여부는 알 수 없다.
④ [크루아상]의 참·거짓 여부는 알 수 없고, [머핀]은 참이다.

04 정답 ②

출전 오창익, 〈공공 의료 기관부터 바꿔 보자〉, 《경향신문》(2020. 1. 2.), 수정

해설
한국에 환자가 넘쳐 나는 현상 이면에는 환자를 돈벌이 수단으로만 보는 의료계의 인식이 있음을 문제로 지적하고, 한국의 보건 의료 체계에 공공성을 확보해야 한다는 것을 그 해결책으로 제시하고 있다.

오답 풀이
① 한국 사람들이 세계에서 병원에 가장 자주 가고 병원에 입원하는 기간도 세계 최장이며, 한국이 세계에서 MRI와 CT가 가장 많이 보급된 나라라는 통계를 통해 밝혀진 점을 나타내고 있지만 구체적인 통계 수치를 제시하지는 않았다.
③ 한국인에게 건강 염려증이 생긴 원인을 제시하고 있지만, 이들의 차이점을 밝히는 대조의 방식은 나오지 않는다.
④ 한국에 환자가 넘쳐 나는 현상을 부정적으로 바라보고 있지만 이를 반어적 수사를 동원하여 표현하지는 않았다.

보충 자료 2

① 정의   ② 분석   ③ 유추

05 정답 ④

출전 강준만, 〈왜 저널리즘이 민주주의를 결정하는가?: 월터 리프먼〉

해설
고전적 민주주의 이론에서 가정한 '공중'의 개념은 허상이라는 리프먼의 주장을 소개한 글이다. 글쓴이는 공공 문제를 대하는 유권자(공중)의 능력에 대해 회의적인 리프먼의 견해를 '인용'하고, 이러한 리프먼의 견해를 뒷받침하는 '사례'로 스콥스 사건을 제시하고 있다. 따라서 예시와 인용의 방식으로 기존 주장(고전적 민주주의 이론)에 대한 반론을 제시한 것이다.

오답 풀이
① 제시문에는 고전적 민주주의 이론과 이에 대한 리프먼의 반론이 나오지만, 둘의 공통점은 나오지 않는다.
② "공중은 연극의 제3막 중간에 도착해 ~ 정도로 머무를 뿐이다", '공중은 '유령'이요' 등에서 공중, 공공의 문제(사회 문제)를 각각 유령, 연극에 비유하고 있다. 하지만 이를 통해 공중의 장점을 드러낸 것은 아니다.
③ 공중(유권자들)에 대한 리프먼의 주장을 뒷받침하는 사례만 제시되어 있고, 이와 대조되는 사례는 나오지 않는다.

06 정답 ②

출전 마누엘 G. 벨라스케즈, 《기업 윤리》

해설
글쓴이는 '모든 외부적 내부 고발은 도덕적으로 정당하다'라는, 자신의 생각과 상반되는 주장을 제시한 뒤, '이것은 옳지 못하다'라고 재반박하고 있다. 그러면서 일정 경우에 한해서만 외부적 내부 고발은 정당화될 수 있다고 결론을 내리고 있다.

오답 풀이
① 1문단에서 내부 고발의 유형인 '내부적 내부 고발'과 '외부적 내부 고발'을 서로 대비하고 있으나, 내부적 내부 고발의 도덕적 정당성을 옹호하고 있지는 않다.
③ 2문단에서 외부적 내부 고발이 문제시되는 원인을 '표현의 자유를 비롯한 ~ 하기 때문이다'라고 제시한 뒤, 이를 '고용인, 고용주, 고용인의 동료들이나 주주' 등의 범주로 나누어 설명하고 있다. 그러나 마지막 부분에 외부적 내부 고발이 정당화될 수 있는 상황들을 제시한 것으로 보아 외부적 내부 고발의 존재 가치를 부정한 것은 아니다.
④ 이 글의 주된 논의 대상은 '외부적 내부 고발'로, 이 글에서 내부적 내부 고발과 외부적 내부 고발의 장단점을 구체적으로 논의한 부분은 찾을 수 없다.

07 정답 ①

해설
㉠ '띠다'는 '어떤 성질을 가지다'의 뜻으로 쓰였다. 이와 가장 가까운 의미로 쓰인 것은 ①이다.

오답 풀이
② **미소를 띠다**: 감정이나 기운 따위를 나타내다.
③ **추천서를 띠다**: 물건을 몸에 지니다.
④ **붉은빛을 띠다**: 빛깔이나 색채 따위를 가지다.

08 정답 ②

출전 2015년 고2 국가 수준 학업 성취도 평가

해설
3문단에서, '개인들의 개별적 능력을 극대화'하고, '혁신적인 아이디어 생태계를 구축'하는 집단 협업의 순기능을 서술하고 있다. 그러나 집단 지성의 협업이 수반하는 역기능은 서술하고 있지 않다.

오답 풀이
① 2문단에서 집단 지성이 등장한 원인을 '대중 교육의 확산'과 '지식, 정보의 자유로운 소통을 가능하게 한 기술적 지원' 두 가지로 분석하여 제시하고 있다.
③ 1문단에서는 과거와 현재를 대비하여, 3문단에서는 폐쇄적 구조에서 형성된 고착화된 지식과 개방적 구조에서 형성된 실제적이고 유용한 지식을 대비하고 있다. 이를 통해 현대 사회의 집단 지성을 통해 생산되는 지식의 창조성, 유용성, 유연성 등의 가치를 부각하고 있다.
④ 3~마지막 문단에서 집단 지성은 모두가 자유롭고 동등하게 참여하는 개방적이고 상호 존중하는 사회 구조에서 발현된다고 설명하는 데에서 알 수 있다.

09 정답 ①

해설
2~3문단에 따르면, 대중의 지성을 신뢰할 수 있게 된 것은 대중 교육의 확산으로 대중의 지성이 신장되었기 때문이다. 이를 통해 집단 지성이 등장할 수 있게 되었고, 이러한 집단 지성의 협업을 통해 생산된 아이디어는 진화해 나가며 혁신적 아이디어 생태계를 구축한다. 즉 대중의 지성을 신뢰할 수 있는 토대가 마련되어 혁신적 아이디어 생태계가 구축될 수 있었으므로 ①은 원인과 결과가 뒤바뀐 것이다.

오답 풀이
② 마지막 문단의, 동등한 권력을 가지고 협업할 수 있는 구조가 형성되어야 진정한 집단 지성이 발현되며, 서로를 동등하게 여기고 경청하고 토론할 때 상호 존중하는 집단 지성의 기본 전제가 형성된다는 내용에서 알 수 있다.

③ 2문단의, 집단 지성의 등장 배경으로 대중 교육의 확산으로 신장된 대중의 지성을 신뢰하게 된 것과 웹의 피드백 구조를 통해 정보를 축적하고 교류하게 된 것을 제시한 데서 알 수 있다. 따라서 대중 교육의 확산과 웹 피드백을 가능하게 한 정보 통신 인프라의 확충은 집단 지성 출현의 기반으로 볼 수 있다.

④ 1문단의, 현대에는 대중도 지식 생산에 기여하며, 특정인에 의해 완성된 고정적 지식뿐만 아니라 유연한 지식도 현대의 지식에 포함된다는 내용에서 알 수 있다.

10 정답 ④

출전 이관규 외, 고등학교 《언어와 매체》 교과서, 비상교육

해설
2문단에 따르면, 반의 관계에 있는 두 단어는 오직 하나의 의미 요소만 다르고, 나머지 의미 요소는 공통된다. '높다 : 낮다'는 오직 하나의 의미 요소에서만 차이를 보이는 반의 관계의 단어이다.

오답 풀이
① 마지막 문단에 따르면, 의미상 다른 쪽에 포함되는 단어인 하의어는 개별적이고 한정적인 의미를 지닌다.
② 2문단에 따르면, '벗다 : 입다', '벗다 : 쓰다', '벗다 : 신다'와 같이 한 단어에 여러 개의 단어들이 대립하는 경우도 있다
③ 1문단에 따르면, 유의어는 말소리는 다르지만 의미가 서로 비슷한 단어들이다. 또한 유의 관계에 있는 단어들은 그 의미가 비슷하나 똑같지는 않으므로, 어느 경우에나 바꾸어 쓸 수 있는 것은 아니다. 따라서 '얼굴'과 '낯'은 유의어이지만 모든 문장에서 바꾸어 쓸 수 있는 것은 아니다.

매일 국어 12회

| 01 ④ | 02 ① | 03 ③ | 04 ② | 05 ④ |
| 06 ④ | 07 ④ | 08 ③ | 09 ③ | 10 ① |

01 정답 ④

출전 국토 교통부, 〈승차권 취소 수수료 기준 개편…고속버스 이용 효율성 높인다〉, 수정

해설
대등한 것끼리 접속할 때에는 구조가 같은 표현을 사용해야 한다. 그러나 이를 수정한 문장 역시 이러한 문제점이 충분히 해결되지 못했다. ㉢은 '고속버스업계는 예매 체계를 개선하고 이용객들은 취소 수수료를 확인할 것'과 같이 앞뒤의 문장 구조를 맞추어 수정해야 한다.

오답 풀이
① ㉠이 포함된 문장의 주어가 '정부가'이므로 능동과 피동의 관계를 명확히 하여 ㉠을 '기준을 개편한다'로 수정한 것은 적절하다.
② '확인하다'는 '…을 확인하다'의 형태로 쓰인다. 따라서 ㉡에는 '이를'과 같은 적절한 목적어를 넣어 주어야 한다.
③ 외래어는 될 수 있으면 우리말로 바꾸어 쓴다. 따라서 ㉢을 '개편 사업을'로 수정한 것은 적절하다.

02 정답 ①

해설
행복한 결혼 생활은 장수에 필요한 조건이라는 것은 '장수 → 행복한 결혼 생활'로 기호화할 수 있다. 따라서 전건인 [장수]는 후건인 [행복한 결혼 생활]의 충분조건이다.

오답 풀이
② '계약은 서면으로 작성된 경우에만 법적 효력이 발생한다'는 '법적 효력 → 서면 계약'으로 기호화할 수 있다. 이를 통해 '~법적 효력 → ~서면 계약'을 도출할 수는 없으므로 옳지 않다.
③ 세금이 늘어나는 것만으로는 반드시 복지가 향상된다고 볼 수 없다는 것은, [세금 증가]가 [복지 향상]의 충분조건이 아니라는 의미이다. 따라서 [세금 증가]가 [복지 향상]의 충분조건이라는 진술은 옳지 않다.
④ '증인이 법정에 출석하지 않으면 피고인은 유죄가 된다'는 '~증인 출석 → 유죄'로 기호화할 수 있다. 따라서 [~증인 출석]은 [유죄]의 필요조건이 아니라 충분조건이다.

03 정답 ③

해설

㉠~㉢을 기호화하면 다음과 같다.

> ㉠ 타인 권리 침해 → 규제 대상
> ㉡ ~법의 처벌 → ~규제 대상
> ㉢ ~법의 처벌 → ~타인 권리 침해

'오직 타인의 권리를 침해한 행동만이 법의 처벌을 받는다'는 타인의 권리를 침해하지 않는 행동이라면 법의 처벌을 받지 않는다는 의미이므로 '~타인 권리 침해 → ~법의 처벌'로 기호화된다. 이는 ㉢의 전건과 후건을 서로 뒤바꾼 진술이므로, 잘못된 평가이다.

오답 풀이

① ㉠의 전건인 [타인 권리 침해]는 후건인 [규제 대상]이기 위한 충분조건이므로 옳은 평가이다.
② '규제 대상 → 법의 처벌'은 ㉡의 대우와 논리적 동치이므로, 옳은 평가이다.
④ ㉠과, ㉡의 대우인 '규제 대상 → 법의 처벌'에서 가언 삼단 논법에 의해 '타인 권리 침해 → 법의 처벌'이 도출되므로, 옳은 평가이다.

04 정답 ②

출전 〈뇌의 네트워크에 새겨진 기억이 트라우마가 되어 감정을 지배한다〉,《NEWTON》(2024. 2.), 수정

해설

즐거운 감정보다 생명의 위협을 느낀 일 같은 두려운 사건이 기억에 더 강하게 남는다. 하지만 즐거웠던 기억이 강한 기억으로 남을 수 없다고 추론할 수는 없다. 감정이 클수록 강한 기억이 된다고 했으므로 즐거웠던 기억도 즐거운 감정이 컸다면 강한 기억이 될 수 있다.

오답 풀이

① 2문단에 따르면, 기억이 불안정한 상태가 되면 기억이 사라지거나 새로운 정보가 더해져 트라우마를 극복할 수도 있지만, 불안정한 기억에 특정 단백질이 작용하면 트라우마가 더 강하게 기억될 수도 있다.
③ 2문단의 '우리가 사건을 기억할 때 ~ 구조와 기능이 변하기 때문이다'에서 알 수 있다.
④ 트라우마는 재해와 범죄 등으로 목숨이 위협받은 강한 충격을 준 체험을 의미한다. 따라서 집에 불이 난 경험과 강도에게 위협당한 경험은 모두 트라우마가 될 수 있다.

05 정답 ④

출전 박진영,〈'사회 공포증'과 '자기중심적 시각'의 악순환〉,《동아사이언스》(2024. 6. 1.), 수정

해설

2문단에 따르면, 사회 공포증이 있으면 사회적 상황에서의 불확실성을 더 크게 자각하게 된다. 이는 '사회 공포증 → 사회적 상황에서의 불확실성 크게 자각'으로 기호화된다. 따라서 사회 공포증은 사회적 상황에서의 불확실성을 더 크게 자각하게 되는 데 필수적인 조건, 즉 필요조건이 아니라 충분조건이다.

오답 풀이

① 1문단에 따르면, 사회 공포증이 있는 사람들은 타인의 마음을 읽는 능력이 떨어진다. 그리고 타인의 마음을 알아채는 능력이 없으면 원만한 사회생활을 할 수 없다. 따라서 사회 공포증이 있는 사람들은 원만한 사회생활이 어렵다고 추론할 수 있다.
② 2문단의, 사회적 상황에서의 불확실성에 의해 사회 공포증이 발생하며, 사회 공포증이 있으면 사회적 상황에서의 불확실성을 더 크게 느낀다는 사실에서 알 수 있다.
③ 2문단에 따르면, 사회 공포증이 있는 사람은 사회 불확실성을 극복하기 위해 알 수 없는 타인의 경험보다 확실히 아는 자신의 경험에 더 큰 가중치를 둔다. 이는 타인보다 자신의 경험이 확실하다고 여긴 것이다.

06 정답 ④

해설

'회피(回避)하다'는 '몸을 숨기고 만나지 아니하다 / 꾀를 부려 마땅히 져야 할 책임을 지지 아니하다 / 일하기를 꺼리어 선뜻 나서지 않다'의 의미이다. 따라서 ㉣ '회피하기'를 '이겨 내기'로 바꾸어 쓰는 것은 적절하지 않다.

오답 풀이

① '유추(類推)하다'는 '같은 종류의 것 또는 비슷한 것에 기초하여 다른 사물을 미루어 추측하다'의 의미이다. 따라서 ㉠ '유추하는'은 '짐작하여 가늠하거나 미루어 생각하다'의 의미를 지닌 '헤아리는'으로 바꾸어 쓸 수 있다.
② '내재(內在)하다'는 '어떤 사물이나 범위의 안에 들어 있다'의 의미이다. 따라서 ㉡ '내재하고는'는 '담고'로 바꾸어 쓸 수 있다.
③ '지각(知覺)하다'는 '알아서 깨닫다'라는 뜻이다. 따라서 ㉢ '지각하게'는 '깨닫게'로 바꾸어 쓸 수 있다.

07　정답 ④

출전 최수정·이동훈, 《대학생의 성인 애착과 역기능적 분노 표현의 관계에서 사회적 지지와 자아 탄력성의 매개 효과》, 수정

해설
역기능적 분노 표현이 자주 사용되면 소화계 질환 및 심장 혈관계 질환을 경험할 수 있다. 그러나 역기능적 분노 표현을 줄인다고 해서 소화계 질환 및 심장 혈관계 질환이 발생하지 않는지는 추론할 수 없다. 왜냐하면 전건 부정을 통해 후건 부정의 결론을 도출하는 것은 오류이기 때문이다.

오답 풀이
①·② 순기능적인 분노 표현은 분노 조절이고, 역기능적 분노 표현은 분노 표출과 분노 억제이다. 따라서 분노 표현 방식 중 가장 바람직한 분노 표현 방식은 분노 조절이다. 1문단에 따르면, 분노 조절은 상대에게 자신의 의견이나 상태를 언어적으로 전달하는 것이며, 분노 표출에는 '언어적 폭력'이 포함된다. 또한 분노 억제는 분노의 감정을 자신에게 돌려 혼자 투덜거리거나 괜찮다는 식으로 말하는 행동을 포함한다. 즉 분노를 표현하는 세 가지 방식 모두 언어적 형태로 표현될 수 있는 것이다.
③ 분노 억제는 상대방에게 분노 감정을 내색하지 않고, 그 감정을 억제하거나 그 방향을 내부로 돌린다. 반면 분노 조절은 상대에게 적절한 방식으로 분노 감정을 표현한다.

08　정답 ③

출전 유영서, 〈우리 주변에 존재하는 무시무시한 사이코패스의 정체〉, 《유레카》(2024. 1.), 수정

해설
세 다리 의자 이론을 통해 전측두엽 기능의 문제, 고위험 변이 유전자, 어린 시절 불우한 성장 환경 등이 모두 갖추어져야 사이코패스 범죄자가 탄생한다는 사실을 알 수 있다. 하지만 세 가지 조건 중 어느 것이 사이코패스 범죄자 탄생에 더 큰 영향을 끼치는지는 알 수 없다.

오답 풀이
① 세 다리 의자 이론에 따르면, 전측두엽의 저기능, 전사 유전자, 어린 시절의 학대 경험 등이 모두 갖추어지면 사이코패스 범죄자가 된다. 그런데 팰런의 뇌 프로필은 사이코패스 범죄자와 일치하며, 팰런은 전사 유전자가 있지만, 사이코패스가 아니다. 따라서 팰런은 어린 시절 학대 경험이 없었을 것이라고 추론할 수 있다.
② 제임스 팰런에 따르면, 사이코패스 살인마들은 모두 전측두엽 영역의 기능이 현저히 떨어진다. 이는 '사이코패스 살인마 → 전측두엽의 기능 저하'로 기호화할 수 있으므로, 전측두엽의 기능상 문제는 사이코패스 살인마가 되기 위한 필요조건으로 볼 수 있다.
④ 전사 유전자 외에도 전측두엽의 저기능, 어린 시절의 학대 경험 등의 조건이 더 있어야 사이코패스 범죄자가 탄생한다. 따라서 전사 유전자는 사이코패스 범죄자가 탄생하기 위한 충분조건이 아니다.

09　정답 ③

해설
㉠·㉡·㉣은 모두 팰런을 의미한다. 그러나 ㉢은 성장 환경을 주요한 요인으로 하여 만들어지는 대상이므로 '사이코패스 범죄자'를 의미한다.

10　정답 ①

출전 국립국어원, 〈한글 맞춤법〉 제30항 해설, 수정

해설
3문단에 따르면, 뒷말의 첫소리 모음 앞에서 'ㄴㄴ' 소리가 덧나는 경우에는 사이시옷을 받쳐 적는데, '나라+일[나란닐]'은 이와 같은 경우에 해당하여 '나랏일'로 적는다. 그러나 2문단에 따르면, 파생어에서는 사이시옷이 나타나지 않는다. '나라님'은 명사 '나라'에 접미사 '-님'이 결합한 파생어이므로 사이시옷을 받쳐 적지 않는다.

오답 풀이
② 3문단의, '위'는 '길, 물'과 결합할 때는 사이시옷이 들어가서 '윗길, 윗물'이 되지만 '턱, 쪽'과 결합할 때는 '위턱, 위쪽'으로 쓴다는 데서 알 수 있다.
③ 마지막 문단의, 합성어를 이루는 구성 요소 중에서 적어도 하나는 고유어이어야 한다는 데서 알 수 있다.
④ 3문단에 따르면, 뒷말의 첫소리가 된소리로 나는 경우에는 사이시옷을 받쳐 적는다. '전세+집[전세찝]'은 이와 같은 경우에 해당하므로 '전셋집'으로 적는다.

보충 자료

① 해님　② 나라님　③ 뒤뜰　④ 위층
⑤ 개수　⑥ 백지장　⑦ 초점

매일 국어 13회

| 01 ③ | 02 ② | 03 ② | 04 ② | 05 ③ |
| 06 ④ | 07 ③ | 08 ① | 09 ④ | 10 ① |

01 정답 ③

해설

'지양(止揚)하다'는 '더 높은 단계로 오르기 위하여 어떠한 것을 하지 아니하다'의 의미이므로 ⓒ의 '지양하기'는 고치지 않고 그대로 두어야 한다. '지향(志向)하다'는 '어떤 목표로 뜻이 쏠리어 향하다'의 의미이다.

오답 풀이

① '응답진 곳 우회'와 '보폭과 속도'는 모두 '줄여야'와 호응하고 있는데, 문맥상 '응답진 곳 우회를 줄이다'는 어색하다. 대등한 것끼리 접속할 때는 구조가 같은 표현을 사용해야 하므로, ㉠을 '~ 응답진 곳을 우회하고 보폭과 속도를 줄여야 합니다'와 같이 앞뒤의 문장 구조를 맞추어 고친 것은 적절하다.

② 명사 나열형 문장은 적절한 조사와 어미를 활용하여 자연스러운 문장으로 고쳐 쓰는 것이 바람직하다. 따라서 ⓒ의 '베트남 진출 국내 기업 50여 개를'을 '베트남에 진출한 국내 기업 50여 개를'로 고친 것은 적절하다.

④ '보여집니다(×)'는 피동 접사인 '-이-'와 통사적 피동문의 표현인 '-어지다'를 중복하여 사용한 이중 피동 표현이므로, ⓔ의 '보여집니다'를 '보입니다'로 고친 것은 적절하다.

02 정답 ②

해설

제시문을 기호화하면 다음과 같다.

```
㉮ 잠 많음a ∧ 힘 셈a
㉯ 달리기 빠름 → ~잠 많음
∴ _____
```

㉮에서 연언지 단순화로 [잠 많음a], [힘 셈a]가 도출되는데, [잠 많음a]로 인해 ㉯의 후건이 부정되어 [~달리기 빠름a]가 도출되고, [힘 셈a]와의 연언화로 '~달리기 빠름a ∧ 힘 셈a'가 도출된다. 이는 교환 법칙에 따라 '힘 셈a ∧ ~달리기 빠름a'와 동치이므로, '힘이 센 어떤 동물은 달리기가 빠르지 않다'가 빈칸에 들어갈 말로 가장 적절하다.

오답 풀이

① '달리기 빠름a ∧ 힘 셈a'가 도출되려면 ㉮와 연결될 수 있는 '잠 많음 → 달리기 빠름'이라는 새로운 전제가 필요하다.

③ ㉯에서 전건을 부정하여 결론을 도출하고 있으므로, 적절하지 않다.

④ '달리기 빠름 → ~힘 셈'이 도출되려면 ㉯와 연결될 수 있는 '~잠 많음 → ~힘 셈'이라는 새로운 전제가 필요하다.

03 정답 ②

해설

제시문을 기호화하면 다음과 같다.

```
㉠ ~지혜 → 늦잠
ⓒ 성실a ∧ ~늦잠a
ⓒ 지혜 → 마음 여유
∴ _____
```

ⓒ에서 연언지 단순화로 [성실a], [~늦잠a]가 도출된다. [~늦잠a]로 인해 ㉠의 후건이 부정되어 [지혜a]가 도출되고, [성실a]와의 연언화로 '성실a ∧ 지혜a'가 도출된다. 여기서 다시 연언지 단순화로 도출된 [성실a]와 [지혜a]로 인해 ⓒ에서 전건 긍정, 연언화로 '성실a ∧ 마음 여유a'가 도출된다.
따라서 '성실한 어떤 사람은 마음이 여유롭다'가 결론으로 적절하다.

오답 풀이

① 앞에서 도출된 '성실a ∧ 지혜a'를 알 수 있을 뿐이다.

③ ㉠의 대우와 ⓒ이 연결되어 '~늦잠 → 마음 여유'가 도출된다. '늦잠 → ~마음 여유'는 여기서 전건 부정의 오류를 범한 추론이다.

보충 자료

1. ① 국어 → 영어   ② 국어 → ~영어
2. ① 국어a ∧ 영어a   ② 국어a ∧ ~영어a

04 정답 ②

출전 도정일, 〈문학 교육이 최고의 인성 교육〉, 《한겨레신문》(2014. 12. 18.)

해설

글쓴이는 루소의 논의를 들어, 인간은 약한 존재이기 때문에 타인에 대한 연민과 공감의 정서를 발동하는데, 부자나 권력자처럼 타인에 대한 상상력이 마비된 사람들은 이러한 정서를 발휘할 수 없다고 말한다. 글쓴이는 이에 대한 대안으로서 공감과 연민의 상상력을 키우는 문학 교육의 중요성을 강조한다.

오답 풀이

① 인간은 약한 존재이므로 타인에 대한 연민과 공감을 가져야 한다는 내용은 있지만 그것이 인간답게 살기 위한 것이라는 내용은 나오지 않는다. 또한 핵심 내용인 문학 교육의 중요성이 언급되지 않았다.

③ 1문단에 제시된 부분적인 내용이다.
④ 상상력이 왜 필요한지에 대한 설명이 빠져 있으므로 중심 내용으로 적절하지 않다.

05 정답 ③

해설
㉠ '키우다'는 '수준이나 능력 따위를 높이다'의 뜻으로 쓰였다. 이와 가장 가까운 의미로 쓰인 것은 ③이다.

오답 풀이
① 꽃을 키우다: 동식물을 돌보아 기르다.
② 소리를 키우다: 소리를 강하게 하다.
④ 어린아이들을 키우다: 사람을 돌보아 몸과 마음을 자라게 하다.

06 정답 ④

출전 하병학, 〈법적 사고와 비판적 사고〉

해설
의학과 세종 대왕의 사례를 들어, 법이 궁극적 목적을 달성하려면 법조인은 일반 시민도 법을 잘 이해할 수 있도록 설득과 논변에 힘써야 함을 주장한 글이다. 따라서 국민의 정확한 법 이해를 위한 법조인의 노력을 강조하고 있는 ④가 이 글의 주장으로 가장 적절하다.

오답 풀이
① 법의 궁극적 목적 달성을 이루기 위해 법조인들이 어떤 노력을 기울여야 하는지에 대해 주로 서술한 글이다.
② 마지막 부분에 외국의 사례가 나오지만, 우리나라 법조인 양성 시스템에 문제가 있다는 내용은 제시문에 나오지 않는다.
③ 법을 이해하기 위한 국민의 노력을 강조하는 내용은 나오지 않는다.

07 정답 ③

출전 전치형, 〈가상 현실과 체험 사회〉, 《한겨레》(2017. 3. 9.), 수정

해설
1문단에서는 체험 사업이 실제의 현실이 아닌 가상 현실을 체험하게 한다는 점을 지적하고 있다. 2문단에서는 경험자 자신과 현실을 변화시키는 동력을 얻게 하는 경험과 달리, 체험은 가상 현실 속에서 자신을 재확인하는 것에 그치며 현실에 순응하게 만든다는 점을 지적하고 있다. 즉 글쓴이는 유의미하고 가치 있는 활동인 경험을 별다른 가치가 없는 체험으로 대체하는 현상(체험 사업, 디지털 가상 현실 기술 등)에 대해 우려하고 있으므로 ③이 중심 내용으로 가장 적절하다.

오답 풀이
① 2문단에만 나타나는 부분적 진술이다.

② 2문단에서 글쓴이는, 가상 현실을 체험하는 현상을 '실제와 가상의 경계를 모호하게 할 뿐만 아니라 우리를 현실에 순응하도록 이끈다'라고 비판하고 있다. 따라서 가상 현실의 효용을 언급하는 것은 이 글의 논지와 배치된다.
④ 2문단의 "타자들로 가득한 현실을 경험함으로써 인간은 스스로 변화하는 동시에 현실을 변화시킬 동력을 얻는다"에 따르면, 현실을 변화시킬 동력은 체험이 아니라 경험에서 얻는다.

08 정답 ①

출전 2010학년도 6월 고2 전국연합학력평가, 수정

해설
이 글에서는 푸코의 견해를 인용하여, 지식을 통한 사회 통제 체계와 밀접하게 관련되어 있는 권력의 실체에 대해 서술하고 있다. 따라서 '권력과 지식은 얼마나 밀접하게 관련되어 있는가'가 제목으로 가장 적절하다.

오답 풀이
② 3~마지막 문단에 부분적으로 언급되는 내용이다.
③ 권력의 가치에 대한 내용은 제시문에 나오지 않는다.
④ 지식이 권력 관계와 밀접하게 연관되어 있다는 내용이 있을 뿐, 지식이 권력에서 탈피할 방법을 모색하는 내용은 나오지 않는다.

09 정답 ④

해설
왕조 시대(과거)의 권력은 인간의 육체에 직접적인 강제를 가했다는 앞의 내용으로 보아, ㉣ '과거의 권력은 물리적 폭력에 가까웠다'는 수정하지 말고 그대로 두어야 한다.

오답 풀이
① 사람과 사람 사이의 관계는 대부분 권력과 연관되어 있다는 내용으로 보아, ㉠을 권력은 사람과 사람과의 관계라는 내용으로 수정하는 것은 적절하다.
② '비대칭의 불균형한 힘의 관계'라는 뒤의 내용으로 보아, ㉡을 '언제나 불균형을 이룬다'로 수정하는 것은 적절하다.
③ 왕조 시대의 권력으로부터 근대적 규율 관계로 넘어올 수 있었던 것은 바로 지식 덕분이었다는 내용으로 보아, ㉢을 권력은 지식과 불가분의 관계를 맺고 있다는 내용으로 수정하는 것은 적절하다.

10 정답 ①

해설
제시문에서 설명한 성분 실종에 의한 비문의 예로 가장 적절한 것은 ①이다. '완료하다'는 '…을 완료하다'의 형태로 쓰이므로, '장마가 오기 전에 작업을 완료할 것'과 같이 적절한 목적어를 넣어 주어야 한다. ②·③·④ 또한 모두 비문이지만 그 이유가 성분 실종은 아니다.

오답 풀이
② '제도 개선'과 서술어 '개선하여'에서 '개선'이 중복되어 있다. 따라서 '○○ 은행은 세뇨와 관리·감독 체계를 지속적으로 개선하여'와 같이 간결하게 고쳐야 한다.
③ '(으)로써'는 재료나 수단, 도구 등을 나타내며, '쌀로써 떡을 빚는다'와 같이 쓴다. '(으)로서'는 지위나 신분, 자격 등을 나타내며, '그런 말은 친구로서 할 말이 아니다'와 같이 쓴다. 이 문장에서는 '국제 포럼'이라는 자격을 나타내는 의미이므로 '국제 포럼으로서'로 고쳐야 한다.
④ '강화되어지다(×)'는 피동문의 표현을 중복하여 사용한 것이므로 '강화되어질'을 '강화될'로 고쳐야 한다.

매일 국어 14회

| 01 ② | 02 ① | 03 ② | 04 ④ | 05 ④ |
| 06 ① | 07 ③ | 08 ① | 09 ② | 10 ④ |

01 정답 ②

출전 문화 체육 관광부, 〈지속 가능한 지역 관광 개발 위해 실무자 역량 강화한다〉, 수정

해설
초점(焦點)(○)/촛점(×): 사이시옷을 적는 두 음절로 된 한자어는 '곳간(庫間), 셋방(貰房), 숫자(數字), 찻간(車間), 툇간(退間), 횟수(回數)'뿐이다. 따라서 ⓒ '초점을 두고'는 고치지 않고 그대로 두어야 한다.

오답 풀이
① '개최하다'는 '…을 개최하다'의 형태로 쓴다. 따라서 ㉠에는 '연수회를'과 같이 적절한 목적어를 넣어 주어야 한다.
③ '우수 사례의 공유'와 '현장 중심의 정보'는 모두 '교류한다'와 호응하고 있는데, '우수 사례의 공유를 교류하다'는 어색하다. 대등한 것끼리 접속할 때는 구조가 같은 표현을 사용해야 하므로, ㉢을 '우수 사례를 공유하고 현장 중심의 정보를 교류한다'와 같이 앞뒤의 문장 구조를 맞추어 수정한 것은 적절하다.
④ '-시키다'는 서술성을 가진 명사 뒤에 붙어 '사동'의 뜻을 더하고 동사를 만드는 접미사이다. '-시키다'를 '-하다'로 바꾸어도 의미의 변화가 없으면 과도한 사동 표현으로 본다. 그러나 ㉣은 '이러한 자리(연수회)'를 교류의 장으로 발전하게 하는 것이므로 ㉣의 '발전할'을 '발전시킬'로 수정한 것은 적절하다

02 정답 ①

해설
제시문을 기호화하면 다음과 같다.

㉮ 을 지지 → ~병 지지
㉯ 갑 지지a ∧ 을 지지a
∴ ☐☐☐☐☐☐☐

'을의 주장을 지지하는 어떤 학생도 병의 주장을 지지하지 않는다'는 '을의 주장을 지지하는 학생은 모두 병의 주장을 지지하지 않는다'라는 뜻이다. 즉 ㉮는 전칭 명제임에 주의해야 한다.
㉯에서 연언지 단순화로 [갑 지지a]와 [을 지지a]가 도출된다. [을 지지a]로 인해 ㉮의 전건이 긍정되어 [~병 지지a]가 도출되고, [갑 지지a]와의 연언화로 '갑 지지a ∧ ~병 지지a'가 도출된다.

따라서 '갑의 주장을 지지하는 어떤 학생은 병의 주장을 지지하지 않는다'가 빈칸에 들어갈 결론으로 가장 적절하다

오답풀이

② '갑 지지 → ~병 지지'가 도출되려면 ㉮와 연결될 수 있는 '갑 지지 → 을 지지'라는 새로운 전제가 필요하다.
③ '을 지지 → 갑 지지'가 도출되려면, ㉮와 연결될 수 있는 '~병 지지 → 갑 지지'라는 새로운 전제가 필요하다.

03 정답 ②

해설

주어진 대화를 기호화하면 다음과 같다.

1. (독자층 넓음 ∨ 수상) → 판매량 많음
2. 전문 분야 → ~독자층 넓음
3. 전문 분야a ∧ 수상a
   ─────────────────────
   ∴ ▢

3에서 연언지 단순화로 [전문 분야a]와 [수상a]가 도출된다. [전문 분야a]로 인해 2의 전건이 긍정되어 [~독자층 넓음a]가 도출된다. 또한 [수상a]로 인해 1의 전건이 긍정되어 [판매량 많음a]가 도출된다. 그러면 연언화를 통해 '~독자층 넓음a ∧ 판매량 많음a'가 도출되고, 이는 교환 법칙에 따라 '판매량 많음a ∧ ~독자층 넓음a'와 동치이다. 따라서 '판매량이 많지만 독자층은 넓지 않겠군'이 빈칸에 들어갈 말로 가장 적절하다.

04 정답 ④

출전 2024학년도 3월 고3 전국연합학력평가, 수정

해설

㉠ '글에 나타난 내용이 합리적이며 옳은지에 대한 것'을 설명하는 ㉠에는 '합리성, 타당성'이 들어가야 적절하다.
㉡ 글의 주제, 필자의 관점과 태도 등이 객관적이고 균형 잡힌 시각을 갖추었는지 판단하는 준거이다. 따라서 ㉡에는 '형평성, 공정성'이 들어가야 적절하다.
㉢ 글의 내용이나 글에 사용된 자료가 믿을 만한지를 판단하는 준거이다. 따라서 ㉢에는 '확신성, 신뢰성'이 들어가야 적절하다.

05 정답 ④

출전 2012 국가공무원 5급 PSAT, 지문 발췌

해설

빈칸에는 유대인들의 역사를 통해 알게 된 내용이 들어가야 한다. 유대인들은 역사적 상황에 따라 전통적 언어인 히브리어를 버리고 일상생활에서 아람어, 그리스어, 혼성어 등을 썼다. 또한 이스라엘이 세워질 때 순전히 정치적인 이유만으로 학자들만 사용하던 히브리어를 공용어로 채택한다. 즉 사람들은 사용하던 언어를 상황에 따라 쉽게 버리고 새로운 언어를 채택한다는 사실을 알 수 있는 것이다.

오답풀이

① 유대인들은 이스라엘이 세워지기 전에 일상어로 전통적 언어인 히브리어 대신 아람어, 그리스어 등을 사용했으므로 '전통적 언어를 사용하며 동질성을 유지'했다는 내용은 빈칸에 들어갈 내용으로 적절하지 않다.
② 유대인들은 바뀐 언어에 맞게 성서를 새로 쓴 것이지, 종교가 언어를 선택하는 데 영향을 미친 것은 아니다.
③ 마지막 문단에 따르면, 1948년 이스라엘이 세워지면서 일부 지식층의 주도하에 순전히 정치적인 이유만으로, 오직 학자들의 언어에 불과했던 히브리어를 공용어로 채택한다. '일상적으로 사용되던 언어'가 공용어가 된 것은 아니므로 빈칸에 들어갈 내용으로 적절하지 않다.

06 정답 ①

해설

㉠ '쓰다'는 '어떤 말이나 언어를 사용하다'의 뜻으로 쓰였다. 이와 가장 가까운 의미로 쓰인 것은 ①이다.

오답풀이

② 연재소설을 쓰다: 머릿속의 생각을 종이 혹은 이와 유사한 대상 따위에 글로 나타내다.
③ 커피가 쓰다: 혀로 느끼는 맛이 한약이나 소태, 씀바귀의 맛과 같다.
④ 우산을 쓰다: 우산이나 양산 따위를 머리 위에 펴 들다.

07 정답 ③

출전 김정기, 〈말이 만드는 마음의 상처〉

해설

2문단에 따르면, 공격적 언어는 논리적으로 반박하는 논쟁과는 다르다. 따라서 자신의 의견을 주장하거나 상대방의 주장에 대해 논리적으로 반박하는 논쟁은 공격적 언어 행위에 속하지 않는다.

오답풀이

① 마지막 문단의, 공격적 언어 행위로 마음의 상처를 입은 사람은 다른 사람과의 관계를 소극적으로 만들고, 주변 사람과의 관계를 단절한다는 데에서 알 수 있다.

② 2문단에 따르면, 공격적인 언어는 다른 사람의 자존심을 공격하여 상처를 주고 그 사람이 스스로를 부정적으로 느끼게 하므로 타인에 대한 정신적 고통을 주는 행위라고 할 수 있다. 또한 공격적인 언어는 다른 사람을 물리적으로 지배하기 위한 행위에서부터 다른 사람의 신체, 소유물 등을 완벽히 통제하려고 시도하는 모든 의사소통 행위를 의미하므로 타인에 대한 물리적 행동의 제약도 포함된다.
④ 마지막 문단의 "공격적인 언어는 음성 언어는 ~ 공격적인 메시지를 전달할 수 있다"에서 알 수 있다. 목소리나 말투의 변화 등은 반언어적 표현이며, 찡그리거나 경멸하는 얼굴 표정이나 째려보는 행위 등은 비언어적 표현에 해당한다.

08 정답 ①

해설

㉠ 공격적인 언어 때문에 좋은 관계도 깨질 수 있다는 의미가 되는 것이 자연스러우므로, ㉠에는 '파탄, 붕괴'가 들어가야 적절하다.
* **파탄(破綻)**: 찢어져 터짐. / 일이나 계획 따위가 원만하게 진행되지 못하고 중도에서 어긋나 깨짐.
* **붕괴(崩壞)**: 무너지고 깨어짐.

㉡ 타인의 인격과 능력에 대해 부정적으로 평가하거나 깎아내린다는 의미가 되는 것이 자연스러우므로, ㉡에는 '폄하, 폄훼'가 들어가야 적절하다.
* **폄하(貶下)**: 가치를 깎아내림.
* **폄훼(貶毁)**: 남을 깎아내려 헐뜯음.

㉢ 공격적인 언어 행위가 타인의 자존심을 상하게 한다는 의미가 되는 것이 자연스러우므로, ㉢에는 '훼손, 손상'이 들어가야 적절하다.
* **훼손(毁損)**: 체면이나 명예를 손상함. / 헐거나 깨뜨려 못 쓰게 만듦.
* **손상(損傷)**: 명예나 체면, 가치 따위가 떨어짐.

오답 풀이

㉠ · **몰락(沒落)**: 재물이나 세력 따위가 쇠하여 보잘것없이 됨. / 멸망하여 모조리 없어짐.
· **도산(倒産)**: 재산을 모두 잃고 망함.

㉡ · **평론(評論)**: 사물의 가치, 우열, 선악 따위를 평가하여 논함. 또는 그런 글
· **평가(評價)**: 물건값을 헤아려 매김. 또는 그 값 / 어떤 대상의 가치나 수준 따위를 헤아려 정함. 또는 그 가치나 수준

㉢ · **훼절(毁節)**: 절개나 지조를 깨뜨림.
· **파손(破損)**: 깨어져 못 쓰게 됨. 또는 깨뜨려 못 쓰게 함.

09 정답 ②

출전 박한진, 〈나의 유전자가 약물 효능 좌우한다〉, 《대전일보》 (2022. 3. 21.), 수정

해설

2문단에서 클로피도그렐의 효과는 유전적 차이에 의한 특정 효소에 따라 달라진다는 사실을 제시하고, 마지막 문단에서 유전적 다양성을 고려한 '개인 맞춤형 치료제 개발'을 주장하고 있다. 이는 용량이 독인지 아닌지를 결정한다는 파라셀수스의 말과 달리, 약의 용량을 지켜도 개인의 유전적 차이에 따라 약물 반응이 달라질 수 있다는 것을 의미한다. 따라서 ㉠에는 '약의 용량은 모든 사람에게 공통적으로 적용되는 것인가?'가 들어가는 것이 가장 적절하다.

오답 풀이

① '아무런 반응이 나타나지 않는 물질'에 대한 내용은 제시문에 나오지 않는다.
③ 2문단에서, 특정 효소에 의해 대사되는 클로피도그렐을 설명하고 있다. 그러나 마지막 문단에 제시된 글쓴이의 주장은 반영하지 못한 의문이므로 적절하지 않다.
④ '얼마만큼의 용량이 있어야 약의 부작용을 최소로 줄일 수 있는 것인가?'는 용량이 약의 효능을 결정한다는 파라셀수스의 견해와 관련이 있다. 글쓴이는 파라셀수스의 견해에 의문을 제기하며, 개인의 유전적 차이를 반영한 치료제 개발을 주장하고 있다.

10 정답 ④

출전 국립국어원, 〈한글 맞춤법〉 제42항 해설, 수정

해설

'집채∨만∨한(×)'의 '만'은 체언 뒤에 붙어 비교의 뜻을 나타내는 조사로 쓰였으므로 '집채만∨한'과 같이 앞말에 붙여 써야 한다. 또한 '두∨시간만에(×)'의 '만'은 시간의 경과를 나타내는 의존 명사로 쓰였으므로 '두∨시간∨만에'와 같이 앞말과 띄어 써야 한다.

오답 풀이

① 2문단에 따르면, '대로', '만큼'이 체언 뒤에 나타날 때는 조사이므로 앞말에 붙여 쓴다.
② '뿐'이 체언 '실력' 뒤에 붙어서 한정의 뜻을 나타내는 경우는 조사이므로 앞말에 붙여 쓴다.
③ 1문단에 따르면, 의존 명사는 자립 명사와 같은 명사 기능을 하므로 단어로 취급되어 앞말과 띄어 쓴다. 또한 2문단에 따르면, '대로'가 용언의 관형사형 뒤에 나타날 경우에는 의존 명사이므로 앞말과 띄어 쓴다.

보충 자료

① 약속대로
② 약속한∨대로
③ 대궐만큼
④ 노력한∨만큼
⑤ 검사하는∨만큼
⑥ 남자뿐
⑦ 웃을∨뿐
⑧ 큰지∨작은지
⑨ 떠난∨지
⑩ 만난∨지
⑪ 철수만
⑫ 공부만
⑬ 3년∨만
⑭ 얼마∨만

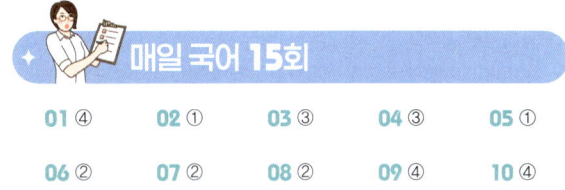

매일 국어 15회

| 01 ④ | 02 ① | 03 ③ | 04 ③ | 05 ① |
| 06 ② | 07 ② | 08 ② | 09 ④ | 10 ④ |

01 정답 ④

해설
'평화 수호와 인권을 보장하는 것'과 이를 수정한 '평화를 수호하고 인권 보장을'은 모두 대등한 구조를 보이는 표현이 아니다. ㉣에 따라 '평화를 수호하고 인권을 보장하는 것' 또는 '평화 수호와 인권 보장을'과 같이 앞뒤의 문장 구조를 맞추어 수정해야 한다.

오답 풀이
① 목적어 '수역을'이 '제외되다'와 호응하고 있는데, '수역을 제외되다'는 어색하다. 따라서 ㉠에 따라 '수역을 제외된'을 '수역을 제외한'으로 수정한 것은 적절하다. '수역이 제외된'으로 수정할 수도 있다.
② 제시된 문장은 ○○부가 '10개 지방 자치 단체'와 '고향 사랑 사업'을 모두 지원한다는 것인지, 지방 자치 단체와 함께 '고향 사랑 사업'을 지원한다는 것인지 불분명하다. 문장의 의미가 명확하도록 ㉡에 따라 '10개 지방 자치 단체와 함께 고향 사랑 사업을 지원할 예정이다'로 수정한 것은 적절하다.
③ 명사를 계속 나열하기보다는 조사와 어미를 적절하게 사용하고 용언을 잘 활용해서 자연스러운 문장을 써야 한다. 따라서 ㉢에 따라 '~ 대형 포털에 해당 전자 우편의 차단을 요청하는 등 피해를 최소화하고자 노력하고 있습니다'로 수정한 것은 적절하다.

02 정답 ①

해설
제시문을 기호화하면 다음과 같다.

| ㉮ 인공 지능a ∧ ~가상 현실a |
| ㉯ |
| ∴ 로봇 공학a ∧ 인공 지능a |

㉮와 결론이 모두 특칭 명제이므로, ㉯는 전칭 명제여야 한다. 결론에서 새로 추가된 것은 [로봇 공학a]이기 때문에, 이를 ㉮의 [인공 지능a]에서 이끌어 내거나 [~가상 현실a]에서 이끌어 내야 한다. 즉 '인공 지능 → 로봇 공학' 혹은 '~가상 현실 → 로봇 공학'이 필요하다. 그런데 삼단 논법에서는 세 쌍의 개념항을 사용하여 결론을 도출하기 때문에 [인공 지능a]는 다시 전제에 포함될 수 없다. 따라서 전자는 빈칸에 들어갈 전제로 적절하지 않으며, 후자의 대우인 '~로봇 공학 → 가상 현실'이 생략된 전제로 들어가는 것이 적절하다.

◆ 공무원 국어의 독보적 기준

따라서 '로봇 공학에 관심이 없는 사람은 모두 가상 현실에 관심이 있는 사람이다'가 ㉮에 들어갈 내용으로 가장 적절하다.

오답 풀이
②·③ ㉮가 특칭 명제인데 ㉯도 특칭 명제이면, 결론을 도출할 수 없다.
④ '가상 현실 → ~로봇 공학'이 추가되면, ㉮와 연결되지 못하므로 결론을 도출할 수 없다.

03   정답 ③

해설
제시문을 기호화하면 다음과 같다.

> ㉮ 흥 적음a ∧ 노래 못함a
> ㉯ ▭
> ∴ 노래 못함a ∧ ~연예인 꿈a

㉮와 결론이 모두 특칭 명제이므로, 빈칸에는 전칭 명제가 들어가야 한다. 또한 [노래 못함a]는 ㉮와 결론에 공통적으로 존재하므로 [흥 적음a]와 [~연예인 꿈a]를 연결해 주어야 한다. 즉 '흥 적음 → ~연예인 꿈'이 전제로 추가되어야 한다. 이는 대우 규칙에 의해 '연예인 꿈 → ~흥 적음'과 동치이다.
따라서 '연예인을 꿈꾸는 청소년은 모두 흥이 적지 않다'가 빈칸에 들어가야 한다.

오답 풀이
①·④ 주어진 전제도, 추가 전제도 모두 특칭 명제라면 결론을 도출할 수 없다.
② '~흥 적음 → 연예인 꿈'이 추가되면 ㉮와 연결될 수 없어 주어진 결론을 도출하지 못한다.

보충 자료 1

01. ~B → C
02. A ∧ ~B
03. B → C
04. A → B

04   정답 ③

출전 유홍준, 《나의 문화유산답사기 2》

해설
1문단에 따르면, 기원전 인도의 석굴인 차이티야는 암석을 파고 굴을 만들어 그 안에 도량을 세우는 방법이다. 그러나 주실에 불상을 모신 것은 기원후부터이다.

오답 풀이
① 2문단에 따르면, 석불사는 주실의 천장이 궁륭을 이루는 돔으로 설계되었고 세계에 유례를 찾아볼 수 없는 인공 석굴이다.
② 2문단의, 팔뚝돌을 평판석 사이마다 끼워 아래쪽 평판석을 눌러 줌으로써 역학적 균형을 만들었기 때문에 석불사의 반구형 돔이 가능했다는 내용에서 알 수 있다.
④ 1문단의, 우리나라 산은 단단한 화강암이 주류를 이루기 때문에 인도나 중국처럼 굴착될 수 있는 사암이 없어 석굴 사원을 짓기 힘들었다는 내용에서 알 수 있다.

05   정답 ①

출전 닐 캠벨, 《생명 과학》

해설
1문단의, 우리 몸의 세포 내에서 피드백을 통해 체내의 요구량만큼 최종 산물(체내 물질)의 양을 조절한다는 내용에서 알 수 있다.

오답 풀이
② 2문단에 따르면, 몸을 일정한 상태로 유지하기 위해 나타나는 것은 음성 피드백이다. 또한 양성 피드백이 몸을 일정한 상태로 유지하기 위해 나타나는지도 알 수 없다.
③ 1문단에 따르면, 피드백은 효소의 활동을 억제하거나 활성화시킴으로써 최종 산물의 형태를 변화시키는 것이 아니라 양을 조절한다.
④ 2문단에 따르면, 음성 피드백은 최종 산물의 양이 많아지면 효소의 활동을 활성화하는 것이 아니라 억제한다.

06   정답 ②

출전 안재형, 〈레벨 3에서 레벨 4로 진입, 옥석 가리기 시작된 자율 주행차〉, 《매일경제》(2023. 2. 1.) / 〈자율 주행 레벨별 차이? 쉽게 정리했어요.〉, 《EVPOST》(2021. 4. 8.)

해설
레벨 3부터는 시스템이 주행 책임을 담당한다. 그러나 주행 변수 감지 역시 레벨 2가 아니라 레벨 3부터 담당한다.

오답 풀이
① 1문단에 따르면, 자율 주행 자동차 레벨 0부터 레벨 2까지는 주행 책임은 인간에게 있다. 하지만 2문단에 따르면, 레벨 3부터 레벨 5까지는 주행 책임이 시스템에 있는 것으로 바뀐다.
③ 레벨 2에서 운전자는 항상 주행 상황을 모니터링해야 하며, 시스템이 인지하지 못하는 상황에서 즉시 개입해야 한다. 반면 레벨 3에서는 시스템이 주행을 담당하므로 운전자의 상시 모니터링을 요구하지 않는다.

④ 레벨 4 자율 주행 자동차의 시스템은 악천후와 같은 특정 조건에서 운전자의 개입을 요청할 수 있다. 하지만 레벨 5는 운전자가 차량에 타지 않아도 주행이 가능한 완전 자율 주행 단계이다. 따라서 악천후 상황에서 주행 시 레벨 4는 운전자가 필요하지만, 레벨 5는 운전자가 없어도 된다.

07 정답 ②

해설
'제어(制御/制馭)하다'는 '상대편을 억눌러서 제 마음대로 다루다 / 감정, 충동, 생각 따위를 막거나 누르다 / 기계나 설비 또는 화학 반응 따위가 목적에 알맞은 작용을 하도록 조절하다'의 의미이다. 따라서 ⓒ '제어할'을 '마무리할'로 바꾸어 쓰는 것은 적절하지 않다.

오답 풀이
① '보조(補助)하다'는 '보태어 돕다 / 주되는 것에 상대하여 거들거나 돕다'의 의미이다. 따라서 ⑤ '보조한다'는 '돕는다'로 바꾸어 쓸 수 있다.
③ '개입(介入)하다'는 '자신과 직접적인 관계가 없는 일에 끼어들다'의 의미이다. 따라서 ⓒ '개입해야'는 '끼어들어야'로 바꾸어 쓸 수 있다.
④ '담당(擔當)하다'는 '어떤 일을 맡다'의 의미이다. 따라서 ⓔ '담당하며'는 '맡으며'로 바꾸어 쓸 수 있다.

08 정답 ②

출전 강만길, 〈역사를 어떻게 볼 것인가〉, 수정

해설
마지막 문단에 따르면, 역사에 기록된 사실은 역사가가 뽑은 것인데, 역사가는 후세 사람들에게 참고가 될 만한 일을 뽑는다. 그리고 참고가 될 만한 일은 사람과 시대에 따라 다를 수 있다. 이러한 내용을 고려할 때, 역사에 기록된 사실들은 시간의 흐름에 따라 중요성이 달라질 수 있다.

오답 풀이
① 고려 시대에 일식과 월식 같은 주기적으로 일어나는 사실은 모두 역사로 기록되었고, 금속 활자와 같이 한 번만 일어난 사실은 역사로 기록되지 않았다는 내용과 배치된다.
③ 마지막 문단에서, 역사가는 '후세 사람들'을 고려해 역사에 기록될 일을 선별한다는 사실은 알 수 있지만, 이 과정에서 '과거, 현재'도 고려하는지는 알 수 없다.
④ 마지막 문단에 따르면, 역사에 기록된 것은 지난날의 인간 사회에서 일어난 수많은 사실들 중에서 역사가가 후세 사람들에게 참고가 될 만한 사실을 선별한 것이다. 따라서 선별되어 기록된 것을 합친다고 해서 인간 사회에서 일어난 모든 사실을 알 수 있다고 보기는 어렵다.

09 정답 ④

해설
㉮는 인간 사회에서 일어난 수많은 사실 중 역사가에 의해 중요한 일이라고 인정되어 뽑힌 '사실'이자, 곧 '역사'를 의미한다. ㉠·㉡·㉢은 모두 인간 사회에서 일어난 수많은 '사실'을 의미하고, ㉣은 역사가가 참고가 될 만하다고 여겨 '역사가 된 사실'을 의미한다. 따라서 ㉮에 해당하는 의미로 사용된 것은 ㉣이다.

10 정답 ④

출전 국립국어원, 〈표준어 규정〉 제12항, 수정

해설
2문단에 따르면, 된소리나 거센소리 앞에서는 '위-' 형태를 표준어로 삼는다. '위팔'의 경우, 뒷말의 첫소리가 거센소리이므로 '윗팔(✗)'이 아닌 '위팔'이 표준어이다. '아래팔' 역시 뒷말의 첫소리가 거센소리이므로 '아랫팔(✗)'이 아닌 '아래팔'이 표준어이다.

오답 풀이
① 1문단의 '위, 아래'의 개념상 대립이 성립하지 않는 경우는 '웃-'으로 쓰고, 그 외에는 '윗-'을 표준어로 삼는다는 내용과, 2문단의 된소리나 거센소리 앞에서는 '위-' 형태를 표준어로 삼는다는 데서 추론할 수 있다.
② 1문단에 따르면, '위, 아래'의 개념상 대립이 성립하지 않는 경우는 '웃-'으로 쓴다. '웃어른'은 개념상 '아랫어른'이 성립하지 않으므로 '윗어른(✗)'이 아닌 '웃어른'이 표준어이다.
③ 1문단에 따르면, '위, 아래'의 개념상 대립이 성립하는 경우에는 '윗-'을 표준어로 삼는다. 또한 2문단에 따르면, '윗-'의 표기는 〈한글 맞춤법〉 제30항 규정에 맞춘 것인데, 사이시옷은 뒷말의 첫소리가 된소리로 나거나 'ㄴ' 소리가 덧나는 경우에 쓴다. 따라서 '윗니'의 발음은 [윈니]이고 이에 대립하는 '아랫니'가 가능하므로 사이시옷을 받쳐 적는다는 것을 추론할 수 있다.

매일 국어 16회

| 01 ① | 02 ① | 03 ① | 04 ③ | 05 ④ |
| 06 ② | 07 ② | 08 ① | 09 ② | 10 ④ |

01 정답 ①

해설
㉠의 수어 '과학 기술 정보 통신부는'과 서술어 '펼쳐진다'는 호응이 맞지 않는다. 그러나 이를 수정한 문장 또한 이러한 문제점이 해결되지 않았다. 문장 성분 간의 호응을 고려하여 ㉠은 '과학 문화 포털 '사이언스올(scienceall)'에서 펼쳐진다고 전했다' 정도로 수정하는 것이 적절하다.

오답 풀이
② 생소한 외래어나 외국어는 우리말로 다듬어야 하므로, ㉡의 '태스크 포스'를 '특별 팀'으로 수정한 것은 적절하다.
③ ㉢은 '앞으로의 발전 방안 공유'와 '우리나라 과학 수사의 성과'가 모두 '돌아보았다'와 호응하고 있는데, '앞으로의 발전 방안 공유를 돌아보다'는 어색하다. 대등한 것끼리 접속할 때는 구조가 같은 표현을 사용해야 하므로, ㉢을 '앞으로의 발전 방안을 공유하고 우리나라 과학 수사의 성과를 돌아보았다'와 같이 앞뒤의 문장 구조를 맞추어 수정한 것은 적절하다.
④ '함께하다'는 '경험이나 생활 따위를 얼마 동안 더불어 하다 / 어떤 뜻이나 행동 또는 때 따위를 서로 동일하게 취하다'의 의미이므로 '더불어'가 중복된다. 중복되는 표현을 삼가야 하므로, ㉣을 '시민과 함께하는'으로 수정한 것은 적절하다.

02 정답 ①

해설
제시문을 기호화하면 다음과 같다.

㉮ 신뢰 사라짐 → 관계 멀어짐
㉯ _____
㉰ ~약속 → 신뢰 사라짐
_____
∴ 상황 악화 → 관계 멀어짐

㉮와 ㉰로부터 가언 삼단 논법에 의해 '~약속 → 관계 멀어짐'이 도출된다. 여기서 결론을 도출하려면 [~약속]과 [상황 악화]를 이어 주어야 한다. 즉 '상황 악화 → ~약속'이 필요한데 선택지에는 이의 대우인 '약속 → ~상황 악화'가 있다.
따라서 '약속이 지켜진다면, 상황은 악화되지 않는다'가 빈칸에 들어갈 내용으로 가장 적절하다.

오답 풀이
② '~상황 악화 → ~신뢰 사라짐'은 이의 대우와 ㉰에서 가언 삼단 논법에 의해 '~약속 → 상황 악화'를 도출할 수 있을 뿐이다. 이는 주어진 결론과 다르다.
③ '~신뢰 사라짐 → 약속'은 ㉰의 대우이므로, ㉰의 동어 반복일 뿐이다.
④ '~약속 → 상황 악화'는 ㉮, ㉰ 어느 것과도 연결되지 않는다.

03 정답 ①

해설
주어진 대화를 기호화하면 다음과 같다.

1. (~정책 ∧ ~예산) → 인력
2. ~인력
3. _____㉠_____
∴ 예산

2로 인해 1의 후건이 부정되어 '~(~정책 ∧ ~예산)'이 도출된다. 이는 드모르간 법칙에 의해 '정책 ∨ 예산'과 동치이다. 이로부터 결론인 [예산]을 도출하려면, 선언지가 제거되어야 한다. 즉 [~정책]이 필요하다. 따라서 ㉠에는 '정책 재편은 주제가 아니라고'가 들어가야 한다.

오답 풀이
② '예산 ∨ 정책'은 1, 2로부터 도출되는 정보인 '정책 ∨ 예산'과 선언지의 순서를 교환한 것뿐이므로, 제시문의 내용을 반복한 것에 지나지 않는다.
③ '예산 → ~인력'이 추가된다고 해서, 2인 [~인력]을 통해 [예산]를 도출할 수는 없다. 이는 후건 긍정의 오류를 범하는 것이다.
④ '정책 ∨ 인력'이 추가되면, 2로 인해 선언지가 제거되어 [정책]이 도출될 뿐이다. 이는 주어진 결론과 다르다.

04 정답 ③

출전 조수영 외, 〈위기 유형에 따른 사과문 선호도 연구〉, 수정

해설
㉢ '설명적 전략'은 입지 강화와 차별화를 혼합한 전략이다. 그리고 입지 강화는 과거의 선행 혹은 기여하였던 일들을 나타내는 것이고, 차별화는 문제의 발생을 통제할 수 없었음을 밝히는 것이다. "저희 기업은 지난 ~ 인정받아 왔습니다"에 과거의 선행 혹은 기여하였던 일이 나타나 입지 강화가 나타난다. 하지만 차별화는 나타나지 않는다.

오답 풀이
① ㉠은 의도 부정과 차별화를 혼합한 전략이다. '외부인이 기습적이고 악의적으로 침범'에서 차별화가, '저희 회사의 의도는 없었다'에서 의도 부정이 나타난다.

② ⓒ은 의도 부정과 초월을 혼합한 전략이다. '쇳가루가 첨가되어 있는지를 전혀 모르고'에서 의도 부정이, "향후 저희 기업은 ~ 최선을 다하겠습니다"에서 초월이 나타난다.
④ ⓔ은 입지 강화와 초월을 혼합한 전략이다. '누구도 ~ 혁신을 이끌었습니다'에서 입지 강화가, '고객의 신뢰와 애정을 ~ 노력하겠습니다'에 초월이 나타난다.

05 정답 ④

해설
㉮ '가지다'는 '생각, 태도, 사상 따위를 마음에 품다'의 뜻으로 쓰였다. 이와 가장 가까운 의미로 쓰인 것은 ④이다.

오답 풀이
① 좋은 것을 가지다: 자기 것으로 하다.
② 기계를 가지고: ('가지고' 꼴로 쓰여) 앞에 오는 말이 수단이나 방법이 됨을 강조하여 나타낸다.
③ 공을 가지다: 손이나 몸 따위에 있게 하다.

06 정답 ②

출전 〈TKI 갈등 관리 유형 검사〉, 네이버 지식백과 & 최철규 외, 〈다름을 인정하고 해법 찾아라〉, 《DBR》(2013. 6.)

해설
ⓒ '협력형'은 자기중심적이면서 타인에 대해 수용적이다. 그리고 갈등 당사자 모두의 의견을 조율해 기존에 없던 새로운 해결책을 찾는 데 집중한다. '다음부터는 걱정하지 않으시도록 일찍 들어올게요'는 부모의 요구(술을 마시지 말 것)를 수용한 것이 없고 자기중심적이지도 않은 것이다. 따라서 ⓒ에 해당하는 자녀의 대응이라고 볼 수 없다.

오답 풀이
① ⓐ '경쟁형'은 자기중심적이며 타인에 대해 수용적이지 않다. 따라서 밑줄 친 상황에서 ⓐ에 해당하는 자녀는 부모의 요구를 수용하지 않고 '제가 알아서 할게요'와 같이 자신의 의견만을 내세울 것이다.
③ 자기중심성, 타인 수용성 모두가 중간인 ⓓ '타협형'은 서로 공정하게 양보해 갈등을 빨리 끝내기를 원한다. 따라서 ⓓ에 해당하는 자녀는 자신과 부모가 서로 양보할 것을 언급할 것이므로 ③의 대응은 적절하다.
④ ⓔ '수용형'은 자기중심적이기보다는 타인에 대해 더 수용적이다. 따라서 ⓔ에 해당하는 자녀는 부모의 요구를 받아들여 술을 마시지 않겠다고 말할 것이다.

07 정답 ②

출전 2013학년도 3월 고3 전국연합학력평가, 수정

해설
2문단에 따르면, 〈개인 정보 보호법〉에서는 다른 정보와 결합했을 때 특정 개인을 알아볼 수 있는 정보, 즉 특정 가능성을 지닌 정보를 개인 정보로 보고 이를 보호한다. 이러한 특정 가능성을 지닌 개인 정보로는 '나이, 직업, 거주지 주소' 등을 들 수 있는데, '□□아파트 ◇◇동'이라는 정보는 거주지 주소에 해당하므로 개인 정보로서 〈개인 정보 보호법〉의 보호 대상이 된다.

오답 풀이
① 2문단에 따르면, 주민 등록 번호는 특정성을 지닌 개인 정보이고 직업은 특정 가능성을 지닌 개인 정보이다. 그런데 특정 가능성을 지닌 정보는 다른 정보와 결합하면 언제라도 특정성을 지니게 될 수 있다. 따라서 '주민 등록 번호'와 '직업'을 함께 기록한 정보는 특정인을 가리키므로 특정성을 지닌 개인 정보가 될 수 있다.
③ 1문단에 따르면, '인사과 1팀 영수 씨'라는 정보는 인사과 1팀에 영수 씨가 여러 명이면 특정 가능성을 지닌 개인 정보가 된다. 반면 인사과 1팀에 영수 씨가 한 명일 경우 특정인을 가리키므로 특정성을 지닌 개인 정보가 된다. 즉 '○○ 기업의 총무과 2팀 철수 씨'라는 정보는 ○○ 기업의 총무과 2팀에 철수 씨가 몇 명인지(상황)에 따라 개인 정보의 성격이 달라질 수 있는 것이다.
④ 일반적으로 '서명'은 특정한 개인을 정확히 알아볼 수 있으므로 특정성을 지닌 개인 정보이고, '생년월일'은 '나이'처럼 특정 가능성을 지닌 개인 정보라고 추론할 수 있다.

08 정답 ①

출전 권영식, 《다산의 독서 전략》, 수정

해설
을: 질서는 책을 읽을 때 '저자는 왜 이러한 표현을 썼을까, 왜 이러한 주장을 하는 것일까'라는 의심을 한 후 생각을 거듭한 끝에 자득한 내용을 빠르게 기록하는 것이다. 을은 책을 읽으면서 생각한 저자의 의도를 메모하였으므로 제시문에 나타난 독서 방식을 적용한 것이다.

오답 풀이
갑: 질서는 경문과 주설의 의미에 대해 회의를 거듭한 후 '자득한 내용'을 빠르게 기록하는 것이다. 갑은 이해가 안 되는 구절을 메모하고, 이를 이해하고 있으므로 제시문에 나타난 독서 방식을 적용하지 않은 것이다.
병: 질서의 목표는 성현(저자)의 견해를 비판하기 위해서가 아니라 주견을 보다 확고히 하는 데에 있다. 병은 질서를 통해 저자의 견해를 비판하고 있으므로 제시문에 나타난 독서 방식을 적용하지 않은 것이다.

09   정답 ②

해설

책을 읽을 때 깨달은 것을 메모했던 방법이 '질서'라고 진술한 뒤, ⓒ '그것'을 읽을 때 질서를 적용하여 저자의 표현이나 주장에 대한 의심을 가지고 접근해야 한다고 설명하고 있다. 따라서 ⓒ은 질서를 적용하여 읽는 '책'을 가리킨다. 나머지 ⊙·ⓒ·ⓔ은 모두 '질서'를 가리킨다.

10   정답 ④

출전 국립국어원, 〈표준 발음법〉 제5항, 수정

해설

예의[예의/예이]: 2문단에 따르면, '예'는 표기대로 발음하는 것이 원칙이다. 또한 마지막 문단에 따르면, 단어의 둘째 음절 이하에 표기된 '의'는 [ㅢ] 이외에 [ㅣ]로 발음하는 것도 인정한다. 따라서 '예의'의 '의'는 [ㅢ]나 [ㅣ]로 발음할 수 있으므로, '예의'는 한 가지 발음만 가능하다는 설명은 적절하지 않다.

오답 풀이

① 삶의[살ː믜/살ː메], 지혜[지혜/지혜]: 2문단에 따르면, 'ㅖ'는 '예, 례'를 제외한 나머지 환경에서는 단모음 [ㅔ]로도 발음할 수 있다. 또한 마지막 문단에 따르면, 관형격 조사 '의'는 [ㅢ]로 발음하는 것이 원칙이되 [ㅔ]로 발음하는 것도 허용한다. 따라서 '삶의 지혜'에서 '삶의'와 '지혜'는 모두 두 가지 발음이 가능하다.

② 논의[노늬/노니]: 마지막 문단에 따르면, '협의'는 받침 'ㅂ'이 초성으로 이동하여 [혀븨]가 되지만 원래 표기는 '협의'이므로 [혀븨/혀비]로 발음할 수 있다. 이와 마찬가지로 '논의' 또한 [노늬]와 [노니] 두 가지로 발음할 수 있다.

③ 줄무늬[줄무니]: 마지막 문단에 따르면, 초성이 자음인 음절의 'ㅢ'는 [ㅣ]로 발음해야 한다. 따라서 '줄무늬'는 한 가지 발음만 가능하다.

보충 문제   정답 ②

해설

거의[거의/거이]: 1문단에 따르면, 첫음절 이외의 음절에서 'ㅢ'는 [ㅢ]로 발음하는 것이 원칙이나 [ㅣ]로도 발음할 수 있다. 따라서 '거의'의 '의'는 [ㅢ]나 [ㅣ]로 발음할 수 있으므로, '거의'는 한 가지 발음만 가능하다는 설명은 적절하지 않다.

오답 풀이

① 꽃의[꼬츼/꼬체]: 1문단에 따르면, 조사 '의'는 [ㅢ]로 발음하는 것이 원칙이나 [ㅔ]로도 발음할 수 있다. 또한 2문단에 따르면, '문의 손잡이'에서의 '문의'와 같이 앞 음절의 받침이 뒤 음절의 초성으로 오더라도 조사 '의'는 [ㅢ]나 [ㅔ]로 발음하는 원칙이 적용된다. 따라서 '꽃의'에서 조사 '의'는 [ㅢ]나 [ㅔ]로 발음하므로, '꽃의'는 두 가지 발음이 가능하다는 설명은 적절하다.

③ 편의점[펴늬점/펴니점]: 2문단에 따르면, 명사 '문의(問議)'처럼 앞 음절의 받침이 뒤 음절의 초성으로 오게 되는 경우에 'ㅢ'는 [ㅢ]나 [ㅣ]로 발음하는 원칙이 적용된다. 따라서 '편의점'의 '의'는 [ㅢ]나 [ㅣ]로 발음할 수 있으므로, '편의점'은 두 가지 발음이 가능하다는 설명은 적절하다.

④ 띄고[띠고]: 1문단에 따르면, 초성이 자음인 음절의 'ㅢ'는 [ㅣ]로 발음해야 한다. 따라서 '띄고'의 'ㅢ'는 초성이 자음이므로, '띄고'는 한 가지 발음만 가능하다는 설명은 적절하다.

매일 국어 17회

01 ③　02 ②　03 ②　04 ③　05 ④
06 ②　07 ①　08 ④　09 ③　10 ①

01　정답 ③

출전 행정 안전부, 〈대형 산불 위험 지역 관계 기관 대응 협력 체계 점검〉, 수정

해설
'향상(向上)되다'는 '실력, 수준, 기술 따위가 나아지다'라는 뜻으로 문맥에 맞지 않는다. ⓒ에는 '자격이나 등급, 지위 따위의 격이 높아지다'라는 의미의 '격상(格上)된'을 고치지 않고 그대로 두어야 한다.

오답 풀이
① ㉠은 주어가 '○○○부는'이므로 주어와 서술어의 호응을 맞추어 '~ 대형 산불 대비·대응책을 논의하였다'로 수정한 것은 적절하다.
② ㉡은 '산불 취약 지역의 순찰 강화'와 '산불 예방 대책'이 모두 '마련한다'와 호응하는데, '산불 취약 지역의 순찰 강화를 마련하다'는 어색하다. 대등한 것끼리 접속할 때에는 구조가 같은 표현을 사용해야 하므로 ㉡을 '산림청은 산불 취약 지역의 순찰을 강화하고 산불 예방 대책을 마련한다'와 같이 앞뒤의 문장 구조를 맞추어 수정한 것은 적절하다.
④ '진입하다'는 '…을 진입하다'의 형태로 쓰인다. 따라서 ㉣에는 '산불을'과 같은 적절한 목적어를 넣어 주어야 한다.

02　정답 ②

해설
제시문을 기호화하면 다음과 같다.

| 1. 헬스클럽 → ~줄넘기 |
| 2. ~헬스클럽a ∧ 테니스a |
| 3. ~줄넘기 → 헬스클럽 |
| ∴ |

2에서 연언지 단순화로 [~헬스클럽a], [테니스a]가 도출된다. [~헬스클럽a]로 인해 3의 후건이 부정되어 [줄넘기a]가 도출되고, [테니스a]와의 연언화로 '줄넘기a ∧ 테니스a'가 도출된다. 이는 교환 법칙에 의해 '테니스a ∧ 줄넘기a'와 동치이다.
따라서 '테니스를 치는 어떤 사람은 줄넘기를 연습한다'가 빈칸에 들어갈 결론으로 가장 적절하다.

오답 풀이
① 앞에서 도출한 '줄넘기a ∧ 테니스a'를 보고 전칭 명제인 '줄넘기 → 테니스'가 참일지는 알 수 없다.

③ 2에서 '~헬스클럽a ∧ 테니스a'임을 알 수 있을 뿐이다. '헬스클럽 → ~테니스'가 참일지는 알 수 없다.
④ 1에서 '헬스클럽 ∧ ~줄넘기a'인 사람이 있다는 것은 알 수 있지만, 이 사람이 테니스를 치지 않는지는 알 수 없다.

03　정답 ②

해설
주어진 대화를 기호화하면 다음과 같다.

| 1. 신입생a ∧ 방송부a |
| 2. ㉠ |
| ∴ ~자습a ∧ 신입생a |

| 1. 신입생a ∧ 방송부a |
| 2. 방송부 → 자습 |
| ∴ ㉡ |

㉠ 첫 번째 박스에서 주어진 결론을 도출하려면, 1과 결론에 모두 [신입생a]가 있으므로 [방송부a]에서 [~자습a]를 이끌어 내야 한다. 즉 '방송부 → ~자습'이 필요하다.
따라서 '방송부원 중 자습 신청자는 아무도 없어'가 ㉠에 들어가야 한다.
㉡ 두 번째 박스의 1에서 연언지 단순화로 [신입생a], [방송부a]가 도출된다. [방송부a]로 인해 2에서 전건이 긍정되어 [자습a]가 도출되고, [신입생a]와의 연언화로 '신입생a ∧ 자습a'가 결론으로 도출된다.
따라서 '신입생 중 일부는 자습 신청자이다'가 ㉡에 들어가야 한다.

오답 풀이
①·③ 전제 모두가 특칭 명제이면 결론 도출이 불가능하므로, '방송부a ∧ 자습a'는 ㉠에 들어갈 수 없다.
④ 전제가 특칭 명제와 전칭 명제일 경우 전칭 명제가 결론으로 도출될 수 없다. 따라서 '신입생 → ~자습'은 ㉡에 들어갈 수 없다.

04　정답 ③

출전 한성우, 《방언, 이 땅의 모든 말》

해설
1문단에 따르면, '솔'과 '졸'은 형태가 비슷하므로 서로 관련성이 있다고 추측할 수 있다. 그러나 '솔'과 '졸'이 서로 영향을 미쳐 비슷한 모습이 되었는지는 추론할 수 없다. 즉 '솔'과 '졸'이 서로 영향을 미친 것이 아니라 '술'이라는 동일한 어형에서 각각 분화되어 형태가 유사하다는 사실만을 추론할 수 있다.

오답 풀이

① 2문단의, 모든 지역의 말을 하나로 합쳐야 그것이 완전한 한국어가 될 수 있다는 내용에서 추론할 수 있다.
② 2문단에 따르면, 어떤 방언에는 사라진 언어의 흔적이 남아 있을 수 있다. 또한 1문단에 따르면, '솔'과 '졸'의 어형은 '숄'로 추측되고 있다. 반치음(ㅿ)은 지금은 사라진 음운이므로 '솔'과 '졸'의 어형인 '숄'을 통해 지금은 사라진 언어의 흔적을 발견할 수 있다.
④ 1문단에 따르면, '부초, 정구지, 솔'은 모두 '부추'를 의미한다. '부초, 정구지, 솔'은 표준어 '부추'의 세 부류 방언인데, 이 부류는 형태상 유사한 부분이 없으므로 서로 다른 시역에서 생겨났다고 추론할 수 있다.

05 정답 ④

[출전] 2018학년도 11월 고1 전국연합학력평가, 수정

해설

평소 소화기에 관심이 없던 소비자가 화재를 경험한 직후에 소화기를 사야 할 필요성을 느껴 소화기에 대한 관여도가 높아진 예이다. 이는 '제품의 구매와 관련된 특정 상황'에 따라 관여도가 높아진 것이므로 상황적 요인에 따른 것이다.

오답 풀이

② 제품에 의한 요인은 특정 제품이 지닌 특징을 의미하는데, 이 특징은 다수 소비자들이 가진 욕구를 충족시킬 수 있는 것이라는 내용에서 추론할 수 있다.
③ 자기표현을 중시하는 소비자는 개인적 요인에 따라 자신에게 국한되는 욕구를 충족하는 제품에 높은 관여도를 가지게 될 것이다. 따라서 누구에게나 무난하게 어울리는 실용적인 의류 브랜드에는 낮은 관여도를 가질 것이다.

06 정답 ②

[출전] 손성진, 〈최초의 라디오 제품 광고〉, 《서울신문》(2021. 3. 14.), 수정

해설

2문단에 따르면, 라디오 불법 청취자의 단속에 관한 기사가 신문에 보도되었다. 그러나 라디오 방송국에서 불법 청취자를 직접 단속했는지 여부는 추론할 수 없다.

오답 풀이

① 1문단의, 방송 프로그램은 일본어와 한국어가 3대 1의 비율로 짜여 있었다는 내용에서 추론할 수 있다.
③ 1문단의, 경성 방송국 개국 초기의 라디오 방송 내용이 '주식, 날씨, 어린이 방송, 뉴스' 등이었다는 내용에서 추론할 수 있다.
④ 1문단의, 1920년대 후반 보급된 라디오 1,440대 중 한국인은 275대만 소유했다는 내용에서, 1920년대 후반에는 한국인보다 우리나라에 거주하는 외국인이 라디오를 더 많이 소유했음을 추론할 수 있다.

07 정답 ①

해설

㉠ '듣다'는 '다른 사람의 말이나 소리에 스스로 귀 기울이다'의 뜻으로 쓰였다. 이와 가장 가까운 의미로 쓰인 것은 ①이다.

오답 풀이

② **두통에 잘 듣다**: 주로 약 따위가 효험을 나타내다.
③ **여섯 과목을 듣다**: 수업이나 강의 따위에 참여하여 어떤 내용을 배우다.
④ **브레이크가 말을 듣다**: 기계, 장치 따위가 정상적으로 움직이다.

08 정답 ④

[출전] 조동일 외, 《한국문학강의》

해설

2문단에 따르면, 사회적으로 임진왜란과 병자호란을 거치면서 지배 체제가 이완되거나 해체되는 양상을 보임에 따라 사대부층에서 지배 체제를 강화하고 유지하기 위해 가문 소설을 탄생시켰다. 즉 지배 체제가 흔들리는 사회적 상황에서 이 체제를 강화하기 위해 가문 소설이 등장한 것이다.

오답 풀이

① 1문단에 100책 이상으로 된 가문 소설 작품이 나오지만, 이것만으로 모든 가문 소설이 100책 이상의 장편으로 구성되어 있는지는 추론할 수 없다.
② 2문단에서, 가문 소설이 17세기 후반의 정치적 상황에 영향을 받아 탄생했음은 알 수 있지만, 가문 소설에 이 정치적 상황이 사실적으로 재현되었는지는 추론할 수 없다.
③ 2문단에 따르면, 가문 의식은 오래전부터 존재했다. 이것이 17세기 후반의 정치적·사회적·이념적 요인과 만나면서 더 강화되어 가문 소설이라는 새로운 형태의 소설을 낳게 했다. ③은 선후 관계를 뒤바꾼 것이다.

09 정답 ③

해설

㉠으로 알려진 작품이 수십 종이란 내용으로 보아 ㉠은 '가문 소설'을 의미한다. 가문 소설은 '가문 의식'과 밀접한 관련을 맺고 있고, ㉡은 특히 17세기 후반 이래 더욱 강화되어 왔다는 내용으로 보아, ㉡은 '가문 의식'을 의미한다. 사회 정치적·이념적 현실이 사대부층의 가문 의식의 강화를 야기했고 ㉢의 강화는 다시 가문 소설을 낳게 했는데, 거의 모든 ㉣이 가문 질서의 수립에 초점을 맞추고 있다는 문맥이다. 따라서 ㉢은 '가문 의식'을, ㉣은 '가문 소설'을 의미한다. 따라서 의미하는 바가 같은 것은 ㉠·㉣, ㉡·㉢이다.

10
정답 ①

출전 2019학년도 6월 고2 전국연합학력평가 / 임지룡 외, 《학교 문법과 문법 교육》 수정

해설
'나는 밥을 먹는 것보다 잠을 자는 것을 더 좋아한다'는 행위의 대상인 '밥을 먹는 것과 잠을 자는 것'을 놓고 그 선호도를 비교하는 것이므로, 비교의 범위에 따라 중의성이 생긴다는 설명은 적절하지 않다.

오답 풀이
② '학생들이 소풍을 다 가지 않았다'는 '소풍을 한 명도 가지 않았다'로도 해석되지만, '소풍을 일부만 갔다'로도 해석될 수 있다. 이는 5문단의 '나는 어제 그녀를 만나지 않았다'처럼, '않았다'가 부정하는 것이 무엇인지 불분명하기 때문에 중의성이 생긴다.
③ 2문단의 '예쁜 민지의 목소리가 들린다'처럼, '그는 어제 고향에서 온 친구를 만났다'는 '어제'가 '고향에서 온'을 수식할 수도 있고 '친구를 만났다'를 수식할 수도 있기 때문에 중의성이 생긴다.
④ 3문단의 '나는 철수와 영희를 달랬다'처럼, '선생님이 보고 싶은 졸업생이 많다'는 '선생님이 보고 싶어 하는 졸업생이 많다'로도 해석되지만 '선생님을 보고 싶어 하는 졸업생이 많다'로도 해석될 수 있어 중의성이 생긴다. 따라서 이를 '선생님을 보고 싶어 하는 졸업생이 많다'와 같이 고치면 중의성이 해소된다.

매일 국어 18회

| 01 ① | 02 ① | 03 ① | 04 ④ | 05 ③ |
| 06 ③ | 07 ② | 08 ③ | 09 ① | 10 ④ |

01
정답 ①

해설
'유무(有無)'는 '있음과 없음'을 의미하므로 '재산 소유 유무'는 재산 소유가 있는지 없는지와 같이 해석될 수 있어 부자연스럽다. '그러함과 그러하지 아니함 / 틀리거나 의심할 여지'를 의미하는 '여부(與否)'를 고치지 않고 그대로 두어야 한다.

오답 풀이
② 주어인 '가장 좋은 방법은'과 호응할 수 있도록 '결정하는 것이 좋습니다'를 '결정하는 것입니다'로 수정한 것은 적절하다.
③ '새로운 아이디어'와 호응할 수 있는 서술어가 생략되어 있으므로 '새로운 아이디어를 발굴하고'와 같이 적절한 서술어를 넣어 주어야 한다.
④ '과반수(過半數)'는 '절반이 넘는 수'를 뜻한다. 따라서 '이상(以上)'과 의미 중복을 피하기 위해 '참석자의 과반수 이상이'를 '참석자의 과반수가'로 수정한 것은 적절하다. '참석자의 반수 이상이'로 고쳐도 된다.

02
정답 ①

해설
제시문을 기호화하면 다음과 같다.

1. CCTV ∨ 증거물
2. CCTV → (A ∨ B)
3. ~A

ⓒ 2는 대우 규칙과 드모르간 법칙에 따라 '(~A ∧ ~B) → ~CCTV'와 동치이다. 따라서 3에 나와 있듯 [~A]인 상황에서 [~B]라면, 전건이 긍정되어 [~CCTV]가 도출된다. 그러면 1에서 선언지가 제거되어 [증거물]까지 도출된다. 즉 '~B → 증거물'은 반드시 참이다.

오답 풀이
㉠ 2, 3을 통해 'CCTV → B'임을 알 수 있을 뿐이다. 이를 통해 'B → CCTV'가 참이라고 한다면 후건 긍정의 오류를 범한 것이다.
ⓒ [증거물]이라고 해서 1에서 [~CCTV]가 도출되지 않는다. 이는 선언지 긍정의 오류를 범한 진술이다.

03 정답 ①

해설
주어진 진술을 기호화하면 다음과 같다.

1. ~(키 큼 → ~축구)
2. ~(키 큼 → 안경)
3. ~(축구a ∧ ~안경a)

1·2·3은 단순 함축에 의해 1은 '키 큼a ∧ 축구a'와, 2는 '키 큼a ∧ ~안경a'와, 3은 '축구 → 안경'과 동치이다.
1에서 연언지 단순화로 [키 큼a], [축구a]가 도출된다. 이로 인해 3의 전건이 긍정되어 [안경a]가 도출되고, [키 큼a]와의 연언화로 '키 큼a ∧ 안경a'가 도출된다. 이는 교환 법칙에 의해 '안경a ∧ 키 큼a'와 동치이다.
따라서 '안경을 쓰는 어떤 학생은 키가 크다'는 반드시 참이다.

오답 풀이
② 3은 대우 규칙에 따라 '~안경 → ~축구'와 동치이고, 이 명제가 2와 연결되면 '키 큼a ∧ ~축구a'가 도출된다. 즉 키가 큰 어떤 학생은 축구를 하지 않는다는 뜻이므로, 이와 모순되는 ②는 거짓이다.
③ 1, 3을 통해 '키 큼a ∧ 축구a ∧ 안경a'이 도출되고, 여기서 연언지 단순화에 의해 '축구a ∧ 안경a'가 도출될 뿐이다. '안경a ∧ ~축구a'가 참인지는 알 수 없다.
④ 1, 3이 연결되면 '키 큼a ∧ 안경a'가 도출된다. 즉 키가 큰 어떤 학생은 안경을 쓴다는 뜻이므로, 이와 모순인 '키 큼 → ~안경'은 거짓이다.

04 정답 ④

출전 김하수, 〈옹알이〉, 《한겨레신문》(2015. 12. 6.)

해설
㉠ 2문단의, 아기들은 평안한 상태에서 옹알이를 하는데 이를 통해 부모가 아기들을 평안하게 보호해 줄수록 언어의 기초를 더 충분히 닦을 수 있다는 내용과 부합하므로, 이 글의 논지를 강화한다.
㉡ 마지막 문단의, 어휘는 쉽게 잊어도 옹알이와 함께 익힌 말의 가락은 여간해서는 잊지 않는다는 내용과 부합하므로, 이 글의 논지를 강화한다.
㉢ 1문단의, 아기들은 옹알이로 언어에 다가들어 선다는 내용에 부합하므로, 이 글의 논지를 강화한다.

05 정답 ③

출전 변순용 외, 고등학교 《생활과 윤리》 교과서, 천재교육

해설
㉠ 명백하게 잘못된 법률일 때는 '시민 불복종'을 해야 한다는 것이 이 글의 논지이다. 부당한 법이라도 이를 지켜야 한다는 것은 이 글의 논지와 반대되므로 이 글의 논지를 약화한다.
㉡ 명백하게 잘못된 법률에 불복종하는 사회가 그렇지 않은 사회보다 더 높은 수준의 민주주의를 구현한다는 것은 잘못된 법률에 불복종하는 것이 옳다는 의미이다. 따라서 이 글의 논지를 강화한다.

오답 풀이
㉢ 이 글에서는 시민이 국가의 법이나 명령이 타당한지를 점검해야 하며, 이를 바탕으로 잘못된 법이라면 저항해야 한다고 주장한다. 사람이 법률의 적정성이나 정의를 판단하는 데 오류를 범할 가능성이 높다는 사실은 시민이 법률의 타당성을 점검하는 데 문제가 있을 수 있다는 의미이므로 이 글의 논지를 강화하지 않는다.

06 정답 ③

출전 염건웅, 〈대형 화재 사고 예방을 위한 정책적 대응 방안 연구〉, 수정

해설
화재 사고 발생 이후의 대응에 초점을 맞춘 대책에 한계가 있음을 지적하고, '화재 시뮬레이션 시스템 탑재'를 사례로 화재의 근본 예방을 위한 대책의 필요성을 강조하는 글이다. 따라서 화재 시뮬레이션 시스템을 통해 화재 사고로 인한 인명 피해를 막은 사례는 이 글의 논지를 강화한다.

오답 풀이
①·④ 화재 사고 발생 이후 대응에 초점을 맞춘 대책은 한계가 있다는 것이 이 글이 논지이다. 따라서 사후 대응 체계의 긍정적인 면을 강조하는 것은 이 글의 논지를 강화하지 않는다.
② 기존의 사후 대응 중심이 아닌 '예방 중심의 소방 전략'으로 나아가야 한다는 것이 이 글의 논지이다. 따라서 화재 예방이 어렵다는 내용은 이 글의 논지를 강화하지 않는다.

07   정답 ②

해설

'탑재(搭載)하다'는 '배, 비행기, 차 따위에 물건을 싣다'라는 뜻이다. 따라서 ⓒ '탑재하는'을 '이롭게 쓰는'으로 바꾸어 쓰는 것은 적절하지 않다.

오답 풀이

① '확충(擴充)하다'는 '늘리고 넓혀 충실하게 하다'라는 뜻이다. 따라서 ㉠ '확충하는'은 '늘리는'으로 바꾸어 쓸 수 있다.
③ '전환(轉換)하다'는 '다른 방향이나 상태로 바꾸다'라는 뜻이다. 따라서 ㉢ '전환해'는 '바꾸어'로 바꾸어 쓸 수 있다.
④ '자발적(自發的)'은 '남이 시키거나 요청하지 아니하여도 자기 스스로 나아가 행하는 것'을 이른다. 따라서 ㉣ '자발적으로'는 '스스로'로 바꾸어 쓸 수 있다.

08   정답 ③

출전 박영준, 《우리말의 수수께끼》, 수정

해설

㉮ 문자보다 이미지나 영상이 광고 효과가 높다는 것은 시각적 효과를 통한 내용 전달이 문자보다 강한 인상을 심어 준다는 이 글의 논지를 강화한다.
㉰ 마지막 문단에서 글쓴이는, 그림은 문자와 달리 관념적이고 추상적인 내용을 모두 나타낼 수 없다는 점을 근거로 하여 문자보다 그림이 더 늘어나고 다양화될 수는 없을 것이라고 주장한다. '민주주의' 등과 같은 관념적·추상적 개념을 그림으로 설명할 수 없다는 것은 글쓴이가 든 근거를 뒷받침한다. 따라서 이 글의 논지는 강화된다.

오답 풀이

㉯ 2문단에서 글쓴이는, 그림보다 문자가 의사소통에 더 많은 시간이 들기 때문에 현대 사회에 적합한 그림이 사용되고 있다고 주장한다. 그런데 '세관, 출입국 심사' 등을 표시하는 그림이 문자보다 그 의미를 이해하는 데 시간이 더 걸렸다는 것은 글쓴이가 든 근거를 반박한다. 따라서 이 글의 논지를 강화하지 않는다.

09   정답 ①

해설

㉠~㉯은 앞에 나온 '문자와 그림'을 '전자'와 '후자'로 구분하여 지시한 것이다. 따라서 ㉠, ㉢, ㉯은 앞에 나온 '문자'를, ㉡, ㉣, ㉮은 뒤에 나온 '그림'을 의미한다. 따라서 ㉠·㉢·㉯과 ㉡·㉣·㉮이 지시하는 바가 동일하다.

10   정답 ④

해설

세계 보건 기구(WHO)(×) → 세계 보건 기구[WHO](○): 마지막 문단에 따르면, 고유어나 한자어에 대응하는 외래어나 외국어 표기임을 나타낼 때에도 대괄호([ ])를 쓴다.

오답 풀이

① 20○○. 9. 7(×) → 20○○. 9. 7.(○): 아라비아 숫자만으로 연월일을 표시할 때에는 마지막에도 '일'을 나타내는 마침표(.)를 찍는다.
② 2~마지막 문단에 따르면, 한자어의 원어를 나타낼 때에는 소괄호를 쓰고 고유어에 대응하는 한자어임을 나타낼 때에는 대괄호를 쓴다. 따라서 '남녀(男女)'와 '나이[年齡]'는 문장 부호가 모두 적절하게 쓰였다.
③ 마지막 문단에 따르면, 괄호 안에 또 괄호를 쓸 필요가 있을 때에는 바깥쪽의 괄호를 대괄호로 쓴다. 따라서 '시험 기간[5월 13일(화)~5월 16일(금)]'에서 대괄호와 소괄호의 쓰임이 적절하다.

실력 확인 모의고사 19~20회

01 ①	02 ③	03 ③	04 ④	05 ①
06 ③	07 ③	08 ③	09 ④	10 ②
11 ②	12 ③	13 ①	14 ④	15 ②
16 ③	17 ②	18 ④	19 ④	20 ③

01
정답 ①

출전 국립국어원, 《한눈에 알아보는 공공 언어 바로 쓰기》, 수정

해설
'(으)로써'는 재료나 수단, 도구 등을 나타내며, '(으)로서'는 지위나 신분, 자격 등을 나타낸다. 이 문장에서는 '계약직 신분'이라는 신분을 나타내므로 ㉠의 '계약직 신분으로서'를 고치지 않고 그대로 두어야 한다.

오답 풀이
② ㉡은 '병역 의무에서 면제되었거나 병역 의무에서 마친 사람'의 구성이 되어 자연스럽지 않다. '마치다'는 '…을 마치다'의 형태로 쓰이므로 '병역 의무에서 면제되었거나 <u>병역 의무를</u> 마친 사람'과 같이 적절한 목적어를 넣어 주어야 한다.
③ '접수(接受)'는 '신청이나 신고 따위를 구두(口頭)나 문서로 받음'의 의미이므로 기관의 입장에서 하는 것이다. 응시자가 서류를 내는 것이므로 ㉢의 '접수'를 '문안(文案)이나 의견, 법안(法案) 따위를 냄'의 의미인 '제출(提出)'로 수정한 것은 적절하다.
④ 대등한 것끼리 접속할 때는 구조가 같은 표현을 사용해야 한다. 따라서 '시험에 관한 규정을 위반하고 응시 원서의 기재 내용이 사실과 다른'과 같이 앞뒤의 문장 구조를 맞추어 수정한 것은 적절하다.

02
정답 ③

해설
'Ⅱ-1-나'를 고려할 때 ㉢에는 가정에서 자녀의 인성 교육을 담당할 수 있도록 가정의 기능을 직접적으로 강화할 수 있는 방안이 들어가야 한다. 그러나 '공감적 대화를 통한 부부간 갈등 해소'는 '부모와 자녀'가 아닌 '부부간'의 문제 해결에 집중한 것이므로 적절하지 않다. ㉢에는 '자녀의 인성 교육의 필요성에 대한 학부모의 인식 제고를 위한 프로그램 마련 또는 홍보 활동 실시' 정도가 들어가는 것이 적절하다.

오답 풀이
① 'Ⅱ-1'의 하위 항목인 '입시 위주의 교육 체제로 인한 학업 스트레스의 만연, 자녀의 인성 교육을 담당하는 가정의 기능 약화' 등은 청소년 학교 폭력으로 인해 일어나는 문제점이 아니라 청소년 학교 폭력이 심각해지는 원인이므로 ㉠을 '청소년 학교 폭력 심화의 원인'으로 수정하는 것은 적절하다.
② ㉡ '충동, 분노 등 감정 조절 능력의 중요성'은 'Ⅱ-1'의 하위 항목들(청소년 학교 폭력의 원인들)과 어울리지 않아 글의 통일성을 해친다. 따라서 ㉡은 삭제하는 것이 적절하다.
④ 'Ⅱ-1-다'에서 소년법상 처벌 제도가 경미하기 때문에 청소년 학교 폭력이 발생한다고 하였으므로 이에 대한 대응책인 ㉣을 '가해 정도에 따른 엄격한 처벌을 위한 소년법 개정'으로 수정하는 것은 적절하다.

03
정답 ③

출전 조동일 외, 《한국문학강의》, 수정

해설
2문단에 따르면, 〈찬기파랑가〉의 여섯째~여덟째 줄에서 화자는 자신을 하잘것없고 산만하여 근심이 많다고 형상화하여 시적 대상인 기파랑에 대한 추모와 찬미를 한껏 높이고 있다. 이는 화자가 자신을 낮춤으로써 기파랑을 예찬한 것이다.

오답 풀이
① 1문단에 따르면, 10구체 향가는 대체로 세 부분으로 시상이 나뉜다. 또한 〈찬기파랑가〉도 '첫째~다섯째 줄', '여섯째~여덟째 줄', '아홉째~열째 줄' 세 부분으로 나눌 수 있다.
② 〈찬기파랑가〉는 죽은 기파랑을 추모하는 내용이며, 그의 고결함과 기상 등을 '달, 물가 수풀' 등의 자연물로 형상화한 작품이다.
④ 2~마지막 문단에 따르면, 〈찬기파랑가〉에서는 시적 대상인 기파랑의 긍정적인 면을 서술하고 있다. 기파랑의 부정적인 면도 서술했는지는 알 수 없다.

04
정답 ④

해설
2~마지막 문단에 따르면, ㉠ '달', ㉡ '물가 수풀', ㉢ '잣가지'는 모두 〈찬기파랑가〉의 시적 대상인 '기파랑'을 형상화한 표현들이다. 반면 ㉣ '눈'은 화랑(기파랑)을 덮으려고 하는 대상이므로 ㉠·㉡·㉢과 문맥상 의미가 다르다.

05
정답 ①

해설
제시문을 기호화하면 다음과 같다.

㉮ 제구력a ∧ 상황 판단력a
㉯ 책임감 → 체력
㉰ 상황 판단력 → 책임감

∴ ☐

㉯와 ㉰로부터 가언 삼단 논법에 의해 '상황 판단력 → 체력'이 도출된다. ㉮에서는 연언지 단순화로 [제구력a], [상황 판단력a]가 도출된다. [상황 판단력a]로 인해 '상황 판단력 → 체력'의 전건이 긍정되어 [체력a]가 도출되고, [제구력a]와의 연언화로 '제구력a ∧ 체력a'가 도출된다.
따라서 빈칸에 들어갈 결론으로 '제구력이 좋은 어떤 투수는 체력이 좋다'가 가장 적절하다.

오답 풀이
② ㉮, ㉰로부터 '제구력a ∧ 책임감a'가 도출되지만, '제구력 → 책임감'이 참일지는 알 수 없다.
③ ㉯, ㉰로부터 '상황 판단력 → 체력'이 도출될 뿐, '체력 → 상황 판단력'이 참일지는 알 수 없다. 이것이 참이라고 한다면 후건 긍정의 오류를 범한 것이다.
④ ㉮를 통해 '제구력a ∧ 상황 판단력a'를 알 수 있을 뿐, '~상황 판단력a ∧ ~제구력a'가 참일지는 알 수 없다.

06 정답 ③

출전 김용하, 〈'기부 후진국'에서 벗어나야 한다〉, 《문화일보》(2015. 12. 29.)

해설
기부 단체의 투명성을 강화해 기부하는 마음에 상처를 주지 않도록 해야 한다는 내용으로 보아, ㉢'또한 기부처에 대한 불신 해소도 중요하다'는 수정하지 말고 그대로 두어야 한다.

오답 풀이
① 우리나라의 2015년 기부 지수가 145개국 중 64위를 차지했고, 2013년에 45위, 2014년에 60위였던 점을 고려하면 ㉠을 '계속해서 떨어지고 있는 것도 문제다'로 수정하는 것은 적절하다.
② 미얀마는 경제적으로 풍족한 나라가 아님에도 기부를 많이 한다는 내용으로 보아 ㉡을 '단순히 잘 살아야 많이 하는 게 아니다'로 수정하는 것은 적절하다.
④ 푸드 뱅크, 구세군 자선냄비, 인터넷이나 휴대 전화를 이용한 기부 등은 다양한 기부 방법의 사례에 해당하므로 ㉣을 '기부 방법도 더욱 다양화되는 추세이다'로 수정하는 것은 적절하다.

07 정답 ③

해설
출산 정책은 '잘 키우는 사회'를 지향해야 한다고 주장하는 글이다.

> 정부나 지자체에서는 출산 장려 정책을 펼치고 있다. → ㉯ 그런데 이는 건강하고 안전한 출산을 보장하는 정책과 차이가 있다. → ㉮ 출산 장려 정책은 건강한 신생아를 얻는 것 자체를 목적으로 하는데, 이러면 저출산·고령화 문제가 해결되는가? → ㉰ 출산 후에는 더 큰 문제가 기다리고 있으므로, 결국 '잘 키우는 사회'를 만드는 것이 최선이다. → ㉱ 행복한 미래를 위해서는 잘 키우는 사회를 지향해야 한다.

08 정답 ③

출전 조한욱, 〈일상의 역사〉

해설
2문단의, 일상의 역사는 기존의 역사에서 서술 대상으로 여기지 않았던 사람이나 사물을 주제로 삼았으며, 밑으로부터의 역사라는 내용에서 추론할 수 있다.

오답 풀이
① 1문단에 따르면, 헤로도토스는 페르시아 전쟁의 역사를, 투키디데스는 펠로폰네소스 전쟁을 서술했다. 이 둘이 동일한 전쟁을 일으킨 원인을 서로 다르게 서술했는지는 추론할 수 없다. 더욱이 헤로도토스는 전쟁의 원인을 추적하기보다는 사소하고 일상적인 것을 기록했다.
② 마지막 문단에 따르면, 기존의 역사는 승리자 중심으로 과거를 구성했다. 반면 문화사, 생활사 등은 지금까지 역사학을 지배했던 근본적인 가정, 즉 변방에 억압을 가하는 승리자 중심의 과거를 해체하고자 한다. 따라서 문화사, 생활사가 승리자 중심으로 과거를 구성했다는 추론은 잘못된 것이다.
④ 1문단에 따르면, 헤로도토스가 '거짓말쟁이의 아버지'로, 투키디데스가 '진정한 역사학의 아버지'로 불린 것은 과학적 역사가 대두하면서부터이다. 일상의 역사는 평범한 사람들의 삶의 방식, 문화 등을 담으므로 사소하고 일상적인 것을 기록한 헤로도토스를 '거짓말쟁이의 아버지'라고 보지는 않을 것이다.

09 정답 ④

해설
㉠은 앞에 나온 '헤로도토스와 투키디데스'를 지시하고, ㉡은 일상적인 삶을 사는 '우리 주위에서 흔히 마주치는 사람들'을 지시한다. ㉢은 과거를 구성한 '승리자들'을 지시하고, ㉣은 일상의 역사가 대상으로 삼는 '우리 주변에서 늘 마주칠 수 있는 사람들'을 지시한다. 따라서 지시 대상이 동일한 것은 ㉡과 ㉣이다.

10   정답 ②

해설

제시문을 기호화하면 다음과 같다.

```
㉠ ~포도 → 사과
㉡ 망고 → 딸기
㉢ ~(포도 ∧ 딸기)
㉣ _____
∴ ~망고
```

결론인 [~망고]가 도출되려면 ㉡의 후건이 부정되어야 하므로 [~딸기]가 필요하다. ㉢은 드모르간 법칙에 의해 '~포도 ∨ ~딸기'와 동치이므로 [~딸기]를 도출하려면 선언지가 제거될 수 있도록 [포도]가 필요하다. 그러면 ㉠의 후건이 부정되어야 하므로 [~사과]가 필요하다. 따라서 '사과는 들여놓지 않는다'가 ㉣에 추가해야 할 전제로 적절하다.

오답 풀이

① [딸기]가 추가된다면 ㉢에서 선언지가 제거되어 [~포도]가 도출되고, 이어 ㉠에서 전건 긍정에 의해 [사과]가 도출될 뿐이다. 이는 주어진 결론과 다르다.
③ [~포도]가 추가된다면 ㉠에서 전건이 긍정되어 [사과]가 도출될 뿐이다. 이는 주어진 결론과 다르다.
④ '포도 ∨ 딸기'가 추가된다면 그 이외의 새로운 정보는 도출되지 않는다.

11   정답 ②

출전 그레고리 맨큐, 《맨큐의 경제학》

해설

마지막 문단에 따르면, 경제 성장률이 높아지면 일반적으로 기업의 투자 성과도 높아진다. 이는 '경제 성장률 상승 → 기업의 투자 성과 상승'으로 기호화된다. 그런데 '기업의 투자 성과가 높아지면 경제 성장률도 상승한다'는 여기서 후건 긍정의 오류를 범한 진술이므로, 적절하지 않다.

오답 풀이

① 2문단에 따르면, 물가 상승률이 높아지면 명목 금리도 오른다. 이는 '물가 상승률 상승 → 명목 금리 상승'으로 기호화된다. 따라서 이 조건문의 후건인 [명목 금리 상승]은 전건인 [물가 상승률 상승]의 필요조건이다.
③ 마지막 문단에 따르면, 경제 성장률이 높아지면 실질 금리는 오른다. 이는 '경제 성장률 상승 → 실질 금리 상승'으로 기호화되므로, 이의 대우인 '~실질 금리 상승 → ~경제 성장률 상승'은 적절하다.
④ 마지막 문단에 따르면, 실물 투자에 따라 늘어나는 추가적 생산물이 많으면 실질 금리는 높아진다. 이는 '실물 투자에 따라 늘어나는 추가적 생산물 많음 → 실질 금리 상승'으로 기호화된다. 따라서 전건인 [실물 투자에 따라 늘어나는 추가적 생산물 많음]은 후건인 [실질 금리 상승]의 충분조건이다.

12   정답 ③

해설

2문단의, 텅 비어 있는 풀러렌 내부에 방사선 원자를 다져 넣어 암도 치료하고 질병도 진단할 수 있을 것으로 예상한다는 내용에서, 풀러렌을 의료계에서 활용할 수 있음을 추론할 수 있다.

오답 풀이

① 1문단의, 풀러렌은 대칭 구조로 이루어져 있어 고압에도 견딜 수 있다는 내용과 배치된다.
② 2문단에 따르면, 스몰리 등은 풀러렌을 발견한 공로로 노벨상을 받았다. 즉 개발한 것이 아니다.
④ 2문단의, 풀러렌은 다른 물질과 어떻게 결합했는가에 따라 도체, 반도체, 초전도체의 기능을 한다는 내용과 배치된다.

13   정답 ①

출전 김정훈, 〈감기란 무엇인가〉

해설

3문단에 독감의 증상이 발현하는 순서가 일부 나타나지만, 이 순서에 따른 치료 과정은 제시되어 있지 않다.

오답 풀이

② 마지막 문단에서 알 수 있다.
③ 3~마지막 문단에서 감기와 독감의 특성을 대비하고 있다.
④ 2문단에서, '콧물, 기침, 재채기' 등과 같은 증상을 감기라고 생각하는 통념에 '꼭 그렇지는 않다'라고 제시한 뒤 사이비 감기의 사례인 '독감'을 들어 이를 뒷받침하고 있다.

14   정답 ④

해설

1·마지막 문단에 따르면, 감기는 아데노바이러스를 비롯해 최소 100가지 이상의 바이러스로 인해 발생한다. 이로 인해 독감과 달리 감기는 백신을 만들 수 없다는 내용에서 알 수 있다.

오답 풀이

① 3문단에 따르면, 독감이 '감기가 악화된 것'이라는 생각은 잘못된 것이다.
② 3문단의 '독감은 유행하는 시기가 정해져 있다'와 배치된다.
③ 2문단의, 증상이 비슷해도 감기와 사이비 감기(독감)는 다른 병이므로 치료법도 달라져야 한다는 내용과 배치된다.

15 정답 ②

출전 최지혜, 〈"아직 젊은데 왜"…크러쉬 '이 수술' 받고 다리 감각 사라져, 무슨 일?〉, 《코메디닷컴》(2025. 5. 21.)

해설
㉠ '고치다'는 '잘못되거나 틀린 것을 바로잡다'의 뜻으로 쓰였다. 이와 가장 가까운 의미로 쓰인 것은 ②이다.

오답 풀이
① 내용을 고치다: 모양이나 내용 따위를 바꾸다.
③ 병을 고치다: 병 따위를 낫게 하다.
④ 지붕을 고치다: 고장이 나거나 못 쓰게 된 물건을 손질하여 제대로 되게 하다.

16 정답 ③

출전 소피아 콰글리아, 〈동물들도 인간과 마찬가지로 문화를 갖고, 다른 종과 자신들의 문화를 공유한다〉, 《BBC 사이언스》(2025. 4.), 수정

해설
동물은 같은 종의 구성원에게서 행동을 배우는 사회적 학습을 하는데, 이를 일종의 문화라고 한다. 그리고 이러한 사회적 학습은 다른 종간에서도 발생할 수 있다. 즉 동물들은 자신들의 문화를 다른 종들 사이에서도 나타낼 수 있다는 것이므로 '동물들의 문화적 관행은 종 경계를 넘어 발전할 수 있다'가 말하고자 하는 바로 가장 적절하다.

오답 풀이
① 모든 동물이 공유하는 하나의 문화가 존재하는지는 이 글에서 말하고 있지 않다.
② 같은 종끼리 혹은 다른 종끼리 사회적 학습으로 문화를 배우고 공유한다는 사실은 알 수 있지만, 사회적 학습을 통해 의사소통이 이루어지는지는 알 수 없다.
④ 같은 종간에 사회적 학습이 일어날 수 있다는 것은 이 글의 일부 내용만을 언급한 것이다.

17 정답 ②

해설
〈조건〉을 기호화하면 다음과 같다.

1. 도로 정비 ∨ 도시 재생(배타적 선언)
2. (도로 정비 ∨ ~공원 조성) → ~도시 개발
3. (~공원 조성 ∧ ~도시 재생) → 도시 개발
4. ~공원 조성

1은 '둘 중 단 하나만 진행'이라는 배타적 선언 관계이다.
4로 인해 2의 전건이 긍정되어 [~도시 개발]이 도출된다. 그러면 3의 후건이 부정되어 '공원 조성 ∨ 도시 재생'이 도출된다. 이는 4로 인해 선언지가 제거되어 [도시 재생]이 도출된다. 그런데 1에서 도로 정비와 도시 재생 중 한 개의 사업만 진행된다고 했으니 [~도로 정비]가 도출된다.
따라서 진행되는 사업은 '도시 재생 사업'뿐이다.

18 정답 ④

출전 정재승, 《열두 발자국》, 수정

해설
㉠ 인간과 동물을 구분하는 유일한 기준이 이성이라는 것은 인간과 다른 동물들의 구분 기준으로 '놀이'를 들고 있는 하위징아의 주장을 약화한다.
㉡ 헵은 시냅스 연결의 활성화가 기억 형성, 학습 능력 향상에 중요한 역할을 한다고 주장한다. 따라서 시냅스 연결의 증가가 동물의 인지 발달의 핵심 조건이라면, 헵의 주장은 뒷받침되므로 그의 주장은 강화된다.
㉢ 마지막 문단에서 브라운은 아이들이 놀이를 통해 의사 결정 과정을 제대로 익힌다고 주장한다. 아이들이 놀이를 통해 민주적 의사 결정 과정을 익히는 것은 이에 부합한다. 따라서 브라운의 주장은 강화된다.

19 정답 ④

해설
병은 보행자가 상황을 통제할 수 없는 위치에 있기 때문에 자율 주행차의 윤리적 딜레마 상황에서 자율 주행차는 보행자를 보호해야 한다고 주장한다. 이는 보행자가 도로에서 일어난 사고를 통제할 수 없다는 것이지, 자율 주행차가 보행자를 통제한다는 뜻은 아니다. 또한 정은 다른 교통수단의 사례를 들어 통제 범위가 명확한 탑승자를 보호해야 한다고 주장한다. 이때 탑승자는 자율 주행차가 통제할 수 있는 자이다.

오답 풀이
① 갑은 "탑승자가 희생되는 ~ 타겠어?" 등에서 자율 주행 시스템은 탑승자를 보호해야 한다고 주장한다. 반면 병은 보행자가 약자이기 때문에 자율 주행차 시스템이 보행자를 보호해야 한다고 주장한다.
② 을은 자율 주행차가 보행자를, 정은 탑승자를 보호해야 한다고 주장한다. 따라서 을은 보행자보다 탑승자가 우선인 자율 주행 시스템에 반대하고, 정은 찬성할 것이므로 둘의 주장은 서로 대립한다.
③ 갑은 탑승자가 자율 주행차를 신뢰하여 구매하였으므로 자율 주행차는 탑승자를 보호해야 한다고 주장한다. 반면 을은 자율 주행차 기술이 신뢰를 유지하기 위해 공공의 안전, 즉 보행자를 우선해야 한다고 주장한다.

20 정답 ③

출전 2023학년도 6월 고2 전국연합학력평가, 수정

해설
2문단에 따르면, '예쁜'은 어간 '예쁘-'에 관형사형 어미 '-(으)ㄴ'이 결합하여 관형어로 쓰이지만 품사는 형용사이다. '태풍에 큰 나무가 쓰러졌다'의 '큰' 또한 형용사 '크다'의 어간 '크-'에 관형사형 어미 '-ㄴ'이 결합한 형태로 품사는 그대로 형용사이다.

오답 풀이
① 2문난에 따르면, 형용사 '예쁜'은 서술성을 지닌다. '그는 마음이 아름다운 사람이다'에서 '아름다운' 또한 '마음이 아름답다'라는 서술성을 지니므로 형용사임을 알 수 있다.
② 2문단에 따르면, 관형사 '헌'은 조사와 결합하지 않으며 고정된 형태로만 쓰인다. '아기는 새 옷을 입었다'의 '새' 또한 '새가 옷, 새는 옷'처럼 조사와 결합할 수 없고 고정된 형태로만 쓰이므로 관형사임을 알 수 있다.
④ 1문단에 따르면, 관형사와 관형어는 모두 체언을 꾸며 주는 역할을 한다. 그러나 2문단에 따르면, 관형사는 관형어의 기능을 하지만 관형어는 관형사 외에도 체언과 관형격 조사의 결합, 용언의 어간과 관형사형 어미의 결합, 체언 자체 등으로도 실현될 수 있다. 따라서 모든 관형어가 관형사인 것은 아니다.

공무원 국어의 독보적 기준
선재국어가 제시하는 매일 학습 전략!

2026 선재국어

신유형
매일 국어

공무원 국어의 표준 선재국어가 제시하는 초효율 학습 전략!

신유형 매일국어 수강 대상

✔ 꾸준한 훈련으로 문제 풀이 속도를 높이려는 모든 수험생	✔ 출제 기조 변화에 맞추어 신유형을 준비하고자 하는 수험생
✔ 학습량에 대한 부담 없이 국어 실력을 올리고자 하는 수험생	✔ 국어에 대한 감을 유지하고자 하는 수험생

동영상 강의 gong.conects.com